我將這本書獻給
世界各地帶職事奉的牧者；
在尚未大到足以支持全薪牧者的教會，
這些牧人忠心、慈愛的服事。
在我看來，您們是真正的信仰英雄。
願本書讓您們得到激勵。

我也將這本書獻給
神學院及基督教大學的教授們，
您們是裝備下一代的教育者，
這是多麼偉大神聖的工作；
願神祝福、榮耀您們的事工。

最後，我將本書獻給
與我一起在馬鞍峰教會服事的
牧者與同工們，
我們一起經過洶濤迭起的歷程。
我真是深愛你們。

给亲爱的表弟 伟斌：

　　我们永远为有您这样一位爱心、一起建立神国度的同伴 感谢神。愿神赐福在您的生命。愿您的生命活出祂在您中的圆满计划。表姊

2004年 杨高例椒

直奔標竿

成為**目標導向**的教會

作者 /RICK WARREN　　　譯者 / 楊高俐理

目　錄

順聖靈之勢而行　〈滕近輝牧師序〉　7

一本必讀的力作　〈劉富理院長序〉　11

與華理克同奔標竿　〈劉傳章牧師序〉　13

從風聞到眼見　〈譯者序〉　15

前言　〈克威爾博士序〉　23

　　　　乘上聖靈的浪潮　25

第一部　鳥瞰全景

　　1.　馬鞍峰教會的故事　37

　　2.　教會成長的迷思　61

第二部　目標導向的教會

　　3.　是甚麼在推動你的教會？　89

　　4.　健全教會的根基　99

　　5.　確認你的目標　109

　　6.　傳達目標　125

　　7.　以目標為中心建構教會　135

　　8.　落實目標　151

第三部　往社區發展

　　9.　對象是誰？　169

　　10.　找出你最易接觸的對象　187

　　11.　發展策略　199

第四部　招聚群眾

12. 耶穌如何吸引群眾　221

13. 敬拜能成爲見證　253

14. 設計一個敏銳於慕道者需要的聚會　265

15. 選擇音樂　293

16. 向未加入教會者傳講信息　309

第五部　建立教會

17. 將出席者改變成教會會員　327

18. 培養成熟的教會會友　349

19. 培養教會會友成爲事奉者　383

20. 神對你教會的心意　413

　　五個委身圈的中英名詞對照　419

順聖靈之勢而行

　　本書被稱為「廿世紀教會經典之作」，確有其因。作者以初出茅廬的一個傳道人，並且在同一地區中有十餘位譽滿全美的牧師〔包括麥約翰(John MacArthur)，舒羅伯(Robert Schuller)，司查克(Chuck Swindle)，溫約翰(John Wimber)在內〕，竟然在十六年內建立了一所一萬人的教會，另有約二十多所分堂，不能不稱之為奇蹟。他從幾個人聚會開始，立志不收取其他教會轉會會友，全力投入挨戶探訪，訂定屬靈目標，鍥而不捨。決意不以教會人數增加為惟一目標，而以建立屬靈素質為職志。他的思路有三個來源：新約聖經、教會歷史，以及用一年的時間精研全美最大的一百所教會的增長因素。他在十六年間，作過無數的實驗，學習了寶貴經驗。

　　他的血統中有寶貴的屬靈淵源：他的曾祖父在倫敦司布真牧師的教會中得救及成長，後來移居美國，成為拓殖時期中馬背上的巡迴福音使者。他的父親與岳父都是事奉主五十年以上的牧師。因此，他承受了忠誠、熱切、開拓、擺上的精神傳統。

　　他的「以屬靈目標推動教會」的追求路線，成了二十世紀一項意義重大的教會增長實驗。本書書名說明了這一項實驗的性質。

　　此項成功的實驗已經在美國及其他許多地區產生了積極的影響力。他在過去十餘年內，已經在多次研討會議中向超過二萬二千位牧者講授他的觀點與經驗；此外，四十二個國家六十多個宗派的牧者也從他的錄音帶得到挑戰與幫助。已經有一百篇以上神學院博士論文是研究該教會的成長。

　　本書提出了許多有關教會增長寶貴的指標，茲略提其中數項：

● 本書一開始就在序言中藉著一個比喻提出教會增長的一項基本透視：一個滑浪高手不是要創造浪勢，乃是利用浪勢。照樣，一個帶領教會增長的人不是自己嘗試創造傳福音的浪勢，那是神的工作。一個領袖的工作乃是尋求如何配合神的工作，使祂的作為順利彰顯出來。

● 一個頻頻轉移崗位的牧者無法有大的成就。「牧會是馬拉松比賽，不在於起步如何，乃在於終點的成績。」

● 不要怕實驗失敗。「我的教會作新嘗試的失敗率大過成功率。我們不怕失敗。我可以寫一本書，書名是如何使教會不增長的一千種方法。」

● 不可摹仿任何教會增長的方法，乃要尋出可以適用的原則。最基本的問題是：我的教會發動了多少會友？

● 絕不可為了求人數增長，而降低屬靈水準。不然，結果適得其反。

● 信息永不改變，但方法必須按時代特點加以調整。

● 單有奉獻心志與忠心是不夠的，還要「利其器」。「鐵器（工具）鈍了，若不將刃磨快，就必多費氣力。」（傳十 10）工具與方法是重要的。主要我們在忠心之

外，還要加上見識。

● 訂立屬靈的目標，然後藉著祈禱、努力、與方法去完成它。有努力與方法而不祈禱，是人本主義；祈禱而無努力與方法，是屬靈上的不負責任。「當我們求神工作時，神卻等候藉我們去工作！」

願神大大使用這一本以見證與經歷來印證寶貴屬靈原則的書，使許多教會蒙福。

滕近輝 於美國紐約州

一本必讀的力作

　　單單讀華理克牧師的引言「乘上聖靈的浪潮」就足以吸引我來看這一本書了。作者以衝浪為喻，道出衝浪成功的祕訣，他提及選定正確之器材，學習正確的使用浪板，辨識一個可衝的浪潮，學習如何衝上浪潮，能以持久並且順利駕馭浪潮而不翻板，這是衝浪成功。這個比喻幫助我們思想如何從事成功牧養。我們有牧養教會的知識及裝備，明白主的心意，以教會增長的眼光來迎接聖靈的浪潮，經歷神在祂教會的作為。作者提出一個省思，我們不能造浪，但我們當有所準備來迎接浪潮。

　　作者提及一般教會由於傳道人有不同的恩賜，因此在牧養教會有不同的注重：有的注重傳福音，一直鼓勵得人；有的注重讚美敬拜，經歷神同在；有的注重團契交通，如同宗親型的教會；有的注重基督徒教育，成為課室型的教會；有的注重涉入社會問題，成為社會良心型的教會。然而作者提及他所牧養之教會是這五項兼具的教會，這也給教會領袖們很好的啟示。

　　這是一本教會經驗談的好書，作者由帶著一個異象來到南加州的這個城市，依他所領受的理念開始植堂，十五年來教會成長到一萬七千人。

　　書上所寫的點點滴滴都是他心血的結晶，他所提出的

「目標導向教會」模式、內涵,更是他十五年來牧養教會所理出的原則,相信一定能幫助我們許多牧養教會之信徒領袖及傳道人。

　　我極力推薦有心看到教會增長之傳道人、信徒領袖好好研讀此書,我也要求在台福神學院修教牧學、教會增長的學生們,一定要精讀此書,從裡面有所學習,來經歷聖靈之作為,帶來教會的復興。

劉富理 於美國加州
台福神學院院長

與華理克同奔標竿

　　第一次聽華理克牧師講道是在自由大學的畢業典禮上，他是當晚的主講員，那是在他的書「直奔標竿」出版之前。那晚聽他講道，有兩件事留下深刻的印象，他的教會在十五年中搬遷七十九次，要聰明人才能找到他所牧養的教會之所在。第二件事，他的教會那時正在興建一所價值兩千四百萬的教堂，有一個會友受感動奉獻了一百萬建堂。第二天回辦公室，接到通知，他獲得七百萬的紅利。他的信息充滿了活生生的見證。當他的書一出版，就購來先讀為快，果然不失所望。

　　教會的成長是每一位傳道人及教會領袖所關心的，有的為了快速增長，不惜東施效顰，結果有名無實，白費精神。有的則急功近利，想要一步登天，結果也是一事無成。

　　華理克牧師是一位有異象的青年人，神學院畢業，得神的感召，與妻子毅然去到加州，在神一路的帶領下，馬鞍峰教會得以成立並快速增長。增長的原因，不只因華理克牧師是一個有異象的人，同時也因他是一個有組織力、有領導才能的人。他的成功是出於他對神的事工有全面的認識，對神有徹底的委身。他對教會的事工，有全盤的計畫，對信徒的靈命，有真誠的關注。

　　他對教會的使命，作有層次的發展，先從未得之民的社

區著手，引人歸主，參與教會的活動。接著就要造就及鼓勵他們加入教會為會員，委身於基督的身體，以致在靈命上長進成熟，能作神教會的管家，成為事奉的核心。

對信徒的靈命，也做有計畫的培養。當一個人信主之後，就要學習委身的功課。首先必須委身於基督的身體，就是教會。在肢體的生活中，委身於向著生命成熟之路邁進。事奉也必須委身，不是有空就事奉，沒有空就不事奉。事奉不是工作，乃是生活。最後，信徒要委身於一生的使命，與人分享基督。

「直奔標竿」是一本治會學指南，有清楚的聖經原則，有實際的使用經驗。該書是華理克牧師創建馬鞍峰教會經驗的精心傑作，也是他經營教會多年累積的記實，對開拓教會，治理教會，教會增長，都有睿智具體的指示和建議，若能咀嚼消化、善加應用，對教會，對個人，都會帶來極大的助益。

劉傳章 於美國馬利蘭州
馬利蘭華人聖經教會主任牧師

從風聞到眼見

　　去年我的好友基督使者協會同工張傑明夫婦提到有一本關於建立教會的精采好書，是由他們在加州洛杉磯，差派他們出來使者服事的教會牧師所寫的，便立刻要了來讀。當時正好也是外子開始帶職牧養事奉不久，滿心盼望主自己的教會能夠建立、茁壯、成長。如果說這本書令我們手不釋卷、廢寢忘食一點也不誇張。當我讀這本書時，許多本來對建立教會的想法被肯定，許多既有的觀念也受到挑戰，一些教會傳統沿用的方法和制度，也常是我們以為是的，受到質疑與反省。我們的心志被挑旺，時而會心微笑，時而羞赧嘆息；時而摩拳擦掌、躍躍欲試，時而受感流淚；我們對教會的本質有深一層的認識，一些建立教會的觀念與制度方法也落實在符合聖經的神學基礎上。

　　這本書的作者華理克牧師因著對基督的教會的熾愛，立志終其一生鑽研牧養建立教會的原理原則，在神帶領他去建立教會的地方，傳揚福音給未信的人，建造他們不只成為基督徒，更是期待每位信徒成為服事者、宣教士。這本書不是以談論教會增長為主旨，但是華牧師認為一個教會若是健康，必定在質與量雙方面都成長。他對於教會不增長的原因有一針見血的分析洞見，他根據聖經來定義何謂健康的教會、何謂對主忠心、何謂質的增長與量的增加。他從新約聖

經歸納出教會的五個目標，以及執行這五個目標的方法程序，並且建立起一套以這五個目標為中心的教會組織。其中，華牧師最獨到的見解，也是本書的重點，在於五個同心圓的委身圈，以及菱形棒球場的生命建造程序。同心圓的委身圈是把人從社區帶領進入教會，並且透過不同層次的委身，將人帶往核心，成為傳福音的事奉者。菱形棒球場則是透過不同的門徒訓練課程，帶領人接受紮實的事工訓練，幫助信徒在服事當中學習。作者仔細的觀察耶穌在地上時從事事工的方法，來逐步檢討目前教會所用的方法，並以聖經裏新約教會為藍圖來設計一套建立教會的程序。從吸引人進到教會到決志受洗，到培養成熟的門徒，到委身服事，都經過嚴密的檢討，與精心的設計。

華牧師的結論是，成功的事工乃是靠著聖靈的大能，建立教會，達成神給教會的目標，並期待從神來的結果。

這本書最令我感動的是華牧師愛教會的心。本書提到許多方法程序，但是當我仔細研讀時，發現本書最珍貴的，乃是作者傳遞給我們的信息本身——為基督的教會深刻熾熱的愛與獻身，而勇敢的面對挑戰，服事這個世代的人，與神同工，興旺福音，建立教會。

在我翻譯本書的工作接近尾聲時，我決定前往加州探訪馬鞍峰教會。我想要印證書中所述——神把得救的人數天天加給他們，教會成員百分之八十是馬鞍峰教會傳福音的果子，許多生命奇妙、戲劇化的改變，平信徒牧者的事工，以及多達上百種由平信徒開始和帶領的各種不同功用的事工小組。

　　一九九七年一月底的一個週末，馬鞍峰教會安排我參加他們週六晚上的敬拜。他們每週分四堂敬拜，週六一堂，週日三堂，另外替我安排對四個教會成員訪談。

　　那是一個下雨天，馬鞍峰教會坐落在小山崗上，顯得清新亮麗。車子駛進教會的園區，首先映入眼簾的是數十排的活動房屋。步上梯形台階，有九棵高大棕櫚樹（象徵聖靈所結的九種果子），一棟巨型鋼架建築物，四周全以玻璃為牆，牆上刻著教會的五個目標。首先，我的嚮導萳茜姊妹領我參觀會堂。她向我解釋道，這個可容三千人的會堂並不是正堂，正堂還沒有蓋。由於華牧師有一個原則，就是教會不向外借貸，所以他們所有的土地、建築物都以現金付清。整個會堂美觀、實用、明亮、簡單。講台後面是他們的影音控制室，四面牆上全都是各種控制鈕，無異於電台設備。當時距離聚會時間還有四個小時，會堂裏卻已經有不少人做各種整理預備工作了。每個人見到我都親切地向我招呼問候，這是在大型教會裏少見的情況。萳茜跟我解釋道，教會職員的辦公室也還沒有建，目前租用山腳下的辦公室，進來時看見的活動房屋是他們的兒童主日學教室，供每週末四千名以上的兒童使用。

　　參觀過會堂以後，萳茜安排我與幾位教會成員見面訪談：婕莉是一位三十五歲的單親，有一個五歲的兒子，是一位護士。她出自一個問題家庭，父母酗酒並虐待兒女。因此，當婕莉進入青少年時期時，她變得叛逆，開始在性生活上隨便，墮胎多次，酗酒成性。結了婚又離婚，身體、精神都不穩定。她決定參加政府戒酒課程。但是，每次一個課程

結束以後她立刻開始喝酒。一直到九五年秋天的一個主日，朋友帶她來教會作禮拜，在這之前，她也曾經嘗試去教會，希望能對她有幫助，結果依舊無用。但是那個秋天的主日，當她坐在馬鞍峰教會時，華牧師的講道竟句句針對她的問題講，她從頭哭到尾，從此她決志接受主。她說，在馬鞍峰教會，她覺得被愛、被接納、被赦免，沒有人論斷她。後來，她又參加戒酒小組聚會，從此她不需喝酒，並且開始過一個聖潔的生活，不再有淫亂的關係，獨自撫養五歲的兒子。不但如此，婕莉感到聖靈帶領她開始帶領那些境遇與她相似，曾經墮落，引致許多身體和精神問題的朋友。於是，她開始了一個小組，專門帶領那些曾經墮胎的女人，經由認識基督而在身心靈得到醫治。她在半年之中已經帶領許多人歸主。婕莉說：「我現在每天都期待著主日敬拜，有主的生活充實有意義，再也不用靠性與酒來麻痺自己了。」

　　約翰是一位年近五十、成功的電腦零件商。他有一個充滿感性的臉與一副高大的身材，明亮誠懇的眼神令人精神一振。他的過去真是傳奇。五歲時，鄰居帶他去教會，七歲時，他決志信主。雖然家人都沒有信主，但他卻一直熱心追求，且在大學畢業以後，進了神學院決志獻身為主。神也給他一個基督徒姊妹為妻。他一面在神學院讀書，一面在教會服事、講道、教主日學。雖然表面他似乎是一個敬虔事主的人，但是內心裏他卻一直波濤洶湧。老是覺得當自己奮力掙扎希望能表裏一致，符合聖經的標準時，就越發覺自己的不足。到一個地步，他開始有精神抑鬱的症狀。最後他完全崩潰了，不再服事，不再讀神學院，甚至不讀聖經，不禱告。

他開始酗酒，並開始與別的女人發生關係，最後拋妻棄子，過著我行我素的生活。一晃十七年過去了。這些年當中，他吸毒、酗酒、性生活隨便，雖然生意成功，生活非常富裕，但是心靈仍然空虛，於是他再婚，並生了一個女兒。他想，宗教無法滿足他，奢華宴樂、狂飲豪賭無法滿足他，金錢也使他空虛，也許婚姻家庭可以幫助他，使他脫離酒精的綑綁。結果，溫柔的妻子與可愛的稚女也無法使他滿足。九六年的復活節，妻子曾與朋友來過馬鞍峰教會，便提議帶孩子去教會。他想，教會生活對小孩子有正面的影響，便一起去了。聚會時，他整個態度充滿反叛懷疑，坐在後排，雙手交叉在胸前，一副「我可曾經是希臘文和希伯來文的高手，你講什麼會是我不懂的！」但是，當華牧師開始講道時，他整個防線都垮了。華牧師說：「你以為你可以做什麼成就神的義，你以為你的努力可以換得神的恩典嗎？不，恩典是神白白賞賜給我們的。放棄你的方法，安息在主裏面……。」他開始流淚……從那天起，他不再喝酒。半年之後的今天，他已經開始籌備一個新的戒酒小組，帶領與他同樣的生意人認識基督。

婕莉與約翰都同樣告訴我，他們的見證只是教會裏面許多人的見證之一，教會裏滿是生命完全改變的見證。

韓家出現在我的面前，便立刻讓我感受到一個快樂家庭的氣氛。韓力先生是一位高中老師，太太欣夏婚前也是老師，惟一的女兒可妮是一個十六歲的窈窕淑女，顯得清新可人。韓力與欣夏都出自傳統基督教家庭，但是卻不明白真理，婚後也不去教會了。一直到結婚十二年之後，生了女兒

可妮，他們開始想要找一個教會參加。正是一九八〇年，華牧師開拓教會時，他們接到華牧師第一封寄給社區的邀請信，便前去參加，第二次聚會他們決志接受主。十五年過去了，整個家庭都參與服事，韓先生主要的服事是前往馬鞍峰教會在墨西哥的孤兒院工作，韓太太是馬鞍峰教會委任的平信徒牧者，女兒則活躍於青少年事工，邀請朋友來教會是她最愛的，她已經帶領了許多同學信主。此外，這個家庭常常邀請教會的新朋友到家中來款待他們，並給予適當的幫助。這些陌生朋友常常是有不良習慣或過著不道德生活的人。當我讚賞他們的行為時，她一直強調他們家只是教會裏許多典型信徒之一，所做的並沒有比別人多。當我問道，常常帶這樣的人回家，會不會給孩子不良影響。他們肯定的答道，基督徒真正自由的生活方式是令人羨慕、快樂美好的，基督的大能當然能夠抵擋邪惡的勢力；許多人往往因為羨慕基督徒的生活而信主。看著他們，真是覺得羨慕！從未信到相信到堅信到成為成熟的基督徒。他們說，在華牧師有系統的教導之下，他們只是很自然地一次又一次重新委身，每一次委身，都更深入更令人興奮。

　　談到此，看看時間，聚會已經快開始了，於是我們起身走向會堂。沿路挨挨擠擠的，全都是加快腳步聚會的群眾。一進玻璃大門，迎面而來便是笑容滿面的招呼人員，親切愉快的跟你握手談話。整個會場已經坐滿人，許多人開始在走道上席地而坐。趁敬拜還未開始，我便與馬鞍峰教會的執行牧師葛牧師訪談。他年約半百，慈祥和藹。一坐下，我便迫不及待地提出幾個問題。首先，我注意到馬鞍峰教會大部分

的功能小組是由平信徒提出、開始並運作的，其中，許多人都信主不久，大部分的教會往往不放心讓平信徒主持事工，更遑論信主不久且又有複雜的過去的人。為什麼馬鞍峰教會容讓、甚至鼓勵信徒，一信主便開始步向委身過程，並參與重要的服事？不怕有偏差或產生問題嗎？葛牧師以幾個理由來回答：第一、耶穌來本是召罪人，神應許憂傷痛悔的心祂必不輕看，曾經嘗過恩典的人，才會體驗恩典的寶貴美好，也最能帶領跟他相似的人。第二、一個人惟有真正在做的時候，才能有最有效的學習，耶穌來呼召人成為祂的門徒，所以，必須立刻讓信徒進入一個學作門徒的管道，最好的方式便是投身帶領人的事工。第三、教會並不是任由平信徒發展事工，馬鞍峰教會有一個健全的組織，環繞著五個教會目標來執行事工，也提供足夠的資源（課程、訓練、幫助等等）來幫助信徒建立他們的事工。此外，我聽到幾乎每個見證都提到赦免、醫治、被愛、聖靈的引導、幫助。馬鞍峰教會為何能夠如此幫助人？葛牧師說：「馬鞍峰教會只是順著聖靈來做工，教會絕對不論斷任何人，只是指出聖經的真理，叫人知罪的乃是聖靈，認罪悔改、赦罪醫治是聖靈的工作，聖靈也的確一直與馬鞍峰教會同在，因此神將得救的人天天加給教會。」葛牧師強調要能以目標為導向建立教會，必須認定目標，勇往直前，不聽信別人的批評，不拿自己的教會與別的教會比較，勇於從別的教會來學習。

　　整個聚會，都令人精神振奮。音樂是採用流行歌曲型式，敬拜團隊活潑、精確，又富機動性。詩歌旋律輕鬆，歌詞易懂易記。穿插的見證是一對夫妻談到他們如何從一段破

碎的婚姻，因著被神找到而復合，並且更美好，委實感人至深。主日信息富有福音性，卻不乏教導。整個聚會，內容是很傳統的，卻加上了很現代的包裝。

聚會結束，看到一些人安靜地一起禱告，萳茜告訴我，他們有一些禱告勇士，是特別有禱告恩賜的。若個人有需要可以找他們禱告。我看到這個教會真是按照恩賜來服事。

整個下午，我的心激動，本來是準備以極冷靜的態度，觀察這個教會，卻沒有料到有如此豐富的收獲，並蒙受極大的祝福。

當我翻譯即將結束，譯到華牧師著作本書的初衷是為了愛教會與愛牧者的心時，我像找到知音似地激動，淚水不住地流。因為，我們都有相同的背景。我的曾祖父高長是第一位台灣本地的傳道人，他是於一八六五年，在蘇格蘭的馬雅各醫生的帶領下，成為基督徒。我的祖父是一位良醫，也是一位佈道不停的傳道人。我的父親是一位牧師，牧養教會四十年。現在，外子帶職傳道，牧養教會。我知道一位牧者的心，瞭解他們愛教會、願意為教會犧牲的心。我衷心地盼望見到傳道人能夠有成功的事工。願以這本譯著，獻給所有華人牧者，以及所有愛教會的弟兄姊妹。

楊高俐理 於美國賓州

前言

　　神所賜給我的屬靈兒子當中，再沒有比華理克（Rick Warren）更可愛，更有果效的了。我第一次遇見他是在一九七四年，當時他還是一個少年人——一個瘋狂的大學生，開了350哩的車程，到舊金山參加加州浸信會大會。透過大會的信息，神呼召華理克將他的生命投資，成為一位牧師與教師。而能夠被稱為他「屬靈事工的父親」，我的榮幸真非言語所能形容。

　　一九八〇年，理克從德州華斯堡（Fort Worth, Texas）的西南浸信會神學院畢業，便與他的妻子搬到南加州，在他們的客廳開始馬鞍峰教會。從一個家庭開始，十五年後的今天，馬鞍峰社區教會被譽為美國有史以來成長最快的浸信會教會。每個禮拜平均超過一萬人，在寬敞美麗的七十四英畝的園區參加敬拜聚會。這個事實就足以證明華理克知道他自己在說甚麼。一九九五年，馬鞍峰教會被美南浸信會國內宣教部選為當年的模範教會。

　　這本「直奔標竿」是馬鞍峰教會的精采故事。本書將提出許多被神大能地使用在建造這個北美最有果效的教會的信念、原理及其應用方法，並加以解釋。

　　華理克的事工是建基在神絕對無謬誤的話語、滿有聖

靈恩膏的領導才能，以及一顆對人真誠的愛心上。有人會稱馬鞍峰教會為超大型教會，但是這個教會在增長當中，仍持守新約裡的教義與使命。神實在在馬鞍峰教會行了令人驚異的大事。

在過去的二、三十年中，很多教會基本上只依賴會友所生的子女以及轉會籍者來增長，馬鞍峰教會卻不是這樣。他們委身於這樣的信念：二十一世紀有活力的教會必須全心全意投注在領人信主，加入教會。華理克對於教會圈外者的心理非常瞭解。如果教會要對我們異教日漸盛行的社會傳福音成功，就必須掌握非信徒的思考模式。

華理克不鼓勵其他教會變成馬鞍峰教會的仿製品，他鼓勵教會以無損於福音真理、切合時代與需要的方式，傳揚基督滿有改變大能的信息，改變我們所處於這個物質主義、人本主義的社會。這些就是本書的中心要旨。

目標導向的教會能夠幫助每一個大大小小的地方教會，再一次抓住新約時代的教會使命。我的禱告是，成千上萬的教牧同工、主日學教師、屬靈領袖能讀這本書。有個人曾經這樣說：「心靈像降落傘，打開時功效最好。」這正是讀這本書的方法！

無論你的工場是甚麼，願神賜福你，能夠忠心於基督，以及祂的教會，直到祂再來。

克威爾（W. A. Criswell）
德州達拉斯第一浸信會榮譽牧師

乘上聖靈的浪潮

我是耶和華你的神，攪動大海，使海中的波浪匉訇。

以賽亞書五一：15

南加州是以海灘著名。這裡是流行音樂「沙灘男孩」、沙灘派對電影和衝浪的大本營。雖然大部分美國男孩對衝浪的喜愛已轉移到滑板上，衝浪運動在南加州仍然非常流行。很多學校的體育課都會教授衝浪。

如果你選修衝浪課，這門課會教你所有你必須知道的有關衝浪的知識：如何選擇正確的器材、如何正確使用浪板、如何辨識一個「可衝」的浪、如何抓住浪潮並且能衝得持久，而最重要的是，如何滑下浪潮，而不翻板。但是絕對沒有人會教你「如何造浪」。

衝浪是一門駕著神所創造的浪潮的藝術。神造浪，衝浪只是去乘上浪。沒有任何衝浪者試著要造浪。如果沒有浪，你就不要在那天衝浪，就是這樣！另一方面，當衝浪者看到一個好浪，他們會儘量使用，即使在暴風雨當中，他們也樂此不疲。

許多關於教會增長的書籍與研討會都落在「如何造浪」的窠臼裡。他們試著製造聖靈的浪潮，使用各種花招、節目、或

行銷技巧來製造增長。但是**增長無法由人來製造！**只有神能叫教會增長。只有神能將新生命吹進遍地枯骨的山谷。只有神能造浪——復興的浪、增長的浪、領受聖靈的浪。

正如保羅對哥林多教會指出的：「我栽種了，亞波羅澆灌了；惟有神叫他生長」（林前三：6）。請注意這裡的同工關係：保羅與亞波羅盡他們的本分，但是神才能叫他生長。神的主權幾乎是所有目前教會增長的書籍中，普遍被忽略的一個因素。

我們作為教會領袖的職責，正如有經驗的衝浪者，要能辨識聖靈的浪潮，並乘上浪潮。我們的責任不是**造**浪，而是辨識出神在這個世界上如何工作，並努力加入祂。

從岸上觀看衝浪者乘上浪似乎很容易，事實上相當困難，必須有很高的技巧與平衡感。抓住增長的聖靈浪潮也很不容易。不僅要求熱切渴求的心，以及獻身，更要求要有洞見、忍耐、信心、技巧、以及最重要的**平衡**。牧養一個增長的教會就像衝浪，對於一些沒有經驗的人看似容易，其實不然，它要求許多嫻熟的技巧。

今天，神正在製造一波又一波的浪——能夠接納福音的人。由於世界充滿過多的問題，有史以來最多的人群對於基督的好消息有更開放的心。不幸的是，由於教會還沒有教導所需要的技巧，我們錯失能夠為教會帶來復興、健康、爆炸性增長的聖靈浪潮。

馬鞍峰教會從來不曾製造浪潮，那是神的事。但是我們嘗試去辨識神送上來的浪潮，並學著抓住它。我們學習使用正確

的器材來乘上它,學習保持平衡的重要性。我們也學著如何在浪快要消逝時(神要我們做某件新的事情時),立刻從浪上下來。令人驚異的是:**我們越嫻熟乘上增長之浪的技巧,神就送上越多的浪給我們。**

我認為我們正活在教會歷史上最令人興奮的一刻。教會能夠利用許多非常好的機會,以及最有效的技術。更重要的是,在全世界各地,我們正在經歷神的靈前所未有的運行。現在,接受基督的人比歷史上任何時刻都多。

我相信神正送上教會增長的浪潮給所有預備好乘上它的教會。基督教歷史上最大的教會正存在這一刻,這些教會大部分都不在美國。而當我們聽到這些令人振奮的消息時,我相信,最偉大的教會還有待建立。說不定你就是神所要使用來建立這個教會的那一位。

神的靈正如大浪運行在全世界各地。我在每天的開始總是這樣禱告:「父啊,我知道祢今天要在祢的世界做一些令人難以置信的事情,求祢讓我能有這份榮幸,在祢所做的事情上有分。」換句話說,教會領袖應該停止這樣禱告:「主啊,求祢賜福我所做的。」而應該開始禱告:「主啊,幫助我做祢所賜福的。」

在這本書,我將指出一些神使用來讓我們這一代認識基督的原理與方法。我不會教導如何製造聖靈的浪潮,因為那是不可能的事。但是我可以教導你如何認出神所做的,如何參與在神所做的事情當中,以及如何能夠熟練地乘上神所賜福的浪潮。

很多教會的困境,在於他們以錯誤的問題來開始。他們

問：「甚麼能**使**我們的教會增長？」這是對此一議題的誤解，這就像說：「我們如何能夠造浪？」一般。我們需要問的問題是：「是甚麼**使**我們的教會不增長？」是甚麼阻止神為我們送上浪來？是甚麼使教會無法增長？

只要是活的東西都會生長——你不用**使**它們生長。如果它們是健康的，生長對活的有機生物是自然的事。比方說，我不用**命令**我的三個小孩要長大，只要我除去生長的阻礙，例如營養不良或不安全的環境，他們成長是自然的事情。如果我的孩子不長大，一定是有嚴重的問題。不成長通常象徵不健康的情況，可能是生病了。

> 錯誤的問題是：
> 「甚麼能使我們的教會增長？」
> 正確的問題是：
> 「是甚麼使我們的教會不增長？」

同樣的，既然教會是個活的有機體，如果健康的話，就應該增長。教會是一個身體，不是一個企業。是一個有機體（Organism），不是一個組織（Organization），教會是活的。如果教會不增長，就是逐漸死亡。

當人的身體不平衡時，便稱之為疾病，是身體**不舒服**的信號。相同的，當基督的身體不平衡時，疾病就發生。這些疾病很多都在啓示錄裡面的七個教會加以解釋描繪了。只有讓每一方面都恢復平衡，才可能恢復健康。

教會領袖的責任是要找出並除去威脅生長的疾病與阻礙，使得自然、正常的成長能夠發生。七年前，羅亞倫（Roland

Allen）在他的宣教學著作裡稱這樣的增長為「教會的**自然擴張**」。使徒行傳裡面所提到的增長，就是如此。你的教會自然地增長嗎？如果一個教會並非如此，我們就該問：「為甚麼沒有？」

我相信二十一世紀的教會最重要的議題是教會**健康**，而不是教會增長。這本書主要就是談論這一點，只專注在增長便是錯失了重點。如果會眾健康，就會照神對這個教會的心意而增長。健康的教會不需要以花招竅門來求增長——它們會自然增長。

保羅這樣解釋：「只有從身體的頭，就是基督，整個身體才能夠得到滋養，藉著關節筋絡，互相連結，按照上帝的旨意逐漸生長」（西二：19現代中文譯本）。請注意，神**要**祂的教會成長，如果你的教會真的健康，你就不用擔心增長的問題。

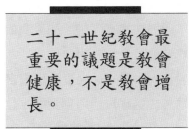

二十一世紀教會最重要的議題是教會健康，不是教會增長。

二十年的觀察

過去二十年來，我一直是一個研究成長中教會的學生，不論它們的大小如何。我曾以一個聖經教師、佈道者，以及後來實習牧師的身分，旅行訪問全世界數百個教會。每一次，我都做筆記，記錄下為甚麼有的教會健康成長，有的不健康，處於停滯狀態，或甚至趨向死亡。我與數以千計的牧師談過話，並

與數百位教會領袖、教授以及教派領袖，就他們對教會的觀察加以訪談。幾年前，我寫信給全美國一百個最大的教會，並且花一年的時間，研究它們的事工。我幾乎讀過每一本關於教會增長的書。

我甚至花更多的時間研讀新約。我一遍又一遍地，以「教會增長的眼睛」，去尋找原理、雛形以及方法。新約實在是最偉大教會增長的著作，因為那些**真正**重要的事情，已經記載得很完備了，它是給教會主人的手冊。

我也一直喜愛研讀教會歷史。我覺得很有趣的是，很多目前標榜為「革新」或是「現代」的觀念，其實一點也不新。如果忽視教會歷史，每一件事情看起來都很像是新的。很多自詡為「改變」的方法，以前都曾被以些微不同的形式使用過了。眾所周知的真理是，如果我們沒有學會歷史的教訓，我們最後總是重蹈前人的覆轍。

我學習的最大資源是來自於觀看神在我所牧養教會中的作為。從這裡，我所學到的，比從任何的書本、神學院、教授學到的都多。我於一九八〇年，開始加州橙縣的馬鞍峰社區教會，並且在接下來的十五年裡，試驗、應用、琢磨這本書裡所提出的各種原理、程序，以及方法。正如一個研究發展中心，我們試驗以各種方法來接觸人、教導、訓練、差派許多屬神的人出去做宣教工作。馬鞍峰教會是這本書裡所寫的每一件事情的實驗室。其結果非常令我們感恩，並且我相信也帶給神榮耀。神藉著祂的大能，通過不平凡的方法，使用許多平凡的人，這使我在神的面前謙卑。

我等了二十年才來寫這本書，因為我不願意在時機尚未成熟時就動筆，我寧願讓這些觀念在過濾與發展中臻於成熟。這本書裡沒有任何純理論，我們目前最不需要的就是另一個教會增長的理論，我們所需要的是針對真正的問題，提供在真實的教會處境下被證明為有效果的答案。

這本書裡所提到的原則，都已經不止經過馬鞍峰教會一次又一次的試驗，也經過許多不同規模、形式、地域、教派的目標導向教會的試驗。大部分的例子都是取自馬鞍峰教會，那是因為我對自己的教會最熟悉。似乎每一天我都會收到一封來自其他教會的信，告訴我他們已經採用目標導向的教會模式，並且開始乘上神所送來的增長浪潮。

向牧師獻上我的愛

這本書是為任何有興趣幫助他教會成長的人而寫的，但是因為我自己身為牧師，我的寫作風格不免偏向「牧師對牧師」的語氣。我來自一個源遠流長的牧師家族，我的曾祖父是透過司布真在倫敦的歷史性事工中信主的，他來到美國，成為一個騎馬巡迴牧師的先驅。

我的父親以及我的岳父都是牧師，兩位都才剛慶祝過他們的事奉五十週年。我的妹妹嫁給牧師，我的童年有一段時間住在神學院的校園裡，因為我父親當時在神學院任職。因此，我對牧師有一份

> 牧師是使社會現況產生變化的關鍵性媒介。

摯愛。我喜愛在他們身邊,當他們受到傷害時,我與他們同感傷害。我相信他們是我們社會裡最被低估的領袖。

我要向成千上萬的**帶職牧師**致最大的敬意,由於教會太小,無法供給他們全薪,他們必須兼差來牧養教會。在我看來,他們是信心的英雄。有一天在天上他們會得到應得的獎賞。由於我較幸運,可以得到許多的訓練與經歷,我覺得有義務在這本書裡與他們分享我所學到的。

我也相信牧師是使社會現況產生變化的關鍵人物。甚至許多政治家也得出一個結論,認為靈命復興是我們惟一的解答。最近我從美國企業雜誌(American Enterprise)讀到前閣員威廉·貝涅特(William Bennett)所說的:「今天折磨我們社會最嚴重的問題,顯然是道德的、行為的、屬靈的問題。因此,政府的療法起不了積極的作用。」你不覺得諷刺嗎?當政治家說我們需要**屬靈的**答案的同時,許多基督徒卻把政治當作解決問題的答案!毫無疑問的,社會的道德衰退已經製造出一個戰場,但是同時也給我們一個令人難以置信的福音工場!我們必須記得基督也是為在文化戰場上與祂對立的人而死。

作為一個地方教會的牧師,是一份特別的榮幸與令人戰兢的責任。如果我不相信牧師有最大的機會來使這個世界不一樣,我寧可做別的,我不想浪費我的生命。今天的牧會事工比上一代複雜一百倍,甚至在最好的環境之下,牧會事工仍然艱難得令人無法置信。但是如果你願意的話,也有許多可用的資源能幫助你。重要的是,絕不要停止學習。

如果你是一位牧師,我的禱告是這本書能夠鼓舞你,我希

望這本書兼具教導性**與**激勵性。最能幫助我的書都是事實與火熱結合的書。我期望你不僅抓住我所分享的原則，也能夠抓住我對神給教會的目標所感到的火熱。

我全心愛耶穌基督的教會。即使它有無數的錯誤（由於**我們**的罪），教會這個觀念仍是最偉大的創作。教會是兩千年來，神選擇用來賜福人類的器皿。教會經歷嚴厲的虐待，恐怖的迫害，普遍的忽視，仍然屹立。超教派的組織以及許多基督教團體來了又去了，但是教會勢必存到永遠。教會是值得我們付出生命，值得我們付出最好的。

「我聽過了！」

當你讀這本書時，我相信你會見到一些觀念，心想：「**這個我早就聽過了。**」我希望你是聽過了！這本書包含許多原則，是我在過去十五年裡，在目標導向教會研討會裡，向超過兩萬兩千位牧師分享過的。此外，有來自42個國家，60個不同宗派的教會領袖，訂購研討會錄音帶，因此，一些原則已經廣為人所熟知。

我的書架上有超過一打的書，是由我所訓練過的人所寫的，他們比我更早把我的一些觀念印行出版。我一點也不在意，我們都是在同一個團隊裡。只要牧師得到幫助，我就高興。老實說，我等了二十年才寫這本書的理由之一是，我實在忙得沒有時間**做**這件事！

有超過一百篇的博士論文寫到馬鞍峰教會的增長。我們曾經被一些頭腦比我優秀的人解析、研究、審察和作摘要過。你

可能會問：「已經被寫得這麼多了，難道還不夠嗎？爲甚麼還需要**另**一本書？」我希望這本書能夠提供第一手的洞見，因爲外面的人觀察增長的教會時，很少能夠解釋出增長的真正原因。

你聽過「從經驗來學習才是聰明」這句話，但是更聰明的是，從別人的經驗來學習。這樣也比較不痛苦！生命實在太短，無法事事都從自身的經驗學習。靠著收集別人辛苦學得的經驗學習，你可以省下很多時間、精力。這就是這本書的目的。如果能因我們在試驗與錯誤學習中的經驗，使你免受這些痛苦，我便覺得欣慰了。

當衝浪者由於沒有正確地乘好浪，被浪拋開而**翻板**時，他並不就此放棄衝浪，他會重新涉回海洋，等候下一波神送上來的大浪。我觀察到成功衝浪者的一個特點：**他們堅持**。

你可能曾經在你的事工上經歷過幾次「翻板」，我當然也有。你可能曾經錯失幾波浪潮，那並不意味你必須放棄。海洋還未乾枯。相反的，就在這一刻，神正在創造一個我前所未見最好的浪潮。同爲一個衝浪者，我希望能與你分享幾個如何乘上神在世上作爲之浪潮的秘訣。讓我們乘風破浪去吧！

第一部

鳥瞰全景

1

馬鞍峰教會的故事

這代要對那代頌讚祢的作為，也要傳揚祢的大能。

詩篇一四五：4

當尊耶和華為大！耶和華喜悅祂的僕人平安。

詩篇三五：27

一九七三年十一月，我與一位好友從大學翹課，開了三百
五十哩的車程，趕到舊金山的傑克塔旅館去聽克威爾博
士（Dr. W. A. Criswell）的講道。他是德州達拉斯市第一浸信
會──全世界最大浸信會的知名牧師。對我這一個美南浸信會
的年輕人而言，有機會親自聽克威爾講道，就如同一個天主教
徒聽教皇講道一般。我是決意要去聽這位傳奇人物的講道。

當我還唸高中時，便已清楚神的呼召，開始作一個青年佈
道家。雖然當時我才十九歲，卻已在大約五十間教會帶領過奮
興會。我毫不懷疑神呼召我進入事奉行列，但卻還不能確定神
是否要我成為牧師。

我相信克威爾是二十世紀美國最偉大的牧師。他持續牧養
第一浸信會達半世紀之久，還寫了五十三本書，並發展出本世
紀以來最廣受仿傚的教會模式。他不只是一個有能力的傳道人

與領導者，同時也是一個組織天才。大部分的人想到傳統就想到克威爾，而實際上他的事工完全是一種創新的作法，只因爲被太多人仿傚而成爲眾所周知的傳統方式罷了。

今日我們常聽到一些知名牧者如明星閃耀，但是幾年之後便如煙消逝。有個非凡的開始不難，但克威爾的事工持續在一個教會半世紀之久，不是如流星一閃乍逝，乃是經得起考驗。

> 服事是一場馬拉松賽跑，不在乎怎麼開始，乃在乎怎麼結束。

對我來說，**恆久持續的以愛來領導**乃是真正的成功。服事是一場馬拉松賽跑，不在乎怎麼開始，乃在乎怎麼結束。聖經上說：「愛永不失敗」（林前十三：8英文直譯）。若你的服事是出於愛便永遠不算失敗。

當我聆聽這位偉大的神人講道時，神親自向我說話，讓我清楚明白祂呼召我成爲一位牧師。當時就在那裡，我向神承諾，若是祂的旨意，我願意獻上一生只服事一個教會。

聚會後，我與好友一起排隊等著與克威爾博士握手。當輪到我時，發生一件意料之外的事：克威爾博士以慈愛的眼光看著我說：「年輕人，我感覺有這樣的帶領要按手爲你禱告！」他隨即按手在我頭上，作了一個我終生難忘的禱告：「父啊，我求你賜下雙倍的聖靈在這位年輕傳道人身上。願他牧養的教會成長壯大爲達拉斯教會的兩倍。大大的祝福他，哦！主。」

當我含著淚離開時，我對朋友丹尼說：「他的禱告真的像我所想的嗎？」丹尼也含著淚說：「當然是的。」我完全無法

想像神可能像克威爾博士所禱告的那樣來用我，但那個神聖的經驗使我心中確定神的確呼召我成爲牧師。

方法背後的故事

每個神學都有它的論點。你除非先瞭解馬丁路德的一生，以及神在當時世界的奇妙作爲，否則你就無法瞭解路德的神學。同樣，你也無法充分珍惜加爾文的神學，除非先瞭解鍛造他的信仰的環境。

同理，每一套**方法**的背後也都有它的故事。許多人看到超大型教會便理所當然的以爲教會本來就是這麼大，卻忘了每個大教會都是從小教會開始的。並且，沒有一個教會不是經過多年的掙扎，歷經各種問題、失敗，才慢慢成長變大的。舉例來說，馬鞍峰教會經過十五年才建了第一棟建築。就這一點本身，塑造了我們教會向外發展、培育信徒的策略，使我們把心力放在人身上，形成一個勇於改變的教會文化。

要瞭解本書所提的各種方法，你必須先瞭解發展這些方法的論點，否則你會想要一味模仿，**請萬萬不可如此**。要先查看這些方法背後的理論以及方法所賴以建立可應用的基本原則。我會一一驗證這些基本原則，但首先你必須先知道一點有關馬鞍峰教會的來龍去脈。

馬鞍峰教會的事工很少是預先計畫的。在我開始教會時，並沒有任何長程策略。我只知道神呼召我以新約的五個目標爲基礎來建立一個新教會，另外加上一大堆我想嘗試的好主意。我們所發展出來的每一個創新都是對我們所處環境的**回應**，而

不是事先計畫好的。人們大多以爲「異象」是能看到未來的能力。但在今天這樣多變的時代，異象亦是指能正確的預估變化並善於應變的能力。異象對於機會一直是很靈敏的。

> 異象是在目前所處的環境中看出機會的能力。

由於馬鞍峰是一個很年輕的教會，我是拓荒牧師，所以我們比一般的教會更有機會作許多的試驗，這歸功於我們不用去應付幾十年的教會傳統。（但是我們有**許多**其他老教會所沒有的問題！）創設教會最早的幾年，我們反正也不會有所損失，所以我們便嘗試各種方式。我們試過的一些主意實在是明顯的失敗。我真希望我們的成功正如我們所計畫的一般，但事實不是那樣。我沒有這麼聰明，我們大部分成功的方法是試出來的，有一些更是意外發現的。

我最喜歡的電影之一是「法櫃奇兵」（Raiders of the Lost Ark），在故事裡一個千鈞一髮的時刻，有人問印第安那瓊斯：「我們再來怎麼辦？」瓊斯回答說：「我怎麼知道？我們一面走一面想！」在馬鞍峰教會，許多次我都有這樣的感覺。我們必須想出辦法，如果行得通，我們便把它當作好似我們一直是這樣計畫的！

馬克吐溫有一次諷刺地說：「我認識一個人，他從貓的尾巴抓貓，因而比另一個不這樣抓貓的人多懂貓一倍。」從馬鞍峰教會一開始，我們便常常「抓貓的尾巴」——我們有一大堆傷疤可以爲證。

事實是：我們試過的辦法，行不通的比行得通的多。但是我們從不怕失敗；我們只管稱這些為「實驗」。這些失敗已夠我寫一本書叫作「一千個使教會不增長的辦法！」

基本原則的尋求

一九七四年，我以學生宣教士的身分到日本。住在一對美南浸信會差會的宣教士家裡。有一天，當我在宣教士的書房翻尋書籍時，隨手拿起一本過期的「HIS」雜誌，是美國大學校園基督徒團契（InterVarsity Christian Fellowship）出版的學生雜誌。

當我瀏覽那本雜誌時，其中有一張圖片吸引了我的注意，是一個留著山羊鬍子，眼睛發亮的壯年人。文章的副題大概是「為甚麼他是一個危險人物？」原來是談到教會增長學之父馬蓋瑞（Donald McGavran）。當我坐在那裡讀那篇文章時，我完全沒想到它對我日後宣教的方向會有如與克威爾相遇那般大的衝擊。文章是說到這位出生於印度的宣教士馬蓋瑞，將他的事奉生涯都花在研究教會增長。根據長年的研究結果，他在一九五五年寫下了《神的橋樑》(The Bridges of God)，以及其他十餘本書，今日已被奉為教會增長的經典之作。

就如同神使用克威爾來幫助我從獻身於一般的事奉，到集中於成為牧師，神也使用馬蓋瑞的文字工作使我從牧養已設立的教會，轉而專注於牧養全新植堂的教會。就如同保羅在羅馬書十五章20節所說：「我立了志向，不在基督的名被稱過的地方傳福音，免得建造在別人的根基上。」

馬蓋瑞鄭重地向當時的傳統思想提出教會增長的挑戰。他以聖經爲基礎再加上樸實而熱切的邏輯，指出神的心意是要祂的教會增長；祂要尋回失羊！

當我看到日本教會如此痛苦緩慢的增長時，馬蓋瑞提出的論點特別與我相關。因此我列出八個我想要找出答案的問題：

- 教會所做的，有多少是合乎聖經的？
- 我們所做的，有多少只是一種文化傳統？
- 爲甚麼有些教會能增長，有些則逐漸死去？
- 是甚麼因素使一個增長中的教會開始停止增長，在達到高峰後，漸漸消退？
- 所有增長中的教會，有沒有一些共同的因素？
- 那些因素是增長的阻礙？
- 那些說法是流傳已久卻絕非事實的教會增長迷思？

那天當我讀到馬蓋瑞的文章時，我覺得神帶領我付上一生來尋找原則——聖經的、文化的、以及領導的原則，以建立健康成長的教會。這是一生研究的開始。

一九七九年，在我即將完成最後一年西南浸信會神學院的學業之際，我決定做一個研究，研究全美一百間最大的教會。

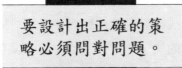

要設計出正確的策略必須問對問題。

首先，我必須找出這些教會，這一點就不容易。當時我替西南浸信會神學院宣教學的費樂意博士（Dr. Roy Fish）作研究，他是我的良師益友，幫助我找出許多教會。其他的則經由教派的年報以及基督教雜誌去找。

我向每一間教會寄出一份我自己準備的問卷。我發現那些大型、增長的教會，雖然型態、結構、策略個個皆異，卻有些共同點。我的研究證實一些我從克威爾的事工中已經知道的原則：健康、大型的教會都是由已經在任很久的牧者所領導。我發現許許多多的實例，牧者任期久不能**保證**教會一定增長，但幾年便換一位牧者卻保證教會一定**不會**增長。

若一個家庭每兩、三年便換一個爸爸，你能想像小

> 大部分健康、大型的教會都是由已經在任很久的牧者所帶領。

孩子會變成甚麼樣子嗎？他們很可能有嚴重的情緒問題。相同的道理，領導任期的長短是教會大家庭是否健康、成長的主要因素。長期牧養才可能建立彼此信任互相關懷的關係，沒有建立這種關係，一個牧師無法達成有長遠價值的事工。

教會若每隔幾年就輪調牧師一次，絕不可能有穩定的成長。我相信這一點是一些教派一直走下坡的原因。刻意規定牧師牧養的任期會製造出「跛腳鴨」牧師。很少有人願意隨從一個只待一年就走的領導者。一位新牧師很可能會有各種新計畫，但信徒卻會顯得沉默沒有反應；因為他們知道他們必須承受這些新計畫的後果，而那時這位擬定計畫的牧師卻已經不知到哪個教會去了。

當我明白長期牧養一間教會是教會健康成長的因素時，我便禱告：「父神啊，無論祢帶領我到世界上的任何地方，我都願意去。但求祢賜我這樣的榮幸，讓我將一生投資在同一個地

方。我不在乎祢把我放在哪裡，但我要一生待在那裡。」

地球的何方？

於是，我在客廳牆上貼上一張世界地圖，與妻子凱開始禱告，尋求神學院畢業之後的道路。這一步乃是開拓教會的第一步：禱告尋求帶領。箴言廿八章26節說：「心中自是的，便是愚昧人，憑智慧行事的，必蒙拯救。」在任何行動之先，一定要先尋求神對你的計畫。

我們起先以為神是要帶領我們到海外宣教。由於我曾經到日本作學生宣教士，便特別專注於亞洲國家。但是在禱告半年之後，神漸漸讓我們明白祂要我們留在本土，在一個大都會建立新教會。

凱和我察覺神不要我們自己成為海外宣教士，祂要

> 教會健康與否決定於其差傳能量而非其座位容量。

我們建立一個**差派宣教士**的教會。神要用我們在美國徵召並訓練人作海外宣教士。我為此曾大失所望，但現在回顧，實在看到神充滿智慧的計畫。馬鞍峰教會差派出去的宣教士所造成的影響實在遠大過若當年我自己出去的效果。

我相信衡量一個教會是否健康，是否發揮力量，不是靠**座位的容量**，乃是靠**差傳的能量**。教會是差傳事業，在評估一個教會是否健康時，我們必須問一個問題：「這個教會為大使命動員多少人？」

我從馬鞍峰教會設立之初便秉持這個信念，並因此設計出

書中所提的過程，以致能將會眾變成傳道人與宣教士。

專注於美國

當我們瞭解工場不在海外，我與妻凱便開始禱告尋求主要帶領我們到美國何處去開拓新教會。由於我沒有任何支持，所以全美各地都有可能。於是我又貼了張地圖在客廳牆上（這一次是美國地圖），並且把除了南方以外大都會地區都圈起來。

我的背景是第四代的美南浸信會會友，我的親戚都散居在南方各處。我的想法是要到我大部分的神學院同學不要去的地方。我為了是否要在底特律、紐約、費城、芝加哥、阿爾布克、鳳凰城，或丹佛而禱告。後來我發現教會最不普及的三個州是華盛頓州、奧立岡州與加州。所以我就縮小可能的範圍到西海岸四個地區：西雅圖、舊金山、聖地牙哥及橙縣。這四個地區都是一九七〇年代末期發展最迅速的地區，因此吸引了我的注意力。

一九七九年夏天，我幾乎等於住在大學圖書館，研究美國人口普查的資料及其他人口統計資料。箴言十三章16節說：「凡通達人都憑知識行事。」這對我來說意指在我將一生委身於一個地方之前，我必須盡可能瞭解那個地方。在作任何重要決定之前，最重要的一個問題是：「我該知道些甚麼？」

箴言十八章13節說：「未曾知道真相便作決定的，是他的愚昧和羞辱！」（英文直譯）。許多教會失敗的原因在於他們是以沒有知識的熱心開始的。開始一個教會不只需要一顆熱切的心，還需要智慧。有信心並不意謂可以忽略目標社區的事實

與條件。

　　當時我二十五歲，再過五個月就要從神學院畢業，凱則懷著我們第一個孩子，有九個月的身孕。我每天都從圖書館打好幾次電話回家，看她開始陣痛沒有。

　　有一天下午，我發現位於南加州橙縣的馬鞍峰是一九七〇年代全美發展最迅速的地區。這個事實抓住我，我開始心跳加速。我知道一個發展迅速的新開發地區也一定需要新教會。

　　當我坐在那個佈滿灰塵又陰暗的大學圖書館地下室時，我聽到神清楚地對我說：「那就是我要你建立新教會的地方！」我的全身因興奮而疼痛，淚水湧上我的雙眼。我既親耳聽見神的聲音，就再也不在乎沒有錢、沒有會眾、也沒有見過那個地方。從那一刻起，我們的目的地已成定局。神已向我顯示祂要在那裡製造浪潮，而我將前往那裡衝一輩子的浪。

　　我做的下一件事便是找出美南浸信會在加州橙縣的地區監督，他的名字是伍賀曼（Herman Wooten）。我就寫了下面這樣一封信：「我叫華理克，是德州的一個神學生，計畫要到南加州去開始一個新教會。我沒有意思要求金錢或是你的支持；只想知道您對那個地區的意見如何？是否需要新教會？」

　　在神的帶領之下，發生一件非常奇妙的事情。雖然我們從來不曾謀面，伍賀曼卻不知從哪裡聽說我畢業之後想要去開拓教會。就在我寫信給他的同時，他也正在寫這封信給我：「親愛的華先生，我聽說你可能想在神學院畢業之後來加州開拓新教會。你有沒有考慮過橙縣南部的馬鞍峰？」我們的信就這樣同時交錯寄出給對方！兩天後，當我打開信箱，看到我才寫信

給他的這個人所寄來的信時，我哭了起來。凱與我都明白神正在做一件事。

兩個月之後的十月裡，我飛到橙縣待了十天察看那個地區，白天我與任何能碰到的人說話：房地產商、商會的人、銀行員、縣政府職員、居民；將所聽到的全都做了筆記。我遵照箴言廿章18節的教導：「打勝仗要憑智謀」（英文直譯）。

晚上我便將當地地圖、介紹的小冊子等等，都鋪散在已退休的金山神學院費教授（Dr. Fred Fisher）家的客廳地板上，費教授邀請我住在他位於橙縣北邊的家。當我研究這些收集到的材料時，我便背下馬鞍峰地區主要街道的名稱。

一個禮拜之後，我讓妻子凱飛去看看那個地區。我一向倚賴我妻子屬靈的分辨能力來印證神對我人生的帶領。如果凱對於遷往那地區感覺勉強，我便將之視為神給我的警告訊號。令人欣喜地，凱的回覆是：「我簡直怕得要死，但我相信這是神的旨意，我相信你，讓我們走吧！」正如保羅在羅馬書八章31節寫的：「神若幫助我們，誰能抵擋我們呢？」我們爬上能找到的最高的一座山崗，俯視整個馬鞍峰社區成千上萬的家庭，將我們的一生委身於建造馬鞍峰社區教會。

我們來了！加州

當年的十二月，我自神學院畢業。就在一九七九年的最後幾天，凱與我將我們僅有的東西捆好，裝上租來的拖車，就從德州啓程搬往加州。我們的家具都是從別的新婚夫婦傳下來的，傳到我們手中已是第五手了，破破爛爛的，但卻是我們的

所有。很難想像，像我們這麼窮的夫婦，竟要搬到全美國最富裕的一個地區去。

　　我們充滿希望地來到南加州，面對一個嶄新的年代，嶄新的事工；帶著一個四個月大的嬰兒，以及神賜福的應許。但我們卻身無分文，沒有教會建築物，沒有半個會友，也沒有半間房子。在馬鞍峰我們一個人也不認識。對當時的我們，這是我們所踏出信心最大的一步。

　　抵達橙縣時是一個週五的下午，剛好趕上南加州出了名的交通阻塞時間。我真搞不懂為甚麼人們叫這交通移動最慢的時刻為「衝鋒陷陣時刻（rush hour）」！我們跟著蝸牛行進般的車隊，在高速公路上寸步前行；又累又餓，再加上一個嚎哭不已的小嬰孩。

　　我生長在一個人口不滿五百位居民的小鎮，對於像這樣的交通阻塞是毫無心理準備。當我望著那好幾哩長的車陣，幾近停頓地排列在高速公路中時，我心裡想：「**我怎麼會把自己搞到這裡來？神啊，祢選錯人來承擔這個事工！我犯了個大錯誤了。**」

　　下午五點鐘，我們終於下了高速公路，抵達馬鞍峰。我把車子駛進第一個找到的房地產仲介公司，走進辦公室，向我第一個碰見的房地產經紀人自我介紹。他的名字叫戴唐（Don Dale）。我滿臉笑容地說：「我叫華理克，來這裡開創一個教會，需要找一個住處，但我沒有半點錢。」唐咧了咧嘴，大笑起來，我也跟著笑。一點也不曉得再來會怎樣。唐說：「走吧，看我們能做甚麼。」兩個小時以內，唐為我們找到一間公

寓，讓我們免付第一個月的租金，並且答應成爲馬鞍峰教會的第一個會友。神的確供應！

原來，在開往公寓的途中，我問唐有沒有參加教會，他說沒有，於是我說：「好極了！那你就是我的第一個會友！」於是事情就這樣發生。這位房地產商的全家與我們一家就這樣開始了馬鞍峰教會。兩個禮拜之後，我們在公寓裡舉行第一次的查經，共有七個人參加。

在我們靠信心前進之後，很興奮看到財務上也開始有了支持。傑克遜牧師（John Jackson）當時牧養加州安那罕的新月浸信會（Crescent Baptist Church in Anaheim, California），他們教會便正式成爲我們的贊助教會，每月爲我們奉獻六百美元。接著，德州的魯夫金浸信會（The First Baptist Church of Lufkin, Texas），以及加州的諾瓦克浸信會（First Baptist Church of Norwalk, California）也每月各自爲我們奉獻兩百美元。

有一天早上，我接到一通電話，是一位我從未謀面的人打來的，要爲我們付兩個月的房租。他說他聽到有關新教會的事，想要幫點忙。另一次，在我們幾近沒錢的情況下，我與凱兩人到處去逛「車房大拍賣（garage sale）」，看看能否買到第一個主日崇拜要用的育嬰室設備。我們找到了需要的東西，並開出最後一張支票，心知這張支票開出

> 神總是使用不完全的人在不完全的環境中成就祂的旨意。

去，我們就連買菜錢也沒有了。當我們回到家，打開信箱，發現有一張支票，是一位德州的女士寄來的，她曾聽過我講道，打聽到我們在加州，便寄來這張支票。支票的總數是37.5美元，剛好是我們買育嬰室用品的錢。

我當然希望能在去加州建立新教會**之前**，經濟上有著落，但事情卻不是這樣。我們便靠信心前行，我的呼召是那樣強烈，必須立刻著手開始新教會。我很喜歡傳道書十一章4節：「如果必須等到盡如你意的程度才動手，那麼你永遠不可能完成任何事」（英文版今日聖經直譯）。如果你堅持要解決所有的問題才作決定，你便永遠無法體驗靠信心生活的美妙震撼。神總是使用不完全的人在不完全的情況下去完成祂的旨意。

> 神引導到哪裡，祂便供應到那裡。

在教會創立之初，當我們看到神用許多方法來印證我們開創教會的決定，我們學到一件功課：「**神引領我們到那裡，祂就供應我們到那裡。**」如果你是一個拓植教會的人，請把剛剛那一句話劃線，這會成為你在困難日子裡安慰與力量的來源。不管祂呼召我們做甚麼，祂都會添加力量與裝備給我們。神是信實的！祂守約施慈愛。

我們要成為甚麼樣的教會？

到南加州不久之後，我便發覺這個地區已經有許多堅信聖經的大教會。一些美國最有名的牧師所牧養的教會都在我們開

車可到的鄰近地區。任何一個禮拜天你都可以聽到司查克
（Chuck Swindoll），史加克（Chuck Smith），舒羅伯
（Robert Schuller），麥約翰（John MacArthur），希爾
（E. V. Hill），溫約翰（John Wimber），海傑克（Jack
Hayford），歐羅德（Lloyd Ogilvie），布查理（Charles
Blake），勞格理（Greg Laurie），奧雷（Ray Ortlund）或霍
約翰（John Huffman）的講道。如果你把時間安排好的話，甚
至可以一個主日早上聽到以上兩三位牧師的講道。而且你也可
以從南加州的電台或電視收到他們大部分人的講道。

此外，當我到馬鞍峰時，那裡已經有兩打以上認真教導聖
經的教會了。我很快就有一個結論：當地所有的基督徒都已經
非常滿足快樂地屬於一個好教會，或是至少有許多的選擇了。

我決定，我們絕不去吸引別的教會的基督徒來馬鞍峰教
會。既然我蒙召是要帶領未信主的人，我便決定從未信者開始
工作，而不以一群基督徒爲核心來開始。這一點是所有關於設
立教會的書都不曾教導的，但我很確定神呼召我們這樣做。我
們的焦點都集中在那些爲了某種理由而沒有參加教會的人，要
爲基督來贏得他們。

我們從來不鼓勵別的教會的信徒將他們的會籍轉到我們教
會；事實上，我們是公開勸阻這樣做。我們不要來自轉會籍的
成長。在每一梯次的會員預備班我們都會這樣宣佈：「如果你
是從別的教會來的，你必須先知道這個教會不是爲你設計的，
這個教會是爲那些未曾加入教會的人設計的。如果你是從別的
教會來的，你必須願意服事並參加事工，我們才歡迎。如果你

只是來參加聚會,我們寧可你讓位給那些還未信主的人。附近有許多教導聖經的好教會,我們可以為你推薦。」

這種作風聽起來似乎魯莽,但我相信我們是跟從耶穌的榜樣行。祂把祂的事工目標定義為:「康健的人用不著醫生,有病的人才用得著。我來本不是召義人,乃是召罪人」(可二:17)。在馬鞍峰教會,我們不斷地提醒自己這一段話。這樣做幫助我們不離開教會起初的焦點:帶領社區裡沒有加入教會的、未信的人來歸向基督。

為了要瞭解南加州未加入教會的社會大眾心態,我把在馬鞍峰最初的十二週花在挨門逐戶的訪談。雖然我心知這些人**真正**最需要的就是與基督建立關係,我還是要**聽聽**他們以為最迫切的需要是甚麼。這不是行銷,這只是**禮貌**。

我知道大部分的人是除非你先聽他說話,否則他是不會聽你說的。人們並不理會我們懂得多少,除非知道我們真的關心他。聰明智慧又滿懷關愛的談話是向未信的人打開福音大門的捷徑。一味滿足人們所想要或所需要的並**非教會的任務**,但是與未信主的人建立橋樑最快的方法是表示對**他們的興趣**,並對他們所面對的問題表示瞭解。與人感同身受,不管是真實或去想像,是對人表達愛心的起點。

對於我所做的社區調查,我不知道算不算是「市場」調查。對我來說,這只是與我打算接觸的人見個面。那些已經來參加我們小小查經班的人幫助我作社區調查。最好玩的是:好幾個來我們家查經,並幫助我對社區裡未信者作社區調查的人,他們自己也是未信者。

選定日子——復活節

接著，我們決定在復活節那天開始第一次的主日崇拜，大約是我們搬到橙縣十二個禮拜之後。我本來就無意停留在家庭查經的階段超過三個月；我想要儘快開始公開崇拜。我也不想錯過在復活節開始教會的機會。

我想，如果一個沒加入教會的家庭決定一年只參加一次聚會，他們非常可能會選在復活節。一個為吸引不去教會者而特別設計的聚會，訂在復活節那天開始，是最理想不過了。我知道他們接下去的一個禮拜不一定會來，但至少會有一群人參加第一次的主日敬拜——而我也已經收集了一些郵寄的名單。

復活節前的幾個禮拜，我們的家庭查經班增長到約十五人。每個禮拜，我會帶點查經，然後我們就為第一次的主日敬拜準備各項工作。我們也討論每個禮拜社區調查的結果。八個禮拜之後，我把我們所收集到的有關未參加教會的人以及他們對教會的疑慮作個總結綱要，寫成教會事工的理念宣言，它成為我們教會福音策略的藍圖。

其次，我根據我們所收集到的，寫一封公開信給社區裡沒有參加教會的人。我對行銷、廣告、直接郵寄等等一無所知。我只是想到，或許一封給社區的公開信是向社區宣布一個新教會最快捷的方法。此外，我知道馬鞍峰有一大部分的人是住在「戒備森嚴」的社區裡，我是不可能按鈴探訪到的。

這封信我重寫了十幾次才完稿，我一直在想：「**如果我只有一次機會對這些沒參加教會的人講話，我該講些甚麼？我該**

怎麼說，才能解除他們對參加教會的偏見和反對？」

信的第一句話便清楚的指出我們的定位與重點：「終於，一個專為厭倦教會傳統禮拜型態者而設計的教會誕生了。」信裡繼續解釋我們所要開始的教會的型態。我們總共寫了一萬五千封的地址，並一一貼上郵票，在復活節前十天寄出。我猜想如果能有1%的人回應這封信，就有150個人會來參加復活節主日敬拜了。

我們的第一個主日崇拜

我明白如果我們想要吸引並贏得那些「不上教會」的人，就必須要有不同於我自小到大所參加的教會的型態。甚麼型態的敬拜最能向未信的人作見證？我們花了許多時間檢討聚會裡的每一個細節，我們甚至計畫一個正式的排練。

我對那十五個來家裡查經的人說：「下個禮拜天我們在高中見面，練習我們的聚會。我們要練一次所要唱的詩歌，我也要像對一百五十人似的講一次道，我們要依照聚會的順序從頭到尾來一次。這是要保證當下個禮拜訪客來時，我們至少要**表現得**像是知道自己在作甚麼。」

當復活節前一個禮拜天，我們只期待十五個來查經的人前來排練。但神另有計畫，寄出去的一萬五千封信，我們本來預期大家會在復活節的前幾天收到，但有些人提早收到，結果竟有六十個人出現在排練聚會，並且有四個人在那天向基督委身。

在那個排練主日，我將我從神所領受馬鞍峰教會的異象寫成大綱。領袖的第一個任務就是釐清使命，所以我以最具吸引

馬鞍峰教會的異象

華牧師第一次主日講章，一九八○年三月三十日

我們的夢想是一個使受傷的、抑鬱的、受挫的，以及迷惑的人找到愛、接納、幫助、希望、赦免、指引以及鼓勵的地方。

我們的夢想是能與南橙縣成千上萬的居民分享耶穌基督的好消息。

我們的夢想是歡迎兩萬人在這教會的大家庭裡，彼此相愛、一起學習、充滿歡笑並享受和諧的生活。

我們的夢想是藉著查考聖經、小組、研討會、退修會以及聖經學校來造就眾人靈命的成熟。

我們的夢想是幫助信徒發覺神所賜給他個人的恩賜與才幹，裝備每個人從事非凡的事工。

我們的夢想是差派數百名宣教士與教會工作者到全世界各處，每個信徒在每天的生活中服事。差派成千的信徒到世界每一洲去作短期宣教。每一年都開拓一間教會。

我們的夢想是一塊至少五十英畝的土地，作為南橙縣教會的所在。其上建有美觀卻簡樸的設施，包括一個可容納數千人的敬拜中心、一個協談與禱告中心、查經及訓練平信徒的教室，以及休閒區。所有這一切設施都是為牧養全人——屬靈的、情緒的、身體的以及社交的——並且設置在一個令人安息又得激勵的園區中。

今天我站在你們的面前，以信心保證這些夢要成真。為甚麼？因為這些是從神而來的感動！

力的詞句，將我所看到的這幅「圖畫」盡可能清楚地塗上色彩。這些年來我們曾經不只一次回到這起初的異象來對所做所為進行修正。我們的異象從來不曾專注在「建立大教會」或「建造建築物」；相反地，我們的異象是栽培耶穌基督的門徒。

我還記得在排演聚會中分享教會異象之後的感覺有多惶恐，我被害怕失敗的心理所擊倒。**萬一事情沒有照這樣成就怎麼辦？這個異象真是從神來的嗎？或只是一個二十六歲理想主義者的狂想？**私下期待神做一件事是一回事，但公開談論夢想可是另一回事。我知道已經不能回頭了，儘管心裡害怕，現在我只有勇往直前了。說服自己這個夢想是為榮耀神，我決定不再回頭看。

馬鞍峰教會就在接下去的那個復活節主日——一九八〇年四月六日正式舉行第一次崇拜，有兩百零五人前來參加。**我們乘駕到聖靈的浪潮了**。我永遠忘不了看著那些從未謀面的人們走進拉古納高中劇場通道時的感覺。以一種混合著興奮、害怕又敬畏的感覺，我對凱說：「這竟然真的行得通！」

一個母親第一次擁抱她的新生嬰兒是再高興不過的了。一個教會就這樣誕生了。那天，我也因感受到這份神所賦予我的神聖責任而恭敬謙卑。

對於一個新成立的教會，這是一個非比尋常的開始，第一次的聚會，會眾中信主的人數不超過一打；絕大多數人未加入教會。我們可說命中靶心。

這麼多沒參加教會的人一起聚會實在有很多趣事。當我要求會眾翻開他們的聖經時，竟然沒有人有聖經。要唱某些詩歌

時，竟沒有人唱，因爲沒有人知道這個曲調。當我說：「讓我們來禱告。」有些人開始東張西望。我覺得自己好像置身在同濟會或扶輪社的會議當中。

但令我驚訝的是這些人竟然一個禮拜接著一個禮拜地來，每一次都有幾個人接受基督。到我們開始聚會後的第十週，在復活節主日來的那些人當中，已有八十二人接受了基督。我們正盡可能地乘駕於聖靈的浪潮上，我們的準備得到報償，會眾正漸漸形成。

我們的第一個會籍預備班共有二十人，其中有十八位是非信徒，所以我必須從基督徒的基本生活要素教起。到六週的課程結束時，這十八位已全部接受基督，受浸，並加入教會。

浸禮在馬鞍峰教會是很特別的，我們用過游泳池、太平洋以及別的教會的浸池，最常用的是許多南加州家庭常見的大型浴池。數千人是在我們戲稱之爲耶穌的泡沫浴（Jacuzzis for Jesus）的泡沫浴池受浸的。

我們鼓勵要受浸的人儘量邀請他們未信的朋友觀禮，有些人甚至寄出印刷精美的邀請卡。我們每月的浸禮是一件大事；有一次我們一個早上爲三百六十七人施浸，當我及其他的牧師從氯化的高中游泳池爬上來時，皮膚都皺了；我還記得開玩笑的說，若我們不是浸信會，我就可以拿支消防水管往每個人頭上澆了！

成長的痛苦

馬鞍峰教會在它短短的歷史中一直在經歷成長的痛苦。爲

了容納我們不斷成長的人數，在最初的十五年當中，我們換了七十九個不同的聚會地點。每一次，一個地方坐不下了，我們

> 馬鞍峰教會的前十五年中，換了七十九個不同的地點。

就搬到另一個地方。我們常對人說，馬鞍峰教會是「若你找得到就可以參加」的教會。我們常開玩笑地說，這就是我們吸引聰明的人來的辦法。

我們用過四個高中，無數的小學，銀行建築，休閒中心，劇院，社區中心，餐廳，大房子，專業辦公大樓，體育館，一直到最後我們立起一個高科技帳篷。在蓋起我們的第一棟建築物之前，每週末四次的聚會擠滿這個帳篷。我覺得大部分的教會，建得太早也太小。鞋子不該告訴腳該長多大！

我常常問：「教會若沒有建築物能有多大？」答案是：「我不知道！」馬鞍峰教會聚會十五年，成長到聚會人數一萬人都還沒有自己的建築物，所以我知道至少有可能達到一萬人！有或沒有建築物都不應該成為教會成長浪潮的阻礙。人遠比產業重要得多。

在馬鞍峰教會的前十五年，一共有七千多人透過我們教會的福音事工接受基督。如果你發現自己擠在新生的基督徒當中，你要怎麼辦？我們教會的健全和存在與否繫於發展出一套可行的方法，把慕道者變成聖徒，把受人服事的變成服事人的，把會友變成事奉者，把會眾變成一支軍隊。請相信我，帶領人從自我中心受人服事的心態，轉變為僕人心態的基督徒是

一件最艱巨的任務。這項任務絕不適合一個懦弱膽怯的傳道人，或不甘弄縐自己牧師袍的人。但這卻是大使命的內容，也是馬鞍峰教會到今天所賴以前進的力量。

2
教會成長的迷思

你要付任何代價買得真理與智慧，並且緊緊保守。

箴言廿三：23（英文版今日聖經直譯）

在美國長大的孩子總是學到許多童話，諸如：聖誕老公公乘著馴鹿送來聖誕禮物；牙仙子會在你睡覺時，以錢幣換掉你的牙齒；復活節兔子會藏起糖果與彩蛋；若土撥鼠看到它自己的影子，我們就會有壞天氣；月亮是瑞士乳酪做成的。有些童話無害，但有些卻會構成很大的傷害。

我一向很喜愛耶穌在福音書裡對當時一些流行的傳說，或當時的「傳統智慧」挑戰。新約裡記載了二十次耶穌這樣說：「你們聽見有話說……但我告訴你們……」我曾經根據這些例子講了一系列的信息，稱之為「帶來不幸的傳說」。除非我們過著以神真理的話語為基石的生活，我們才能體會「真理叫我們得自由」的意義。

許多有關大型、成長的教會傳說（迷思）總是繞著牧師及教會領袖打轉。雖然有許多人聽過所謂**巨型教會**（一個我很不以為然的名稱），可是很少這些教會以外的人真知道裡面的情形。於是，許多不正確的假設開始流傳，有時是出於害怕，有

時是出於妒忌，有時則出於無知。

　　如果你真的想看到你自己的教會增長，你必須願意對許多大型增長的教會的傳統想法挑戰。

迷思之一：大教會唯一關心的是聚會人數

　　而真相是，如果你只關心人數便**不**可能變大。在整個馬鞍峰教會的歷史，我們只設過兩次的人數目標，那兩次都是在第一年。人數不是我們的重點，我們的重點是把神所帶給我們的人同化。

　　提升人數的活動以及廣告可能會把人帶進教會一次，但除非教會真正有供應，他們不會再回來。要維持持續的成長，你必須供應人們在別的地方得不到的。

　　如果你傳講基督那正面又改變人生命的好消息；如果你的會友對於神在你們教會所做的感到興奮；如果你們的聚會是他們能帶領未信主的朋友來，而不會感到不好意思的；如果你對於你所帶領信主的人，有一套造就、訓練、差傳的計畫；那麼聚會人數是你最後的一個問題，人們總是大量湧入那種教會，這種情形全世界都一樣。

　　健康持久的成長是多面性的。我對純粹的教會增長的定義

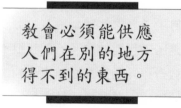

教會必須能供應人們在別的地方得不到的東西。

有五方面。每一個教會都需要藉團契而成長得更**溫暖**，藉門徒訓練而成長得更**深入**，藉敬拜而成長得更**剛強**，藉事工而成長得更**寬廣**，藉傳福音而成

長得更**壯大**。

　　使徒行傳二章42-47節描述了第一個耶路撒冷教會在這五方面的成長，他們過著團契生活，彼此訓誨，一起敬拜、服事、傳福音。結果，47節說：「主將得救的人天天加給他們。」注意這一節裡提到的幾件事：首先，當教會做了該做的（即那五方面），神就將成長賜給他們（神的部分）。第二，成長是每天的，也就是說，一年三百六十五天就至少有三百六十五個人信主！如果以此作為一個健康、符合新約的福音教會的標準，有多少教會符合標準呢？

　　教會增長是教會健康的必然結果。信息合乎**聖經**，並有**平衡**的事工，教會才會健康。新約的五項教會目標必須保持平衡。教會裡的平衡並不是自然發生的，而是必須不斷地糾正不平衡。人的本性就是會刻意強調我們特別有感動的一面。刻意用心設立一套策略及體系來鞭策我們自己對每一個目標有相同的注意力，便是目標導向教會的一切。

教會增長的五個向度

教會藉團契而成長得更溫暖
教會藉門徒訓練而成長得更深入
教會藉敬拜而成長得更剛強
教會藉事工而成長得更寬廣
教會藉福音而成長得更壯大

迷思之二：大型教會的增長是
建立在小教會的會友流失上

有些大型教會的增長是因小教會的會友流失而來，但這卻不是馬鞍峰的情形。我對馬鞍峰的統計資料最感欣慰的是，百分之八十的會友是在馬鞍峰教會信主並受洗的。我們並沒有由別的教會付代價來換取自己教會的增長。截至我寫這些之時，我們有五千名成人會友，其中四千人是在馬鞍峰信主受洗的。我們的成長是靠傳福音，不是靠轉會籍。

基督徒從一個教會轉到另一個教會，不是耶穌對大使命的本意。神要我們成為得人的漁夫，可不是要我們與別的水族館換魚。一個依賴轉會籍成長的教會並沒有經歷真正的增長，只是像重新洗牌罷了。

迷思之三：教會必須在質與量之間取其一

不幸地，這個廣為流傳的迷思實在是錯誤的。問題之一是從來沒有人為他們所謂的**質**與**量**下定義。讓我來為你提供我的定義。

質是指一個教會所造就出來的門徒種類。人們是否真正改變成基督的樣式？信徒有沒有建基在話語上？信徒有沒有在主裡成熟？他們有沒有用他們的才幹來服事？有沒有與人分享信仰的習慣？衡量教會的質其實只有這幾個方法。

量則是指教會所造就出來門徒的數量。帶領了多少人歸信

基督，並被建立成熟，能動員事奉與差傳宣教？

　　一旦將之定義，就不難看出質與量並非彼此衝突、互相排斥；並不需要兩者取其一。每個教會都應該兩者得兼。事實上，一個教會若只強調質與量其中一項，都會製造出不健全的教會。

　　你去釣魚時是要質還是要量？我兩者都要！我要儘量釣大魚，也要儘量釣得多。每個教會都應該有為基督多得人的心志，也應該有要幫助這些人在屬靈上成熟的心志。

> 質是指教會所造就出來門徒的種類。
> 量是指教會所造就出來門徒的多寡。

　　事實上許多牧者有意忽略的是：**質變帶來量變**。一個充滿真正有改變的人的教會會吸引人來。你如果研究健康的教會，你會發現神若看到一個教會在帶領人、牧養人、裝備人、差遣人的事工上表現優良，祂會供應那個教會許多原料。相反地，神為何要送人到一個不懂得造就人的教會？

　　在一個有生命被改變，婚姻得挽救，愛自然流露的教會，人必然源源不斷地湧入。人們總是被高品質的敬拜、傳講、事奉，以及團契所吸引。質吸引量，每位牧者都該問自己一個很無情的問題：如果我們大部分的會友從未邀請人到我們教會來，那麼他們的表現是否正說明了教會所提供的品質？

　　此外，**量帶出質**在教會生活的某些方面也是事實；舉例來說：教會越大，音樂就越好。你比較喜歡與十一個人一起唱歌

還是與一千一百人一起唱？你比較喜歡在一個只有三個人的單身團契，還是一個兩百人的單身團契？

　　有一些教會爲他們的不增長找藉口，堅持說越小的教會越容易維持品質。這樣的辯解是錯的，如果小就好，那麼最好的教會應該是只有一個人！在開拓馬鞍峰教會之前，我大部分都是在小教會；據我觀察，很多教會一直大不起來的原因是因爲教會的事工與教會生活的品質都不好的緣故。教會的大小與品質的好壞實在沒有絕對的關係。

　　如果父母以質與量來決定生育，在生了第一個之後說：「一個孩子夠了，讓我們養出一個品質優良的孩子。」那我們大部分的人今天不會在這裡！

　　一個對於增加信徒的數目一點都興趣沒有的教會，無疑是在對這個世界宣稱「你們都該下地獄」。假設我的三個孩子在野外旅行時迷失，我與我的妻子一定不計任何代價來找他們，找到一個之後，也絕不會因此罷手，以找到一個「優良品質」的孩子爲滿足；只要還有一個孩子沒找到，一定繼續找，不達目的絕不罷休。

　　對於教會來說，只要世界還有失喪的人，我們就**必須**質與量並重。在馬鞍峰教會，我們計算人數，因爲每個人皆不可少。這些數目代表耶穌爲人而死的。每次有人說：「你不可以用數目衡量成功。」我的答覆是：「那要看你算的是甚麼！」如果你算的是挽救了多少婚姻，改變了多少生命，醫治了多少破碎的人，有多少不信的人成爲敬拜耶穌的人，多少人動員從事事工與差傳，那麼數目是極其重要的。它們有永恆的重要性。

迷思之四：教會要增長就必須在
信息與事工上妥協

這個流行的迷思暗示，增長的教會，其領袖多多少少都會「出賣」福音以獲取增長。這個假設是，若教會吸引人就一定是膚淺並缺乏委身的。它假設若要吸引大量群眾就必須信息「摻水」。

當然，是有些教會因著錯誤的神學，膚淺的委身，以一些屬世的花招吸引大量群眾。但有大量群眾並非意謂著就是這種情形。只因為有幾個大型教會在信息與事工上妥協，就認定所有的大教會都是這樣，這是很不幸的事。

為甚麼主耶穌的事工吸引大量的群眾？因為福音是好消息！如果清楚傳達，會有一股吸引人的能力。耶穌說：「我若從地上被舉起來，就要吸引萬人來歸我」（約十二：32）。不只是大人想圍繞在耶穌身邊，小孩也一樣。一個有基督樣式的教會也會對人產生吸引力。

耶穌吸引了大量群眾，卻從來不曾在真理上妥協，除了嫉妒他的大祭司，沒有人批評他將信息摻水（可十五：12）。坦白說，我懷疑那些批評教會吸引大量群眾的人，有些可能是出於同樣的嫉妒心理。

別把期望混淆

許多人以為大教會都膚淺的另一個原因是，他們把對參加

聚會的未信者的期望與對教會會友的期望互相混淆。這是兩個不同的群體。在馬鞍峰我們以「群眾」和「會眾」來分別這兩個群體。

在馬鞍峰教會我們並不期待未信者的行為舉止與信主的人一樣，我們也不期待來參加聚會的訪客表現如我們的會友一般。我們對於在尋求基督的慕道朋友要求非常少；我們只是如同耶穌在第一次接觸門徒時，對他們說：「來看！」我們邀請未信的人來察看我們，讓他們自己看看教會是甚麼。

另一方面，我們對於想要**加入**我們教會的人要求鄭重的委身，我會在十七章分享細節。所有準會員都必須完成會員班的課程並簽署會員誓約，簽署誓約表明會員願意在財務上支持聖工，願意與人分享信仰，隨從領導，不說閒言閒語，過一個敬虔的生活。此外，馬鞍峰教會執行教會紀律——這在今天是鮮為人聽到的。如果一個會員沒有履行約定，就會被退籍。每年都有幾百個人名從我們的名冊上被刪除。

新會員也必須同意上額外的課程，這其間他們必須簽署成長誓約，誓約包括十一奉獻、每日靈修、每週參加小組。馬鞍峰教會沒有很多轉會籍的信徒，原因之一在於我們對會員的要求比別的教會多太多。

我發現向人提出嚴肅的挑戰會吸引人來而非趕走人，我們要求的委身越大，我們得到的回應也越大。許多未信主的人已經對這個世界所能提供給他們的感到厭倦無聊，他們正在尋找一樣勝過他們自身，值得他們付上生命的東西。

要求委身並不會趕走人，委身本該是教會所應要求的。常

常，教會失敗在於未解釋清楚教會的目標、價值觀、以及委身所帶來的恩典，教會也沒有一個好的體系幫助人在委身上一步一步的長進。

活在當代而絕不妥協

任何一個抱持認真態度**從事**牧養，而不是空談理論的人，都必須願意與布魯斯及馬歇爾‧雪立（Bruce and Marshall Shelley）所謂的「一心兩用的呼召」的張力共生存。一方面，我們有義務對神永不改變的話語忠實，另一方面，我們必須在一個不停變化的世界中作我們牧養的工作。可惜，許多基督徒不願意活在這種張力之間，而傾向兩個極端之一。

有些教會由於害怕世界的影響，便從當今的文化中退隱隔離。雖然大部分的教會沒有退到像阿米許（Amish，屬於一老教派，生活一切都保留十八、九世紀的方式）那麼遠，但許多教會卻似乎認定五〇年代是黃金年代，決心把他們的教會保存在那個時代。我讚賞阿米許人，至少他們誠實的承認他們選擇保留十九世紀的生活方式。但是，一些嘗

> 要求委身不會趕走人；問題是在許多教會要求委身的方式。

試將教會永遠停留在五〇年代文化的人卻常常否認他們的意圖，嘗試引經據典來證明他們的方式才是新約時代的作法。

同時，也有一些教會怕追不上時代，愚昧地模仿最新的時尚與流行。在嘗試與現代的文化掛鉤時，將他們的信息妥協，

與世界毫無分別。這樣的教會的信息常強調福音的好處，但卻忽略跟隨基督的代價與責任。

> 耶穌從來不曾降低標準，但祂總是從人的立足點開始祂的事工。

在我們的文化當中，牧者是否有一條路，能不必妥協我們所信仰的？我相信是有的，我要在十二章更深入的討論這個問題。答案是跟隨基督牧養的榜樣。耶穌不曾降低祂的標準，但祂總是從人的立足點開始祂的事工。耶穌在當時是很合乎時代又堅守真理的。

迷思之五：若你奉獻的心志夠，教會就一定增長

這是一個在牧者研習會裡最爲人津津樂道的迷思；講員敬虔地暗示，如果你的教會不增長，問題便是你缺乏奉獻的心志。他們這麼說：「你只要保守純全的教義，傳講聖經，多禱告，奉獻你自己，你的教會便會爆炸地成長。」聽起來既簡單又屬靈，但卻不正確。許多牧者從這樣的研習會回去時，不但沒有受到激勵，反而感到有罪惡感、更無能力、更灰心。

我認識數百位滿有奉獻心志的牧師，他們的教會並不增長。他們忠實於神的話語，恆切禱告，傳講堅實的信息，奉獻的心志毫無疑問；但是他們的教會仍舊拒絕增長。說他們的問題是缺乏奉獻心志實在是對他們的侮辱，很少事情比這更激怒我。他們都是些良善又愛神的牧者，以全心服事主。

要教會增長不只是奉獻心志，也要有**技巧**。我最喜愛的經

文之一是傳道書十章10節：「鐵器鈍了，若不將刃磨快，就必多費氣力；但得智慧指教，便有益處。」注意神在這裡說的是**技巧**，不只是奉獻，才能帶來成功。我如果要砍柴，就必須先將斧頭磨快才砍得好。重點是，聰明地做，而不是更辛勞地做。

花時間學習你所需的牧會技巧，往後會長期地節省你很多時間，並更成功。藉著讀書、參加研習會、聽錄音帶、觀察別人的模式，來磨快你牧會的斧頭。磨快斧頭絕不浪費時間；技巧帶來成功。

在我們教會有許多大航空公司的專業飛行員，他們告訴我，不管他們已經飛多久了，公司還是要求他們一年兩次各一週的重新訓練來磨練他們的技術。當我問他們為甚麼重新訓練要這麼頻繁，他們回答是：「因為人們的生命就繫於我們的技術。」這對於牧會事工亦然。我們豈能輕忽更新我們的技巧？

在馬鞍峰教會，我們每年提供教會領袖及牧師至少一次的基本訓練研習會。雖然我們的同工對於馬鞍峰教會的異象、策略、結構都已經很清楚，我還是要求每個人都要參加這個研習會。我們都需要定期規律地對異象重新灌注精神，並磨練技巧。

使徒保羅能如此有效地植堂及栽培，原因是他有熟練的技巧；他在哥林多前書三章10節說：「我照神所給我的恩，好像一個熟練的工

> 要教會增長不只是奉獻心志，也要有技巧。

頭（英文直譯），立好了根基」，保羅是一個熟練的建立教會的人，他不是一個隨隨便便，粗製濫造的建築者。他不只全心

投注在他的任務上，他還知道熟練地使用正確的工具。我們也
必須學會使用正確的工具來建立教會。如果你工具箱裡僅有的
就是一支鎚子，那你很可能把每件事都當作釘子。

聖經還把牧會比作耕地。農夫亦是一項要求技巧的職業。
一個農夫可能是一個全心付出，辛勤工作的人；但他還需要有
使用正確工具的技巧。如果他用收稻子的器具來收玉米，那他
注定要失敗。如果他用採收棉花的器具來採收蕃茄，那一定是
一團糟！成功的事工正如耕地，不只要求獻身與努力，也要講
求技巧、時間的配合以及正確的工具。

許多過分簡化教會增長的答案都是用一些虔誠的說法，以
致於任何想對這些說法加以挑戰的人似乎都變得不屬靈了。必
須有人勇敢的指出明顯的錯誤來：單單禱告並不能使教會增
長。我認識一些最偉大的禱告勇士，是一些逐漸消逝的教會牧
師及會友。

當然，禱告**是**絕對必要的。馬鞍峰教會所走的每一步都是
浸浴在禱告裡的。事實上，我有一個禱告團隊**在我每個週末四
堂的講道中**為我禱告。沒有禱告的事工是一個沒有能力的事
工。但教會要增長，所需求遠比禱告還要多；必須要有技巧熟
練的行動。曾有一次，神告訴約書亞停止為他的失敗禱告，要
起來糾正錯誤（約書亞記第七章）。禱告有時，負責的行動也
有時。

我們必須小心避免事工中的兩個極端：一個極端是將教會
不增長的原因都攬在自己身上，另一個極端是把責任完全推
開。我很感謝裘‧艾理（Joe Ellis），他揭示出這兩個極端，

並幫我點出牧會中有關責任與忠心的議題。裘確認出第一個錯誤爲「實用人文主義」，第二個錯誤爲「敬虔的不負責任」。兩者對教會都是致命的錯誤。

我們必須避免的第一個錯誤是以爲組織、管理與行銷可以造成教會增長。教會不是企業！我曾與一些牧師談話，他們表現得就好像教會只是一個有少許禱告摻入其間的企業罷了。聽過他們所說的話，我不禁懷疑，在他們所做的一切當中，**聖靈在那裡**？

不幸的，很多教會可以用標準的主日學校，有效率的組織，平衡的預算就解釋清楚了；從來沒有超自然的事發生在這些教會裡，也很少有生命真實的改變。

所有我們的計畫、節目、程序若沒有神的恩膏就沒有任何價值了。詩篇一二七篇1節說：「若不是耶和華建造房屋，建造的人就枉然勞力。」建造一個教會不能只靠人的努力；我們絕不能忘記教會屬於誰，耶穌說：「……我的教會建造……」（太十六：18）。

另一方面，我們必須避免的另一個錯誤，便是認爲我們**無法**做甚麼來使教會增長。這個錯誤觀念也是今天很流行的說法。一些牧師與神學家相信任何計畫、組織、推廣或努力，都是僭越，不屬靈，甚至是罪，我們唯一的角色便是坐看神怎樣行。你會發現在靈命復興方面的書刊有許多這類的教導；這些說法常以一

> 神的能力藉著人有技巧的努力，使教會增長。

種誠摯的心意，為要強調神在復興當中的作為，而貶抑了任何人為的努力。這樣的思想模式會製造出被動的信徒，並且常以聽起來很屬靈的藉口來為教會不增長辯護。

聖經清楚地教導我們，神完成祂在地上旨意的過程中，讓我們扮演一個很重要的角色。教會增長是神與人完成的。教會增長是靠著神的大能，藉著人熟練有技巧的努力；兩種因素必須共存。我們無法**不靠神**，神也已決定要藉**我們**完成！神使用人成就祂的目的。

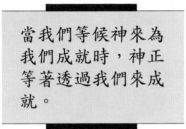

當我們等候神來為我們成就時，神正等著透過我們來成就。

哥林多前書：「我栽種了，亞波羅澆灌了，惟有神叫他生長。……因為我們是**與神同工**的」（林前三：6, 9）。保羅以此說明神與人同工的關係。保羅和亞波羅做了他們的部分，神也完成了祂的部分。

新約聖經充滿了教導這個論點的例子：栽種與澆灌（林前三：5-9）；建造神的工程（林前三：10-13）；收取神田裡的莊稼（太九：37-38）；增長基督的身體（羅十二：4-8；弗四：16）。

舊約的例子，我們可以看約書亞記。神告訴以色列去得那地為業；祂並沒有去為以色列取來，祂乃是要求與他們合作，讓他們在其中扮演一個角色。但是因為他們的恐懼與被動，以色列人死在曠野。當我們等候神來為我們成就時，神正等著**透過我們來成就**。

迷思之六：教會增長有某一個訣竅

教會增長是一件複雜的事，鮮少只有一個原因。當你聽到一位牧師將他教會的增長歸於某一個因素時，若不是過分簡化情況，便是他自己並沒有確認出教會增長的真正原因。

在與一些參加馬鞍峰教會訓練會的教會領袖交換意見之後，我歸納出幾個被我的同工稱之為「理克增長通則」的基本事實。

第一，**教會增長的方法超過一種**。我可以為你指出來兩個策略完全相反的教會，而兩個教會都增長。有些教會通過主日學而增長；有些則藉著家庭小組增長。有些教會藉著現代音樂增長；另有些則藉古典音樂增長。有些增長的教會為慕道的訪客有周全的節目；有些則沒有。

第二，**神使用各式各樣的教會來接觸各式各樣的人**。感謝神！我們都不一樣。神喜愛多樣性。如果每一個教會都一模一樣，那麼，我們將只能接觸到世界上一小部分的人。就拿音樂來說吧，我們多麼需要不同形式的音樂來接觸世上所有不同文化風格的人！偶爾，我會聽到有人說，所

> 別把方法與信息混為一談；信息永遠不能改，方法卻要隨著時代而變。

有的教會都該屬於一個教派，不該有所不同；我對此極不贊同。多樣化是長處，不是短處。神使用不同的方法接觸不同群體的人。

我不是說教會可以從聖經的真理脫軌。基督的信息永遠不能改變；正如猶大說的：「要爲從前一次交付聖徒的真道，竭力地爭辯」（猶3）。別把方法與信息混淆；信息永遠不能改，方法卻是要隨著時代變。

第三，**不要批評神所賜福的，縱使他們的型態你覺得不舒服**。我每每訝異於神常常賜福那些我不贊同或不甚瞭解的人。於是，我採取了這樣的態度：如果你們的生命確實被耶穌基督的大能所改變，那麼我喜歡你們所做的！我們都是神恩典的冠冕。

迷思之七：神所要求於我們的只是忠心

這個陳述只對了一半。神所要求我們的是忠心與結果子。結果子是新約的重要主題，請思考以下內容：

- **我們是受基督呼召爲要結果**。「不是你們揀選了我，是我揀選了你們，並且分派你們去結果子，叫你們的果子常存」（約十五：16）。神要看到**常存的**果子是出自我們的事奉。
- **結果子乃是榮耀神的方法**。「你們多結果子，我父就因此得榮耀，你們也就是我的門徒了」（約十五：8）。一個不結果子的事奉並不榮耀神，而一個結果子的事奉證明我們是基督的門徒。
- **結果子討神喜悦**。「好叫你們行事爲人對得起主，凡事蒙祂喜悦，在一切善事上結果子」（西一：10）。
- **耶穌對不結果子的樹保留了最嚴厲的審判**。祂咒詛

樹，因爲不結果子。「看見路旁有一棵無花果樹，就走到跟前，在樹上找不著甚麼，不過有葉子，就對樹說：『從今以後，你永不結果子。』那無花果樹就立刻枯乾了」（太廿一：19）。耶穌這樣做不是要誇耀，而是要指出一點，祂期待結果子！

● **以色列民因不結果子而失去它特別的地位**。「所以我告訴你們，神的國必從你們奪去，賜給那能結果子的百姓」（太廿一：43）。這個原則也可以應用到個別的教會。我看過神把賜福的手從曾經被祂大大賜福的教會移開，因爲他們變得自我滿足、自我中心，停止結果子。

甚麼是結果子？**果子**這個字，或它的變化用法在新約出現五十五次，顯示不同的結果。下面的每一項，神都將之看作果子：悔改（太三：8；路十三：5-9），行出真理（太七：16-21；西一：10），禱告蒙應允（約十五：7-8），信徒奉獻金錢（羅十五：28），像基督的性情及領人歸向基督（羅一：13）。保羅說他想去羅馬傳福音，「要在你們中間得些果子，如同在其餘的外邦人中一樣」（羅一：13）。信徒的果子就是另一個信徒。

從耶穌給教會的大使命，我相信對於地方的教會，果子的定義必定包括帶領未信者成爲基督徒。保羅提到亞該亞的第一個信徒時稱他爲「亞該亞初結的果子」（林前十六：15）。

聖經裡清楚的確認教會在數量上的增長爲結果子。耶穌在許多天國的比喻裡都強調這個不可忽視的真理，即神期望祂的

教會增長。此外，保羅更是把結果子與教會增長相連結；歌羅西書一章6節「這福音傳到……普天之下，**並且結果增長**，如同在你們中間，自從你們聽見福音……」。你的教會結果子且增長嗎？你見到有人信主加入教會嗎？

神要你的教會忠心**又**結果子，少了一件就只完成方程式的一半。數據的結果不能作爲不忠心於所傳講信息的理由，但是

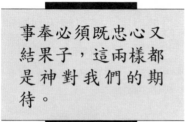

事奉必須既忠心又結果子，這兩樣都是神對我們的期待。

忠心也不該成爲我們沒有效率的藉口！一些很少有人接受主或根本沒有人接受主的教會常常想要以「神不是呼召我們追求成功，乃是呼召我們忠心。」作爲沒有效率的藉口。我強烈反對這種論調，因爲聖經的教導是期待我們既有忠心又結果子。

最爲難的一點是你如何定義**成功**與**忠心**。我把**成功**定義爲實踐大使命。耶穌給了教會一件工作，我們不是成功就是失敗。以這個定義來說，每個教會都應該要成功！除此之外別無選擇。成功的反面不是不忠心，而是失敗。任何一個教會若沒有遵行大使命，不管怎麼說，就是沒有達成目標。

甚麼是**忠心**？我們經常以所信的角度來定義；我們總是認爲只要保守住純正的信仰，便是成就了基督所要求的忠心，我們自稱爲「信仰的捍衛者」。但是，當主耶穌使用這個字眼時，祂的意思比守住信仰深遠得多了。祂是以行爲的角度來定義——以一個願意冒險的心志（這就要求信心與忠心）來結果

子。

　　一個明顯的例子就是馬太福音廿五章14-30節，按才幹接受託付的比喻。那兩個將才幹倍增的人，主人稱他們為「又良善又忠心的僕人」。換句話說，他們以冒險結果子來證明他們的忠心。他們成功地完成指定給他們的任務，並且從主人得了獎賞。那個既被動又害怕的僕人，對於主人給他的才幹，只原封不動的保守起來，因為他不願意冒險結果子。主人叫他作「又惡又懶的僕人」來與結果子的「又良善又忠心」作對比。這個故事的要點很清楚：神期待看到果子。我們的忠心與否是由我們的果子來證明。

　　忠心是使用神所賜的才幹與資源，盡可能的多有成就。因此，拿教會互相比較，來衡量成功與否是不對的。成功乃是盡可能的以所有的恩賜、機會與潛能多結果子。

　　基督並沒有期望我們完成**超過**我們所能的，祂只是期待我們靠著祂在我們裡面的能力，**盡**我們所能去做。這已經比我們大部分的人以為能成就的多得多了。我們對神的期待太少了，嘗試為神做的也太少了。如果你在事奉上不冒任何的險，那你也不需要任何信心；而如果你的事奉不需要甚麼信心，那麼你便是不忠心。

　　你如何定義忠心？如果你堅持以一種過時的方式來傳達神的話語，是否就是對神的話語忠心？如果你堅持以你覺得**舒服**，但卻不結果

> 成功就是使用你所有的恩賜、機會與潛能，盡可能的多結果子。

子的方式來事奉，你忠心嗎？如果你珍惜從人來的傳統過於為神去得人，你忠心嗎？我的結論是，一個教會繼續使用一個不再有效的方法，便是對基督不忠心。

令人傷心的是，今天正有許多信仰純正的教會，對基督是不忠心的，因為他們拒絕為了能接觸到世上更多失喪的人，而改變他們的節目、方法、聚會型態、建築物，甚至地點。海弗那（Vance Havner）曾說：「一個教會可能在教義上正直得像槍管，屬靈上也空得像槍管。」我們必須毫無保留的委身予我們的救主基督，並且對祂說：「為了領人歸向基督，我們無論**做甚麼**都願意。」

迷思之八：大教會是學不來的

馬鞍峰教會成長的故事是神大能的作為，是無法複製的。然而，我們**應該**從中選取可以轉移的原則與教訓。忽略神對我們教會的教導是不智的管家。「要記得你們從與主同行的經驗所學到的」（英文版今日聖經直譯）。每個教會都不需要再為自己發明輪子。

> 馬鞍峰教會的成長是神大能的作為，人無法複製。然而我們應該選取其中可以轉移的教訓與原則。

每次我看到別的教會有行得通的好方法，我便嘗試選取它裡面的原則，應用在我們的教會。因為這樣，我們的教會受益於許多我們所研究的教會模式——包括現代的，和歷史上的；我很感

激這些對我有幫助的模式。我早就明白我不需要自己創作每件事；神並沒有要我甚麼事都自己開創才行得通。祂呼召我們要有果效。

為要減少錯誤翻版的風險，我要從馬鞍峰教會的例子來指出甚麼是可轉移的，甚麼是不可轉移的。

甚麼是不可以翻版的？

第一，你無法翻版我們的背景。每個教會都有它非常獨特的文化背景；馬鞍峰位於繁忙的南加州中心，滿是受教育的年輕夫婦。這裡不是伊利諾州的皮歐利亞，也不是德州的慕秀，甚至也不是洛杉磯市中心。每個社區都有它的獨特性，用人的辦法，強行將馬鞍峰教會移到一個不同的環境，便注定失敗。曾經有人不管我清楚的警告而去做，然後卻問為甚麼行不通。

第二，你無法複製我們的同工。神使用人來作祂的工；任何計畫的領導都比計畫本身重要。我花了十五年，建立了一個同工團隊，這個團隊合作的效果，遠比我們任何一個人單打獨鬥的效果好。我們每個人都很平凡，但是一旦將我們放在一起，我們個人的恩賜、個性、背景一混合，

> 神並沒有叫我們在每件事上都創新，而是叫我們要有果效。

便產生強而有力的能量，勝過任何管理專才，並使我們能完成一些令人驚訝的任務。

第三，你不能是我。（沒有一個正常理性的人會想要我的

弱點。）只有我才是我，你就是你，那是神的創造。當有一天你回到天上，神不會對你說：「你爲甚麼不多像華理克一點〔或費傑利（Jerry Falwell）或海比爾（Bill Hybels）或麥約翰（John MacArthur）或是其他任何人〕？」神可能會說：「你怎麼不多像你自己一點？」

神造你成爲你。祂要用你的恩賜、你的熱切、你天然的能力、你的個性、以及你的經驗，來影響你所處的世界。我們每個人開始的時候都是原版，很可惜很多人最後都變成別人的翻版。你不可能藉著嘗試作別人，來使教會增長。

你可以學的事情

第一，你可以學原則。就像我們有句口頭禪：「舉一反三，原則不變，方法多變。」如果原則合乎聖經，我相信就應該可以放諸四海而皆準。從觀察神在當前這個世界的作爲，來學習應用原則是有智慧的。既然你不可能成爲別人來使教會增長，你可以將別人所發現的理論，在經過你個性與背景的過濾以後，加以應用。

我從來沒有興趣製造馬鞍峰教會的增生體；這也是爲甚麼我用地區名稱爲教會的名稱，而不用一個可以被複製的「品牌名」。除非你住在我們這個社區，否則「馬鞍峰」這個名稱對你是行不通的。我們所開拓設立的二十五個子教會，沒有一個教會事工方式

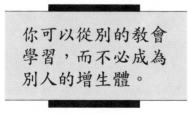

你可以從別的教會學習，而不必成為別人的增生體。

完全像馬鞍峰教會。我鼓勵他們將從我們所學到的，以他們的個性與背景加以過濾。

神為每個教會準備一份訂做的事工；你的教會有一個獨特的神的指引。但是你可以從別人的模式有所學習而不必成為別人的增生體！觀察別人的模式能使我們在短時間內有最好的學習。其實，我們每個人的人生當中，大部分還不都是從別人學來的！不用覺得不好意思去使用別人的模式，那是智慧的象徵！箴言十八章15節說：「聰明人對新方法新主意敞開心胸，並且熱心尋求」（英文版今日聖經直譯）。

保羅一點也不怕他開始的教會使用既有模式。他告訴帖撒羅尼迦的教會：「……就效法我們，也效法了主。甚至你們作了馬其頓和亞該亞所有信主之人的榜樣」（帖前一：6-7）。我對你教會的禱告是，你能從馬鞍峰教會的模式有所學習，並且能成為其他教會的榜樣。

馬鞍峰不是一個完美的教會，但它是一個健康的教會（就如同我的孩子並不完全，但他們是健康的）。一個作榜樣的教會並不需要是完美的教會。如果完美是作榜樣的條件，那你就無法從**任何**教會學習了。世上沒有完美的教會。

讓我警告你：如果你將這本書裡的策略與方法用到你的教會，一定有人說：「你這是從馬鞍峰教會學來的。」你應該回答：「這又怎樣？他們還不是從幾百個其他的教會學來的。」記住，大家都在學習。

我相信，無法從別人的榜樣學習的人，必有自我的問題。聖經上說：「神阻擋驕傲的人，賜恩給謙卑的人。」（雅四：

6）。神爲甚麼要這樣作？一個理由是，當人充滿傲氣時，就變得無法被教導：他們自認爲甚麼都懂。我發現一個自以爲對、甚麼都有答案的人，他其實連問題是甚麼都不知道。我給自己的目標就是，盡可能的常常從每個人身上學習。我嘗試從對我的批評，從我所不同意的，甚至從敵人身上去學習。

第二，你可以學程序。這本書著重在程序，而不是節目。這本書提供一個造就你教會的信徒，並幫助你的教會取得平衡目標的系統。觀察了馬鞍峰教會如何在快速增長的繁重需求之下領人歸主，使我對目標導向的程序，能夠應用在其他的教會充滿著信心。我們已經看到這個系統在數千個中、小型的教會，造就出剛強能結果子的信徒。所以這並不是一個單單爲超大型教會量身訂做的策略。

人們常常忘了馬鞍峰教會曾經是一個非常小的教會，是藉著目標導向的程序長大的。當我向許多教會領袖解說這個程序之後，他們對我說：「若是這樣，甚麼人都做得到！」我答道：「你說對了！」健全的教會是建立在程序上，而非建立在個性上。

最後，你可以學一些方法。沒有一個方法可以永遠使用或適用任何地方；然而，並非因爲如此，這個方法就全無價值。最近，教會增長的方法名聲不佳，在一些圈子裡，被認爲是不屬靈，甚至是世俗的。那是因爲一些熱衷於教會增長的人過分強調方法，而忽略了純正的教義，以及聖靈超自然的工作；同時，另一個極端則是把所有的方法都拋諸腦後。

每一個教會，不管有意或無意，都正在使用某種方法；所

以問題不在於要不要使用方法，問題在於用甚麼方法、方法本身合不合符聖經、有沒有效率。

方法只是原則的呈現。有許多方法可以在不同的文化背景，表達出聖經的原則。使徒行傳裡面記載許多例子，告訴我們初期的基督徒在不同的情況下曾使用不同的方法。

如果你研究今天的教會，會發現神使用各種方法，並且祂比較賜福某些方法。明顯地，一些過去有效的方法，今天已不再有效。值得慶幸的是，基督教的強處在於面臨文化與時代的挑戰時，有改變方法的能力。歷史戲劇性地描述教會持續創造出「新皮袋」來。神不斷的給教會新的方法來接觸新的世代。傳道書三章6節說：「保守有時，捨棄有時。」這個經節可以應用到方法上。每一個時代，教會都必須決定甚麼方法應保守，甚麼方法該捨棄，因爲已經無效了。

你或許不喜歡馬鞍峰教會用的一些方法，這沒關係。我自己也不是對我們教會所作的每一件事都喜歡，所以我也沒有期待你會喜歡。以吃魚的方法讀這本書：吃下肉，吐出刺；修改和採用可以用的。領導學最重要的技巧之一就是分辨出甚麼是絕對必要的，甚麼不是絕對必要的。方法必定要擺在信息之下。任何時候，讀有關教會健全或教會增長的書，都要小心，不要把基本的與次要的混淆了。

教會健全增長的基本要件：

- 我們的主人是誰？
- 我們的信息是甚麼？
- 我們的動機是甚麼？

教會健全增長的次要要件：

● 我們的對象是誰？

● 我們的模式為何？

● 我們的方法為何？

愛因斯坦有一次悲嘆於二十世紀最大的弱點是，人們習慣性的把方法（means）與結局混淆。對於教會來說，這一點尤其危險。我們絕對不能耽溺於方法，而失去異象，遺忘信息。

不幸的是，許多教會正以本章所提到的這些迷思與錯誤的觀念在運作。這使他們無法完全發揮潛力，達成應有的健全增長。教會需要靠**真理**來成長。異端邪教可以不靠真理而增長，但教會不行。提摩太前書三章15節說到「真理的柱石和根基。」本書的下一部，我們要來討論如何置放真理的柱石，容讓神在上面建立祂的教會。

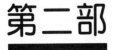

第二部

目標導向的教會

3

是甚麼在推動你的教會？

人心多有計謀，惟有耶和華的籌算纔能立定。

箴言十九：21

城西教會的張士強在晚上七點正召開每月執事會。「今天晚上我們有許多事情要討論，所以讓我們快開始吧，」士強說道。「大家都知道，今天的主要議程是對新年度的教會活動達成共識，以便在兩個禮拜後向會眾報告。」

身為主席，士強對於這個會議很擔心。除了預算會議以外，事工計畫會議算是爭執辯論最激烈的會議了。「誰要先發言？」士強問道。

「這應該很容易才對，」已經在教會廿六年的包忠心執事首先發言，「去年整年都很成功，就讓我們再做一次去年所做的吧！我認為試用過的好方法總是比新花樣好。」

「對於這一點，我就不同意了。」潘新仁說道：「時代不同了，我認為該重新衡量我們所作的**每一件事**。過去成功的事工，並不表示明年一定能行得通。尤其是崇拜，我覺得我們該開始另一種不同型式的崇拜。我們都看到自從加略山教會開始以現代化的崇拜來吸引未信者以後，教會增長的情形。」

　　「是啊，有一些教會為了要人多甚麼都做。」包忠心回答道。「他們忘了教會是為誰而存在？教會是為了基督徒！我們應該要與世界有所**不同**，有所分別。我們可不能效法這個世界。我絕對不願意看到這事發生在城西教會！」

　　再來的兩個鐘頭，一連串的事工、活動開始列在教會月曆上。杜凱倫熱切地堅持教會應該要積極的參與反墮胎、支持生命權的「拯救行動（Operation Rescue）」。趙偉男則作了一個感人的見證，講到「守約者（Promise Keepers）」如何改變他的生命，並且建議教會推動一個全教會弟兄的活動。林慈愛則主張教會需要多種互助團契。羅學人則又老調重彈地鼓吹創立教會學校；而理所當然的，戴從儉立刻問：「這要花費多少？」被提出來的意見都非常好，問題是：似乎沒有一個標準或原則讓委員們用來評估決定採用哪些事工。

　　最後，柯理智發言了，到這個地步，大家都等著聽聽看他怎麼說。每次事情搞僵時，他就發表一篇演講，然後，大多數的人就聽他的。他的意見並不一定是最好的，事實上，人們常常不以為然，但是他的性格有一種力量，使得他所說的一時聽來似乎是最合理的。

　　這個情景的問題出在哪裡？教會裡有太多的推動力在彼此競爭，結果變成彼此矛盾，同時教會試著同時朝向好幾個目標進行。

　　你如果查字典，**驅駛**（drive）這個字的定義包括「導引」、「控制」、「指揮」。當你駕駛一部汽車，即意謂你導引、控制、指揮車子在街上走。當你釘（drive）一根釘子，你

也是導引、控制、指揮釘子深入木頭。當你揮動（drive）高爾夫球桿時，你是在導引、控制、指揮高爾夫球走對路線！

每個教會都是由某一種動力推動的。每一件事情發生，背後都有某種導引的力量，採取某種控制，隨從某種指揮。這個推動力可能並不為人所聽聞，更可能從來不曾被投票通過；但是它就在那裡，影響著教會的每一個層面。你教會背後的推動力是甚麼？

由傳統推動的教會

由傳統所推動的教會最喜愛的一句話是：「我們一直都是這樣做。」傳統導向的教會，目標就是使過去「永垂不朽」。改變總是被看作不好，僵化被視為穩定。

年輕一點的教會往往是由使命與目標而建立，但老教會卻常被規則、條例，及儀式所束縛。一些教會，他們的傳統導向強烈到一個地步，甚至神的旨意都放在次要的地位。倪樂夫（Ralph Neighbour）曾說這類教會說到最後總是七個字：「我們從不這樣做。」

由人物推動的教會

在這樣的教會，最重要的問題是：「領導人要怎樣？」如果牧師在這個教會已經服事很久了，他很可能是推動這個教會的人物。但是，如果這個教會有史以來，每幾年就換一個牧者，那麼，某個平信徒領袖可能是推動教會的人物。由人物所推動的教會，一個明顯的問題是，教會的活動都取決於領導人

的背景、需要、不安全感，而不是神的旨意或眾人的需要；另一個問題是，當這個領導人離開或過世，教會就陷入僵局。

由財力推動的教會

在一個由財力所推動的教會，每個人心裡的第一個問題都是：「這要花多少錢？」，再沒有比錢更重要的了。在一個財力導向的教會，討論最熱烈的議題就是預算案了。一個健康的教會，良好的財務管理及正常的金錢流動是必要的；因此，財務不應該成為控制教會的基本因素。更重要的議題應該是神要這個教會做甚麼。教會不是為營利而存在，任何教會的底線都不應該是：「我們的盈餘有多少？」我注意到很多教會在早期都是由信心推動的教會，後來就變成財力推動的教會了。

由活動推動的教會

主日學、婦女團契、詩班、青年團契等等，是活動導向的教會的幾項活動項目。在活動導向的教會，所有的精力都投注在維持這些教會活動。活動導向的教會，其目標往往很微妙地從造就建立眾人，而轉變為只是補足職位空缺，而教會的提名委員會便成為最重要的團體。如果有一項活動式微，有關的人便怪責他們自己沒有盡全力；但從來沒有人會質問這項事工是否行得通。

由建築物推動的教會

邱吉爾曾說：「我們塑造建築物，然後建築物塑造我

們。」會眾往往急於想要有一棟美好的建築物，而花費超過自己的能力所及。支付建築的維持費變成教會最大的預算項目；各項事工的基金，必須轉變來償還借款，於是教會實際的事工便受損，變成尾大不掉的現象。另外一些情形是，教會容讓建築物限制了將來的增長。保留一間有歷史但不合適的建築，絕對不應比接觸社區的人優先。

由特別事件推動的教會

如果你翻閱特別事件導向的教會行事曆，你可能會有這個印象，就是教會的目標好像是要使每個人保持忙碌。一週裡，每天都有事情在進行。每次，一個大活動結束，緊接著就開始下一個。教會裡有許多活動都是像這樣搞出來的，但不見得有效果。一個教會可能很忙碌，卻不見得有目標。必須有人問：「每一個活動背後的目標是甚麼？」在特別事件導向的教會，出席率成為衡量忠心和成熟與否的唯一標準。我們必須小心，不要讓聚會取代了事工，而成為信徒的基本活動。

由慕道友推動的教會

許多教會誠懇地嘗試要為基督贏得未信的人，以及為了能與現代的文化有聯繫，而容讓慕道友的需要成為教會的推動力。他們最基本的問題往往是：「不信的人要甚麼？」當然，我們一方面對於慕道友的需要、傷害、及興趣必須敏銳，佈道會的設計也必須能有智慧地針對他們的需要。可是，我們不能讓慕道友支配教會的整個事工。

　　神設立教會的目的包括傳福音，但卻不能摒除教會其他的目的。吸引慕道友是訓練門徒的第一步，但卻不能因此將之當做推動教會的主力。作生意必須以市場為導向（即以顧客的要求為依歸），但是教會卻有更高的使命。教會必須對慕道友的需要**敏銳**，卻不能由慕道友的需要來支

> 教會必須對慕道友的需要敏銳，卻不能由慕道友的需要來支配。

配。我們必須能掌握當代文化的傳達方式，但卻不能接收其中有罪的成分，或將教會拱手讓給當代文化。

一個符合聖經的方案：目標導向的教會

　　今天所需要的教會是一個由目標來推動的教會，而不是一個由其他力量來推動的教會。這本書的目的是要提供一個嶄新的方案，即目標導向的教會，給組織型態與運作皆屬於傳統方式的教會一個合乎聖經教導又健康的方案。

　　這個方案有兩個基本要素：第一，這個方案要求新的**眼界**。你必須透過新約教會的五個目標來看你教會裡的每一件事情，以及神對平衡這五個目標有何計畫。

　　第二，這個方案需要有一個**程序**來實現教會的五個目標。本書裡，我會解釋馬鞍峰教會所使用的程序，這套程序使馬鞍峰的會眾經驗了十五年健康的成長。

　　這絕不是「象牙塔」理論：這套程序已經在教會實際運用了十五年，並產生美國歷史上增長最快最大的教會之一。並且

也在美國、澳大利亞、歐洲、亞洲的上千個教會裡產生令人興奮的結果。不管你教會的大小與地點，成為目標導向的教會將會使你的教會更健康、更強壯、更有效率。

使徒保羅提到神將來要根據我們所建立的根基是否持久來審判：「這火要試驗各人的工程怎樣。人在那根基上所建造的工程，若存得住，他就要得賞賜」（林前三：13 -14）。保羅又告訴我們工程要能存得住，其要訣是要建立在正確的根基上：「……只是各人要謹慎怎樣在上面建造。因為那已經立好的根基，就是耶穌基督，此外沒有人能立別的根基」（林前三：10-11）。

強壯的教會建立在目標上！平衡地專注在新約的五個教會目標上，你的教會便能發展得健康平衡，並能持續增長。箴言十九章21節：「人心多有計謀，惟有耶和華的目標才能成功」（英文直譯）。計畫、活動以及人物個性都不能長存，惟有神的目標才能長存。

> 計畫、活動、以及人物個性都不能長存，只有神的目標能長存。

目標導向的重要

目標在一切事情之先。每個教會的起步都該問這個問題：「我們為甚麼而存在？」除非你知道你的教會為甚麼而存在，否則你的事工沒有根基，沒有動機，也沒有方向。如果你正在開拓教會，你的第一項任務是**確認**你的目標。一個教會開始之

初先立下根基，遠比教會存在好幾年之後重新來過容易多了。

不管怎樣，如果你在一個停滯、走下坡的教會服事，或覺得灰心，你最重要的任務是**重新釐清**目標。在你將目標深植會眾的心裡之前，甚麼事都別做。重新抓住清楚的異象，明白神要在你的教會，並透過你的教會做甚麼。再沒有甚麼比重新發現教會的目標，能更快使一個灰心的教會恢復活力的了。

在我準備開始馬鞍峰教會的時候，我從我所做的研究發現：健康增長的教會一個最重要的因素是，有一個清晰的自我認知；他們明白他們教會存在的原因，他們的目標明確，他們確切的知道神呼召他們做甚麼。他們知道甚麼是他們該做的，也知道甚麼不是他們所要做的！你的教會有一個清晰的自我認知嗎？

如果你問一個典型教會的會友，他們的教會為甚麼而存在，你會得到各式各樣不同的答案。大部分的教會對於這一點都沒有明確而一致的想法。安文（Win Arn）是一位教會顧問，有一次告訴我他所做的調查；他調查了將近一千個教會，向他們問一個問題：「教會為何存在？」89％的會友回答：「教會的存在目的就是要照顧我的家庭及個人的需要。」對許多人來

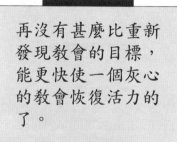

再沒有甚麼比重新發現教會的目標，能更快使一個灰心的教會恢復活力的了。

說，牧師的角色只是讓那些已經在羊圈裡的羊快樂幸福，不至於失落。只有11％的會友回答說：「教會存在的目的是要為基

督贏得世界。」

　　用同樣的問題來問教會的牧師：教會爲何存在？令人驚訝的是，結果正好相反。90％的牧師說教會的目的是要贏得世界，10％說是要照顧會友的需要。看到這樣的調查結果，對於今天許多教會存在的矛盾、混淆、停滯現象，也就無足爲奇了。如果牧師與會眾對於教會存在的目的都無法一致，矛盾與爭論必定無可避免。

　　開創教會的原因有許多，有些原因是很不恰當的：競爭、教派的自大心理、領導人想要受肯定，以及其他沒有價值的動機。除非推動教會的力量合乎聖經，否則就不可能產生合神心意健康增長的教會。強壯的教會不是建立在活動、人物個性、或流行的新花招上，乃是建立在神永恆的目的之上。

4

健全教會的根基

耶穌說：「…我要把我的教會建造在…」

馬太福音十六：18

保羅說：「我照神所給我的恩，

好像一個聰明的工頭，立好了根基⋯⋯」

哥林多前書三：10

幾年前，我在優勝美地國家公園（Yosemite National Park）的後面山上買了一塊地，蓋了一棟原木屋。由於我無法將所有的時間都用來蓋房子，因此即使有我父親及朋友幫忙，也還是花了兩年時間才完成。剛開始時，花了我一整個夏天才鋪好地基。首先，我必須砍下七十三棵高聳入雲的松樹，並且把根挖出來，從森林裡整出一塊地。我還必須挖一條六十呎長，五呎深的排水渠，然後在上面填上砂礫，因爲附近有地下水泉，所以土地是濕地。

經過十個筋疲力盡的禮拜之後，我所能展示的努力成果就是一塊四方形的水泥地基。我非常灰心，但是我父親，他這輩子曾經建造過一百一十棟以上的教堂建築，就對我說：「兒子，振作起來！當你完成鋪設地基的工作之後，最艱困的部分

就過去了。」

　　地基決定建築物的大小及強度，你絕對無法建造超越地基所容許的範圍。教會也是一樣。一個教會建立在不恰當或不正確的根基上，絕不能達到神要它達到的高度；只要超過地基所能承受的，它就會倒塌下來。

> 你的教會根基決定它的大小與強度，
> 你絕對無法將它建造到
> 超過地基所能承受的。

　　如果你想要建造一個健全、強壯、增長的教會，你一定得花時間鋪好堅實的根基。鋪設根基的工作包括幫助教會每個人切實明白教會存在的理由，以及教會所該做的。一份清楚定義的教會目標具有非比尋常的力量。如果能短到讓每個人記在心裡，目標聲明會帶給教會五個利益。

清楚的目標建立教會士氣

　　士氣與使命常是相連的。哥林多前書一章10節說：「……勸你們都說一樣的話；你們中間也不可分黨；只要一心一意彼此相合。」注意保羅在這裡說，教會裡要彼此相合的要點，是在目標上相連合：如果使命不清楚，士氣就低落。

　　馬鞍峰教會的士氣非比尋常的高昂，氣氛很和諧。人們為一個偉大的目標一起工作，沒有時間為一些瑣碎的事爭鬧不休。如果你忙著搖槳，你就沒有時間搖擺船身！我們在經驗這

樣大量增長的同時，還能維持一個溫馨和諧的團契，是因為我們的會眾委身於一個共同的目標。

箴言廿九章18節說：「沒有異象，民就放肆。」我也相信沒有異象，**人們就換到別的教會**！很多教會只是苟延殘喘，因為沒有異象。他們一個主日拖過一個主日，因為他們看不見教會繼續前進的目標何在。一個教會失去目標與使命，將會逐漸成為昨日傳統的博物館。

再沒有比不知道存在的理由更叫一個教會受挫了。另一方面，要使一個停滯退後的教會重新注入活力，最快的辦法莫如重新宣告神給教會的目標，並幫助會眾瞭解基督給教會的大使命。

清楚的目標減少挫折感

一份目標聲明會減少挫折感，因為它使我們忘掉不真正重要的事情。以賽亞書廿六章3節說：「神賜完全的平安給**堅定保守目標**、堅心信靠神的人」（英文版今日聖經直譯）。一個清楚的目標不僅確認要做的，也釐清不做的。我相信你的教會絕沒有時間每件事工都做。好在神並沒有期待我們甚麼事情都做！事實上，只有幾件事是真正值得做的！有效率的秘訣在於弄清楚甚麼是重要的，然後做真正重要的，而不用擔心其他的。

作為一位牧師，我知道每個人對教會都有他的一套

一個清楚的目標不僅定義要做什麼，也定義不做什麼。

看法，就好像將屬靈的第一個定律改寫為：神愛我，並且每一個人對我的人生都有一個奇妙的計畫！人們總是說：「教會應該做這個」，或者「教會應該做那個」。許多的建議都是非常好的活動，但這不是真正的重點。作為過濾器的應該是這個問題：這個活動能否滿足神設立這個教會的目標？如果活動符合這個標準，那你就必須考慮；如果沒有通過這個試驗，你就不能讓它來攪擾神對這個教會的心意。

若沒有一個目標聲明，我們很容易被周圍的攪擾所挫折，說不定你已經感受到以賽亞書所說的：「我毫無目標的忙碌，耗盡精力竟是徒然空空。」（賽四九：4英文直譯）在沒有清楚定義的目標之下領導一個教會，正如在霧中駕車。如果你無法看清前面的道路，你很可能撞車。

雅各書一章8節說：「心懷二意的人，在他一切所行的路上，都沒有定見。」當一個教會忘了它的目標，決定事情的重要與否就會碰到困難了。一個猶豫不決的教會是一個不穩定的教會，幾乎任何事情都會使它走岔；總是在優先順序、目標、以及活動當中游移不定，它會先朝向一個目標，然後換另一個目標，全憑領頭的人是誰而定。有時候教會就在那裡繞圈子。

在一個目標導向的教會，一旦路線決定，作決定就很容易了，也減少許多挫折。先確定你的角色，再設下你的目標。一旦教會的目標釐清，任何一項滿足教會目標的事工就自然通過。任何時候，有人建議一件事情或一個活動，或一項新事工，你只要問：「這能達成我們的目標嗎？」如果是就做，不是就不做。

清楚的目標幫助教會專注

聚光有很強的力量，分散的光芒則一點熱能也沒有。比方說，以放大鏡聚集太陽光，可以使樹葉燃燒起來。但是，如果太陽的光線沒有匯聚起來，便無法使樹葉燃燒起來。當光線匯聚層次更高時，就如雷射光，甚至能夠用來切割鋼鐵。

匯聚專注的道理也可以應用在別的方面。一個專注的生命，一個專注的教會，其衝擊力都要比不專注的大得多。就如同雷射光，你的教會越專注，對社會的衝擊也越大。

原因是，一個目標清楚的教會，容許你將精力匯聚。保羅懂得這一點，他說：「我將所有的精力都放在一件事情上，就是忘記背後，努力面前⋯⋯」（腓三：13英文版今日聖經直譯）。

現在有很多教會最常陷入的試探是，把最大部分的精力用在次要的事情上。被許多好的、但比較不重要的事務、運動、目標分神。教會的精力一旦分散、消失，便失去能力。

如果你願意你的教會對這個世界產生衝擊，你就必須把大部分的資源放在重要的事情上。令我驚訝的是許多基督徒對他們教會的主要目標沒有概念。正像一句老話說：「要緊的事情便是使要緊的事情維持要緊！」

我的看法是，大部分的教會嘗試做太多事了。建立一個健康的教會最為人所忽略的阻礙之一便是：我們把人累壞了。經常，小教會把他們自己捲入各種活動、事件、節目當中。他們將四十種活動都蜻蜓點水式地做一下，卻一項也沒做好。

教會越老，越是如此。節目事務越加越多，卻從來不刪除一些。記得，沒有甚麼節目是可以永遠存留的。當教會在取捨一個活動節目時，一個該問的問題是：「如果不是已經在做了，我們今天會開始嗎？」一個密密麻麻的教會行事曆會分散你教會的精力。要保持教會健康，定期的「打掃」——丟棄一些不符當前目標的節目是必須的。馬要是死了，就該下馬！

當我開始馬鞍峰教會之時，第一年我們只有主日崇拜及有限的兒童教會節目。我們並沒有打算要立即展開全方位的教會服務。比方說，在主日聚會人數超過五百之前，我們沒有青少年團契；一直到聚會人數超過一千人，我們才有單身團契。

我們決定除非有人能領導，否則就不開始一項新的事工。如果沒有領導者參與，我們就等候神的時候來到，才開始新事工。當合適的領導人選出時，我們就提出新事工的方案。這樣的計畫幫助我們專注做好少數的幾項事工。我們總是等到一項事工已經做得很有成果了，才考慮再添加另一項事工。我們不一下子就甚麼都做。

效率與效果不同。杜彼得（Peter Drucker）說：「效率是**把事情做得正確**，效果是**做正確的事情**。」許多教會很有效率，有良好的組織，並且能夠維持一大堆節目。但是當他們經營這些活動時，**生產力**卻很低；精力都浪費在瑣碎的事情上。這就有如在鐵達尼號輪船的甲板上排椅子，很好看，也很有組織，但終究船還是沉了！教會有良好的組織是不夠的，必須能有良好的組織做正確的事情。

神要教會有效果，少數一些有效果的教會都是能專注在目

標上的教會。持續反覆地重新審視目標，能幫助你排定優先順序，並幫助教會專注。

清楚的目標吸引人們合作

人們喜歡加入一個知道往那裡去的教會；當一個教會清楚地傳達它的目的地時，人們便熱切要加入。因為每個人都在尋找人生的意義、目的與方向。當以斯拉確切地告訴眾人神期待他們做甚麼之後，眾人的反應是：「告訴我們怎樣做才對，我們會盡心盡力配合」（斯十：4英文版今日聖經直譯）。

使徒保羅總是目標清楚，結果，人們便樂意在他所做的當中有份。特別是在腓立比教會的時候，保羅的事工如此的吸引他們，以致他們樂意在財力上支持保羅（腓四：15）。如果你要會眾對教會的事工積極支持，慷慨的奉獻，你必須事先清晰生動地解釋教會的方向。

你有沒有上錯飛機的經驗？有一次我上了一架飛機，我以為是飛往聖路易的，結果是飛往堪薩斯市。我學到一個很重要的功課：上機*前*先查清楚目的地，事後再補救是很痛苦的！你絕不會不先問目的地，就上巴士，因此，你也不能期待人們不知道教會的方向便貿然加入教會。

我要我們教會的準會員知道馬鞍峰教會往那裡走，所以在他們加入教會之前，將我們的目標聲明向他們解釋得很清楚。每一個要加入馬鞍峰教會的人，都必須參加會員班，簽署會員誓約，其中包括委身支持馬鞍峰教會的目標。

箴言十一章27節說：「目標美善，就得人尊敬」（英文版

今日聖經直譯）。事先告訴人你教會的方向，會吸引人的合作。把教會的目標與優先順序，策略與結構在會員班解釋清楚，可以避免人們懷著錯誤的印象加入教會。

如果你讓人們在未瞭解你的教會的目標之前加入教會，**你是在自找麻煩**。新會員，特別是那些從別的教會轉來的會員，常常對教會有他們個人的想法與觀念。除非你事先與他們溝通清楚，否則都會引起衝突矛盾。

從別的教會轉來的會員往往帶著以前教會的文化包袱，並且對你的教會有一些期待，是你並不打算去滿足的。我在開始馬鞍峰教會的早期，甚至在公開主日聚會之前，就經驗到這個事實。一個來我們家查經的人，成為附近一個很有名大教會的會友已有十二年之久。每一次我們計畫要做甚麼，他就會說：「在我以前那個教會，他們都是這樣做。」

大約八個禮拜以後，我終於說：「如果你要一個像你本來的教會那樣的教會，你為什麼不回去那個教會，那裡離這兒才十三哩路。」他聽了我的忠告，帶了他的家庭五個人離開了。在那時那是我們百分之三十的人數，此外他還奉獻十分之一呢！

當時，他的反應真讓我震驚。但是，現在回顧當時的情形，我相信那是一個嚴酷的決定，決定了馬鞍峰教會的命運。如果我當時聽從那個人的話，馬鞍峰教會也只不過成了另一個教會的增生體罷了。我們的將來也就大不相同了。

我同時也學到兩個有關領導的重要功課：第一，你不能讓發牢騷的人決定教會的程序，這樣做等於丟棄你的領導地位。不幸的是，越小的教會，消極會友的負面影響越大。那個經驗

也教導我，發現一個人與教會的事工觀念是否衝突，最好的時機是在加入教會以前。在人們加入教會之前，將教會的目標解釋清楚，不僅可以減少衝突以及對教會的失望，也能幫助一些人瞭解，或許他們該加入觀念與個人喜好較適合他們的其他教會。

清楚的目標能作為評估的標準

哥林多後書十三章5節說：「你們總要自己省察有信心沒有；也要自己試驗。」一個教會如何評估教會本身？不是把自己的教會拿來跟別的教會比，而是要問：「我們是否做到神定意要我們做的？」以及「我們做得多好？」就如同杜彼得說的：「甚麼是我們的事情？」以及「我們的事情做得怎樣？」這兩個問題是評估教會最重要的問題。你教會的目標聲明必須作為衡量會眾的健康與增長的標準。

教會的大小與強弱並沒有相互關係。教會可以又大又強，或大而軟弱。教會也可能小而強，或又小又弱。大不一定就好，但小也不見得就比較好。**能更好總是更好的。**

> 評估教會要問：
> 「甚麼是我們的事情？」以及「我們的事情做得怎樣？」

這本書的目的不是讓你的教會能像馬鞍峰教會這樣大。大小不是重點。重要的是：經由目標導向，你的教會能更強壯、更健全。

成為目標導向的教會需要時間——不是一蹴可幾。可能要

花好幾年的時間來轉變。如果你要你的教會成爲目標導向，你必須藉著這四句話來引導：第一，你要**確認**目標。第二，要定期經常向全會眾**傳達**這些目標。第三，必須環繞這些目標來**組織**教會。第四，將目標**應用**到教會的每一個部分。我會在下面詳述上述每一個任務。

5

確認你的目標

說話要一致，不可分裂，要團結，

有一致的想法，有共同的目標。

哥林多前書一：10（現代中文譯本）

當我還在德州讀神學院時，有一次答應幫助一間大教會的
領導者為他們教會的節目作評估。這個教會過去曾經為
基督作過活潑而有力的見證，一直都有好名聲。當我把車開上
巨大的紅磚教會建築，從事第一次的教會顧問時，真覺得有些
畏懼退卻。會議廳前的牆上掛滿了一百年來這個教會的牧者的
肖像。這真是一個有歷史的教會！

第一次與教會領袖們坐下開會時，我問了一個問題：「你
對你的教會**感覺**如何？」大部分的人以安靜的氣氛表達出一種
滿意感。終於，其中一個人總結說：「我們的教會很**穩固**。」
但是當我更深入瞭解這個教會時，我發現這個教會正**睡得很穩
固**！這個教會雖然在神學根基上很穩固，但是卻沒有屬靈的內
涵。教會的建築花費都已付清，教會的領袖們開始懶散倦怠。
他們就如同先知阿摩司說的：「在錫安安逸無慮」──而這
「安逸無慮」的疾病正慢慢地扼殺教會。既然他們雇我作他們

的醫生，我就給他們一帖簡單的藥方：重新發現你們的目標。

引導教會確認目標

引導你的會眾尋求新約聖經爲教會設立的目標是一個很令人興奮的探險行動，不要草草地完成這個過程。不要僅只告訴眾人，目標就在講道的信息裡，如此做就破壞了尋求目標的樂趣。有智慧的領袖知道人們對於所被教導的，在心理及口頭上都會同意，但他們會堅信自己所發現的。你是在建立一個能帶來長久健康增長的根基。

當你看到一個不冷不熱的信徒由於重新發現神要使用他以及使用教會而變得火熱，真是令人喜極而慄！以下，我要解釋引導教會釐清目標的四個步驟。

查考聖經怎麼說

以全教會會眾一起查考聖經來開始。在開始馬鞍峰教會之前，我花了六個月的時間，以教會爲主題，使用我的書——《活潑的研經方法》（Dynamic Bible Study Method, Victor Books 出版, 1980）中所描述的方法，作了一個個人的、廣泛的研經。新教會開始之後的幾個禮拜，我帶領我們的新會眾作同樣的查經。我們一起研讀聖經裡有關教會的經文。

有一些經文你或許願意將之包括在你的查經：太五：13-16；九：35；十一：28-30；十六：15-19；十八：19-20；廿二：36-40；廿四：14；廿五：34-40；廿八：18-20；可十：43-45；路四：18-19；四：43-45；約四：23；十：14-18；十三：34-

35；廿：21；徒一：8；二：41-47；四：32-35；五：42；六：1-7；羅十二：1-8；十五：1-7；林前十二：12-31；林後五：17-六：1；加五：13-15；六：1-2；弗一：22-23；二：19-22；三：6；三：14-21；四：11-16；五：23-24；西一：24-28；三：15-16；帖前一：3；五：11；來十：24-25；十三：7，17；彼前二：9-10；約壹一：5-7；四：7-21。

閔靳（Gene Mims）寫了一本很好的小書，叫做《教會增長的天國準則》（Kingdom Principles for Church Growth, Convention Press出版），可以用來作全教會尋求目標的查經材料。當你帶領會眾查經時，你應該考慮幾個主題。

- **查考基督在地上的事工**，並且問道：「當耶穌在地上的時候，祂做些甚麼？如果祂今天在此，祂會做甚麼？」耶穌當時所做的，我們今天應該要延續下去。祂當時以肉身所行的，今天仍要在祂屬靈的身體——教會裡繼續行。

- **查考教會的形象以及名稱**。新約聖經提供我們許多關於教會的比喻：一個身體；一個新婦；一個家庭；一群羊；一個群體；一隊軍隊。這些形象裡的每一個都深刻地表達教會應該是甚麼樣子，教會應該做甚麼。

- **查考新約裡的教會的模式**，並且問道：「初期的教會做甚麼？」聖經裡有許多不同的教會模式。耶路撒冷的教會與哥林多的教會很不一樣；腓立比教會與帖撒羅尼迦教會也不大相同。研究新約裡的每個地方教會，包括啟示錄裡的七個教會。

● 查考基督的命令，並且問道：「耶穌教訓我們做甚麼？」在馬太福音十六章18節耶穌說：「我要建立我的教會」（現代中文譯本）。在祂心裡明顯的有一個特別的目標。**創造**新的教會目標不是我們的責任，我們的責任只是去**發掘**出聖經既有的教會目標來。

記得，教會是基督的，不是我們的。耶穌建立了教會的根基，並且爲教會捨命，有一天還要再爲祂的教會回來，以教會的主人的身分回來。祂已經設立了教會的目標，這些目標是不容許討價還價的。

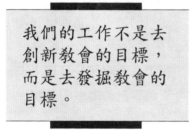

我們的工作不是去創新教會的目標，而是去發掘教會的目標。

我們的責任是去瞭解基督爲教會設立的目標，並且去實現。實現目標的方法，每個時代都在改變，但是目標則永遠不變。我們或許可以創新事工的型態，但卻不能改變裡面的本質。

尋找四個問題的答案

當你檢閱聖經中關於教會的經節時，注意下面這些問題的答案。當你有系統地找出答案時，請特別專注在教會的本質與教會的任務。

1.教會爲甚麼存在？

2.作爲教會，我們是甚麼？

3.作爲教會，我們**該做**甚麼？（神要教會在這世上完成甚

麼？）

4.我們要如何做？

把你所發現的寫下來

寫下你研讀當中所學到的，不用擔心是否寫得夠精簡。把你認為應該提出來的教會本質與目標都寫下來。馬鞍峰教會第一年做這些時，我使用一個表格，及一支細鉛字筆，把所有小組研討會的發現統統都寫上去，然後再重新打字。結果竟然是一份長達十頁的文件，包括了所有關於教會的洞見。

在這個階段還不要嘗試寫出目標聲明，先收集資料；編輯濃縮還是比創作容易。先專注於清楚地確認所有教會的目標。我要再一次

> 我們或許可以創新事工的型態，卻不能改變它的本質。

向牧者強調：不要急於通過這個過程！你正在建造一個根基，要支持往後許多年你所做的每一件事。即使你已經知道了新約的目標，但是讓會眾重新檢視聖經裡有關教會的教導，並寫下他們得到的結論，是很重要的一件事。

將結論摘要成一句話

從我們的查經小組所收集的意見，我們將之濃縮成一句話，來表達出我們對聖經中教會目標的信念。這一步也是你必須做的。首先，將你所收集的有關教會的想法，按照它們的相關性組合在一起，放在主要標題之下，比如傳福音、敬拜、團

契、靈命成長、關懷牧養等等。再來，試著將這些主題以一段話來敘述。然後，開始修改不需要的字句，將一段話精簡成一句話。

　　將目標聲明濃縮到一句話是絕對重要的。為甚麼？因為如果人們無法記住，它的價值就很有限！杜鐸聲（Dawson Trotman）曾說：「當思想經過嘴唇與指尖，它們就開始被釋放。」換句話說，如果你能**說出來**，並**寫出來**，那你已經清楚地把它想過了。如果你還沒有將你的目標寫在紙上，你就還沒有將它們想通。

　　英國著名的評論家培根（Francis Bacon）曾說：「閱讀使人寬廣，但書寫使人**精準**。」當我們向人傳達教會目標的時候，越精確越好。

有效果的目標聲明包括那些條件？

合乎聖經

　　一個有效果的目標聲明表達出新約對教會的教導。記得，我們並不決定教會的目標——我們只是**發掘**它們。基督是教會的頭，祂早已建立了教會的目標，每一代的人都必須重新認定它們。

明確的

　　目標聲明必須簡單明瞭。教會準備目標聲明時，可能犯的最大錯誤就是塞太多東西進去了；面臨的試探是一直加入各種

不必要的好句子，只因為你怕遺漏了甚麼重要的。但是，你加越多進去，你的聲明就越散漫，因此也就越難實現。

一個窄狹的事工也就是一個清楚的事工。狄斯耐樂園的目標聲明是「提供人們歡樂」。救世軍最初的使命是「幫助被棄絕的人成為好公民」。許多目標聲明都很模糊，以致於一點影響力也沒有。除非能明確，否則就不可能生動有力。有一些教會的聲明寫說：「我們教會存在是為榮耀神」。這點是當然的！但是到底要怎麼來實現呢？

一個明確的目標聲明會迫使你集中精力，不被枝枝節節的事情所分心。問這些問題：「那幾件事（少少幾件），可以為耶穌的緣故，使這個世界大大的不同？我們可以做那些只有教會能做的事？」

可傳遞的

一個可傳遞的目標聲明，應該是一個短到足以傳給全教會每一個人，並能讓人記得住的。聲明是越短越好。雖然每一個合乎聖經的教會目標聲明的要素都是一樣，但是，你卻可以把聲明寫得新鮮、有創意、並且容易記。

身為牧師，我實在不願意承認這一點，但是人們就是記不住講道的內容——甚至連一段話都記不起來。人們記得的只是簡單的話、口號以及片語。我記不得任何甘迺迪總統的演講，但是我記得他的話：「不要問國家能為你做甚麼，要問你能為國家做甚麼。」我也記不得金恩博士（Dr. Martin Luther King Jr.）的任何演說，但我記得他說的一句話：「我有一個夢想！」

可評估的

　　你必須能夠看著你的目標聲明，評估到底你的教會做到沒有。你能不能在每年的年終證明你達到目標？除非你的使命是可以衡量評估的，否則你就無法判斷教會的果效。

　　一份好的目標聲明能夠提供明確的標準，讓你用來檢視、訂正、修改教會裡所做的每件事。如果你無法使用你的目標聲明來評估你的教會，那就回到起頭，重寫到能作為評估的標準為止。否則你的目標聲明只是一份公關文件罷了。

兩處偉大的經文

　　在馬鞍峰開始的最初幾個月，我帶領新教會經過我前面所說的過程。最後，我們的結論是，雖然聖經裡許多地方說到教會「是甚麼」，以及教會「做甚麼」；但是有兩處耶穌的宣告為它們做了總結：最大的誡命（太廿二：37-40）及大使命（太廿八：19-20）。

　　你要盡心、盡性、盡意愛主你的神……要愛人如己。
　　這兩條誡命是律法和先知一切道理的總綱。

（太廿二：37-40）

　　所以你們要去，使萬民作我的門徒，奉父子聖靈的名給他們施洗。凡我所吩咐你們的，都教訓他們遵守……

（太廿八：19-20）

　　最大的誡命是耶穌回答一個問題時說的。有一天，有人要求耶穌決定甚麼是最重要的誡命，祂回答說：「我要給你一個

簡要的註解，所有舊約的道理都濃縮在這裡面，所有的律法，所有的先知的職責都濃縮在此：盡心、盡性、盡意愛主你的神，並且要愛人如己。」

> 一個偉大的誡命要求一份完全的委身，
> 一個大使命能產生一個偉大的教會！

後來，在給門徒的臨別贈言中，耶穌頒布一個大使命，並且指定了他們三項任務：訓練門徒，施洗，教導他們遵行祂所教訓的。

我相信，每個教會都被他們委身去做的事情所定位，所以我就想到這個口號：一個偉大的誡命要求一份完全的委身，一個大使命能產生一個偉大的教會。這個口號成為馬鞍峰教會的座右銘。

這兩句話濃縮了我們在馬鞍峰教會所做的一切。如果一個活動或節目能實現這其中的一個誡命，我們就做；如果不能，我們就不做。我們是由大誡命及大使命所推動。兩者在一起，提供我們教會所專注的基本任務，一直到基督再來。

教會的五個目標

一個**目標導向**的教會，是被任命來完成基督賦予祂的教會的五項任務。

目標一：盡心愛主

　　描寫這個目標的詞是**敬拜**。教會存在是要敬拜神。我們如何盡心愛主？乃是藉著敬拜祂！不管我們自己也好，一個小組也好，或是跟十萬人在一起也好，都沒有關係。當我們向神表達我們對祂的愛時，我們就是在敬拜祂。

　　聖經上說：「當拜主你的神，單要事奉祂」（太四：10）。請注意，敬拜是在事奉之前。敬拜神是教會的第一個目標。有時候，我們太忙於服事神了，以致於沒有時間透過敬拜來向祂表達我們的愛。

　　整本聖經都命令我們要以讚美主，高舉祂的名來稱頌神的臨在。詩篇卅四篇3節說：「你們和我當稱耶和華為大，一同高舉祂的名。」我們不應該出於義務的敬拜；我們應該因為我們要敬拜而敬拜。我們應當享受向我們的神表達愛。

目標二：愛人如己

　　我們用來描寫這個目標的詞是**關懷牧養**。教會存在是為了牧養人。牧養是靠主耶穌的名，藉著滿足人的需要，醫治人的傷痕，向人表達神的愛。每一次你以愛來關懷別人，你就是在牧養人。教會需要關顧各種不同的需要：靈性上的、情緒上的、關係上的、以及身體上的。耶穌說就是一杯奉祂的名而給的水，也是牧養，也會得獎賞。教會是為要「裝備聖徒從事牧養工作」（弗四：12 英文新標準版聖經直譯）。

　　不幸的是，在教會裡真正的牧養工作非常少，時間都花在聚會上。忠心與否都以出席率來衡量，而不是以服事來衡量，會友們只是坐著，浸泡在那兒，然後開始發酸。

目標三：去使人作主門徒

這個目標我們稱之為**傳福音**。教會存在的目的是為要傳達神的話。我們是基督的使者，我們的使命是要向這個世界傳揚福音。**去**這個字在大使命這句話的希臘原文是用現在式，應當讀成「要去」。到任何地方去與人分享好消息是每個基督徒的責任。我們要告訴全世界，基督來到這個世界，死在十字架上，復活，要再來的好消息。有一天，我們都要為自己在大使命上所盡的責任向神有所交代。

傳福音的任務是如此要緊，因此事實上基督**五次**託付給我們大使命，四次在四福音書，一次在使徒行傳。在馬太福音廿八章19至20節，馬可福音十六章15節，路加福音廿四章47至49節，約翰福音廿章21節，以及使徒行傳一章8節，耶穌任命我們告訴這個世界救贖的信息。

傳福音不僅是我們的責任，也是我們的特權。我們受邀成為帶領人進到神永恆家庭的一員。我不曉得在人生中，有甚麼比這個更有價值的事。如果你知道治療癌症的藥方，我相信你絕對會盡可能的告訴人，因為這能救無數人的性命。但是，你已經知道一樣比這更好的：神已給你永恆生命的福音去與人分享，這是最好的消息！

> 基督徒不只是被呼召來相信，而且是被呼召來歸屬。

只要世上還有人不認識基督，教會就有義務繼續增長。增長不是一種選擇，乃是主耶穌的命令。我們不應當為自

己的利益來尋求教會增長，乃是因為神要萬人得救。

目標四：為他們施洗

在希臘原文，大使命這一段有三個動詞：**去**，**施洗**，及**教導**。每一個動詞都是「作門徒」這個命令的一部分。去，施洗，及教導，都是作門徒這個過程的基本要素。第一眼看時，你或許會覺得奇怪，為甚麼「施洗」在這裡與傳福音及教導擺得同等重要？顯然，耶穌並非碰巧提到它。為甚麼施洗這麼重要到必須包括在大使命裡？我相信是因為，施洗表徵教會的目標之一──團契，與基督的身體認同。

作為基督徒，我們不只是被**呼召**來**相信**，我們是被呼召來**歸屬**。我們本不是要過著離群獨居的生活，而是要歸屬於基督的家庭，成為祂身體的一部分。受洗不只是救贖的一個象徵，它也是一個團契的記號。它不只象徵我們在基督裡的新生命，它也將一個人進到基督的身體象徵化。受洗是向這個世界宣告：「這個人現在是我們中間的一個。」當新信徒受洗，我們歡迎他們加入神的家庭團契。我們不是單獨的，我們彼此能夠互相扶持。我很喜歡以弗所書二章19節的說法：「你們……是與聖徒同國，是神家裡的人了。」教會存在是為要提供信徒團契。

目標五：教導他們遵守

一般我們用來談論這個目標的詞是**門徒訓練**。教會存在是為要教育、教導神的百姓。門徒訓練是要幫助人在思想、意

念、性情、行為都更像基督。這個過程從一個人重生開始，一直持續一生之久。歌羅西書一章28節說：「我們傳揚祂，是用諸般的智慧，勸戒各人，教導各人；要把每一個人帶到基督面前，成為**成熟的基督徒**」（英文新譯本直譯）。

作為教會，我們不只是受呼召往外接觸人，我們還必須教導他們。當一個人決志信主，就必須接受門徒訓練。幫助人在靈裡成熟是教會的責任，這是神對每一個信徒的旨意。保羅寫道：「……建立基督的身體；直等到我們眾人在真道上同歸於一，認識神的兒子，得以長大成人，滿有基督長成的身量」（弗四：12-13）。

如果你留意耶穌在地上的事工，會發現祂的工作中很明顯地包含了這五項特質（摘要請見約翰福音十七章）。使徒保羅不僅在事工中完成了這五項目標，他還在以弗所書四章1至16節加以解釋。但是這五項目標最明顯的例子是記載在使徒行傳二章1至47節的耶路撒冷教會。他們彼此教導，彼此團契，一起敬拜，牧養，傳福音。今天我們的目標仍然沒有變：教會存在是為要**教導，勉勵，建立，裝備**以及**傳福音**。每個教會對於如何完成這些任務的做法都不一樣，但是，這些是我們被呼召出來從事的事工，應該是沒有爭議的。

馬鞍峰教會的目標聲明

馬鞍峰教會使用五個鑰字來濃縮基督給祂教會的五項目標。

讚美（Magnify）：我們在敬拜中稱頌神的同在。

宣教（Mission）：我們透過傳福音，將神的話傳揚出去。

成員（Membership）：我們將神家庭的成員組成團契。

成熟（Maturity）：我們透過門徒訓練來教育神的百姓。

事工（Ministry）：我們透過服事來表達神的愛。

這些鑰字代表我們的五個目標，已經編入我們的使命宣言，如下：

馬鞍峰教會的目標聲明

帶領人來到耶穌跟前，並使人成為祂家中的**成員**，使他們在基督裡**成熟**，裝備他們在教會中參與**事工**，在世界以生命**宣教**，以此來**榮耀**神的名。

在上面這個目標聲明中，我希望你能注意到有三個特別的地方。第一，它是以**結果**來陳述，而不是以活動來陳述。五項可以評估的項目都列在上面。大部分的教會如果有目標聲明的話，多半是以活動陳述（我們教育、傳福音、敬拜等等），這樣會很難做評估及統計。

在馬鞍峰教會，我們認定我們所期望的結果可以從完成這五個教會的目標來達成。對於每一個結果，我們可以問這樣的問題：多少？比去年多了多少？多少人信主？多少新會員？多少人活出成熟的靈命？那些是靈命成熟的表現？多少人受裝備，動員服事？多少人在世界上完成他們的生命宣教？以這些問題來衡量我們的成效，並且督促我們評估是否實現大誡命與大使命。

第二，我要你注意馬鞍峰教會的目標聲明，是以**鼓勵**教會

裡的每個人都**參與**的方式陳述。人們必須能夠看出對於教會的目標，他們有能力貢獻。述及使命的方式必須不僅能讓每個人相信，並且能參與。如果你的聲明不能容許每個人參與，能成就的就很有限。

第三，也是最重要的，我們將五個目標變成**順序相連**；這一點絕對重要。一個目標導向的教會，一定要將目標安排成一套程序。這樣才能讓人每天遵循。每一份目標聲明都需要一套程序去實現；否則，只是一套聽起來很不錯，卻沒有結果的神學聲明罷了。

不要試著靠節目來使教會增長，要專注在以一套程序來幫助人成長。這個觀念是目標導向的教會的中心。如果你能發展出一個程序來開發門徒，並且**持續的做下去**，你的教會會有健康、平衡、持續的增長。狄思雷立（Benjamin Disraeli）曾觀察道：「持之以恆地朝向著目標是成功的秘訣。」

> 不要以節目來使教會增長，要把焦點放在以一套程序來幫助人成長上。

我們執行目標的程序分成四個步驟：把人帶進來，建造他們，訓練他們，然後把他們差遣出去。我們把他們帶進來，成為我們的**成員**，我們建立他們**成熟**，我們訓練他們從事**事工**，然後我們把他們差遣出去**宣教**，在這程序當中**榮耀**主的名。就是這樣！這是馬鞍峰教會的整個焦點。我們不做其他的。

如果要我使用一個作生意的名詞，我會說我們教會是作

「開發門徒」的事業，我們的產品是生命被改變——像基督的人。如果開發門徒是教會的目標，那就必須想出一套能達到目標的程序。你的教會必須為目標以及達成目標的程序下定義。不做到這樣，就是虧負主耶穌基督給我們的偉大的責任。

　　每一個偉大的教會都會確認他們的目標，也整理出達到他們的目標的程序或系統。南韓的中央純福音教會，是以細胞小組的系統來建立的；達拉斯第一浸信會是以完整的主日學系統建立的；佛羅里達州，羅德岱堡的珊瑚脊長老會是經由個人談道系統增長的。在一九七〇年代初期，許多教會是經由一套以巴士將人帶進來的系統而建立的。每一個個案，教會的領袖們對於目標都有很清楚的定義，並且發展出一套程序來實現這些目標。

　　我並沒有過分強調確認教會目標的重要性。這不僅是一個供你瞄準的目標，還是你的教會之所以成為教會的理由。一個清楚的目標聲明能提供方向、活力、界線、以及你做任何事所需要的推動力。目標導向的教會是一個裝備最好的教會，能讓我們面對千變萬化的二十一世紀。

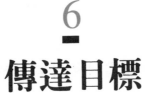

6

傳達目標

不可靠的使者造成禍害，可靠的傳達促進進展。

箴言十三：17（英文版今日聖經直譯）

在尼希米帶領百姓重建耶路撒冷城牆的故事裡，我們看到當整個計畫已經完成一半的時候，百姓開始灰心，想要放棄。就如同許多教會的情形一般，當他們失去目標感時，就被疲憊、挫折、懼怕所擊倒。尼希米藉著將任務重新規畫，以及將異象重新灌注給百姓，來復興百姓繼續工作。他提醒他們所做的是何等重要，並教他們確信神必定幫助他們完成目標（尼四：6-15）。結果城牆五十二天就完成了。

雖然城牆五十二天就完成了，但是百姓卻曾在中途就灰心了：才開始二十六天就灰心！因此尼希米必須更新他們的異象。從這個故事，我得到所謂的「尼希米原則」：**異象與目標必須每二十六天就重述一次，才能使教會繼續朝正確的方向前進**。換句話說，至少一個月要傳達目標一次。人類——以及教會——如此快就失去目標感，這真是令人驚訝的事！

一旦你確認了教會的目標，你就必須持續不斷地向教會中每一個人清楚傳達。這不是只做一次就算了，這是領導者最主

要的責任。如果你沒能好好地向你教會的成員傳達目標聲明，那還不如沒有目標聲明。

傳達異象和目標的方法

有幾種方法可以傳達你教會的異象與目標。

聖經經文

教導有關教會的聖經真理。我已經提過，聖經是最偉大的教會增長教科書。經常且耐心地教導有關教會的教義，以聖經章節、比喻及解說，來帶領大家看教會的異象的每一個部分都是出自聖經。

記號

偉大的領導者都知道使用記號能發揮很大的力量。人們需要透過視覺表象的傳達，才能抓住某些觀念。記號可以作爲有力的傳達工具，因爲記號能激發強烈的情感與情緒。比方說，你若是看到有人畫一個納粹的記號在教堂的牆上，你一定會義憤填膺，又如，國旗會使你感到光榮、驕傲。

基督教的十字架，共產黨的斧頭與鐮刀，回教的彎月都曾征服世界的某塊大陸。在馬鞍峰教會，我們使用兩個記號——五個同心圓跟一個菱形棒球場——來象徵我們的目標。這些會在下兩章加以解釋。

口號

　　人們往往早已忘了講道的信息，卻對口號、標語、精髓的句子久久不忘。很多歷史上的重要事件都是繫於一個關鍵口號：「記得阿拉莫！」（Alamo是1836年，墨西哥與德州戰爭時的一個戰場，墨西哥曾在那裡屠殺當地全部的德州人，譯者註），「擊沉俾斯麥！」（Bismarck是十九世紀統一德國的首相，此處指一艘著名的德國戰艦，譯者註），「不自由，毋寧死！」等等都是例子。歷史證明一句簡單的口號，堅定的重述，能激勵人去做他們本來不會去做的事——甚至是在戰場上捨命。

　　馬鞍峰教會發展出成打的標語來強化教會的異象：「每個信徒都是牧者」；「所有的領袖都是學生」；「我們得救是為了服事」；「評估是為了要卓越」；「不計代價贏得失喪的人」，以及其他許多標語口號。我常常要抽出時間來想出一些新鮮、簡明的方法來傳達舊有的意念。

故事

　　耶穌使用簡單的故事幫助人們明白祂的異象。馬太福音十三章34節說：「耶穌用比喻對群眾講述這一切；除了用比喻，祂就不對他們說甚麼」（現代中文譯本）。

　　以故事的方式來描述你教會的目標。比如，當我說到傳福音的重要時，我就提到最近馬鞍峰教會的成員，向朋友分享福音並領人歸主的見證。當我說到團契的重要時，我就讀一封信，是一個孤單的人寫他在我們教會的大家庭如何得到安慰。當我說到門徒訓練的重要時，我可能會講到一對夫婦怎樣因著

靈命的成長，而挽救了他們的婚姻，或是某個人如何應用聖經的原則解決個人問題見證。

　　我在馬鞍峰教會有幾則「範例」式的故事，是我一說再說的；這些故事非常有力地說明了我們教會的目標。有一則我很喜歡講的故事是：有一次，連續有五位平信徒牧師比我先去醫院探望一個人；當我去到那裡時，護士不肯讓我看那個病人，因為「已經有太多牧師來看過他了！」自從那時開始，我就一直誇那五位帶職傳道人。人們總是傾向於做那些被讚賞的事情，所以，當你教會的信徒服事教會時，就誇獎他們，把他們的故事拿出來講。

詳盡明確

　　一定要提供實際、清楚、具體的行動步驟，來說明你的教會要如何執行目標。對於每一個目標，都要提出縝密的行動計畫，如行事時間表，場地，雇用人員等等。這些明確的細節是人們所關心的。

　　記得，除非夠明確，否則無法推動。異象若模糊就沒有吸引力。教會的異象越明確，越能吸引人的注意及委身。傳達目標最明確的方法，就是讓會眾將這些目標應用到個人的生活上。

將目標個人化

　　在向教會傳達目標時，很重要的是將目標個人化。個人化的方法是，向他們解釋這是與他們相關的特權與責任。歌羅西書三章15節說：「作為祂身體的一部分，這是你的責任與特

權」（英文版今日聖經直譯）。作為教會大家庭的一員，有責任也有特權。在將教會目標個人化的過程當中，我試著解釋為甚麼這些是我們有**責任實現**，也有**特權能享受**的。

教會的目標個人化，就能使神的五個目標成為每一個信徒的目標。這些目標同時表達了神要我們每個人在地上如何使用我們的生命。

身為信徒的責任

神要我成為祂家裡的一員。這是團契目標的個人化敘述。聖經很清楚的表明跟隨基督不只是信——也包括歸屬。基督徒的生活不是一種唱獨角戲的生活。我們本來就被命定要彼此建立關係。彼得前書一章3節說：「祂給我們重生的特權，所以我們現在是神家裡的一員」（英文版今日聖經直譯）。神為了我們的好處，賜給我們教會作為屬靈的家。以弗所書二章19節說：「你們是上帝子民的同胞，是上帝一家的人」（現代中文譯本）。

神要我成為祂的樣式。這是門徒訓練的個人化敘述。神要每一個信徒都成長像基督。成為像基督的樣式，是聖經對「靈命成熟」的定義。耶穌已經為我們立下榜樣讓我們可以跟隨。「你們蒙召原是為此；因基督也為你們受過苦，給你們留下榜樣，叫你們跟隨祂的腳蹤行」（彼前二：21）。

在提摩太前書四章12節，保羅給我們幾個特別的範疇，讓我們能以耶穌作榜樣：「總要在言語、行為、愛心、信心、清潔上，都作信徒的榜樣。」在這裡，我們注意到成熟不是以一

個人的學習來衡量的，乃是以一個人的生活型態來衡量的。一個人很可能對聖經很熟悉，卻仍然不成熟。

神要我靠祂的恩典作牧者。將服事或牧養的目標個人化，即是每個基督徒的第三個責任。神期待我們使用祂爲了使人得益而賜給我們的各樣恩賜、才幹、機會。彼得前書四章10節說：「各人要照所得的恩賜彼此服事，作神百般恩賜的好管家。」

神的本意是要每個信徒都有事奉。在馬鞍峰教會，當我們在向未信的人傳福音時，就已經把這個期望擺明了。「我們不是在裝模作樣。」我告訴未信的人，「當你把生命主權交給基督，你就是把你的餘生簽字交給祂，奉祂的名事奉祂。這是神造你的目的。」以弗所書二章10節說：「我們原是祂的工作，在基督耶穌裡造成的，爲要叫我們行善，就是神所預備叫我們行的。」

神要我作祂愛的傳遞者。這是教會傳福音目標的個人化敘述。每個信徒的職責內容之一就是，一旦重生，我們就成爲好消息的傳遞者。保羅說：「我卻不以性命爲念，也不看爲寶貴，只要行完我的路程，成就我從主耶穌所領受的職事，證明神恩惠的福音」（徒廿：24）。這是每一個基督徒的重要責任。哥林多後書五章19-20節說：「神在基督裡，叫世人與自己和好，不將他們的過犯歸到他們身上，並且將這和好的道理託付了我們。所以我們作基督的使者，就好像神藉我們勸你們一般……」我們的職責是要替基督求那些未信的人，去接受神所賜的愛，與神和好。

你曾否想過為甚麼神在我們接受基督以後還把我們留在地上，受這些痛苦、憂傷、罪惡？祂為甚麼不忽然把我們提到天上，免去這一切苦難？我們不是能在天上敬拜、禱告、團契交通、唱詩、聽神的話，享受種種樂趣嗎？事實上，只有兩件事是你不能在天上做，只能在地上做的：犯罪，以及向還沒有相信耶穌的人傳福音。我問我的會眾，那一樣是基督留下我們的目的？我們每個人在世上都有一個任務，其中包括介紹人認識基督。

神要我成為祂名字的稱頌者。詩篇卅四篇3節說：「你們和我當稱耶和華為大，一同高舉祂的名。」我們每個人都有責任來敬拜神。十誡的第一誡說：「除了我以外，你不可有別的神」（出廿：3）。敬拜是人與生俱來、從人裡面來的驅策，我們如果沒有敬拜神，我們會去找別的東西來敬拜，不管是工作、家庭、金錢、運動，或甚至是自己。

身為信徒的特權

實現這五個教會目標是每個基督徒的責任，同時這些目標也帶給我們屬靈上、情緒上、以及關係上的益處。事實上，教會供應人們世界上其他地方找不到的東西：敬拜能幫助人專注在神身上；團契交誼幫助他們面對人生的各種問題；門徒訓練能強化他們的信心；服事幫助他們發掘自己的才幹；傳福音幫助他們完成使命。

一次又一次的重述

不要以為一次的講道就能永遠地將教會的方向確立。不要以為將教會的目標貼在公告欄，大家就都知道了。一個廣為人知的廣告原則是，信息要傳達七次之後，才能深入人心。

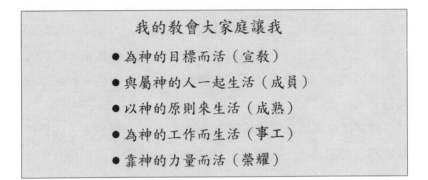

馬鞍峰教會使用各種我們想得出來的管道，將我們的教會目標揭示在教會大家庭裡面。上文提到，我們在每月的會員班裡，都提到教會的異象與目標。每年一度，多半是在一月，我都會傳講「教會光景」的信息，作為五個目標的評估。每年的信息都一樣，只有使用的例子更新。

很多人不懂講台的威力，它好比船舵，不管有意或是無意，會主導教會的方向。如果你是一位牧師，那就要對準目標使用你的講台！哪裡能讓你週復一週得到眾人全部的注意力？每次講道，都要儘量尋找機會講出像「這就是為甚麼教會存在的原因」這類的話。不要怕重複，因為沒有人第一次就領受到訊息。我可以用各種創意的方式，一再地重複。

下一頁有一張表，列出如何以不同的角度來闡明教會目標。儘量使用這些大綱，它們只是使用不同的方法來說明同樣

的事情。

　　除了透過講道與教導來傳達教會目標，我們還用過小冊子、旗幟、文章、通訊、佈告、錄影帶、錄音帶、歌曲等等。在敬拜中心的入口，我們把目標與相關經文刻在玻璃門廳，讓人進來時可以讀到。我們相信如果我們持續以不同的方式來傳達，總應該能抓住每個人的注意力。常常，在我們用了一個新方法之後，就會有人告訴我們說他第一次瞭解這些目標的意義。我們的目標是使每個人都能夠向別人解釋這些目標。

　　任何一個教會的異象都會隨著時間慢慢消逝，除非常常重新提醒；這是因為人往往會被別的事物分心。經常重複地傳講目標，一次又一次地教導，儘量使用傳媒來傳達。持續不斷地替你的目標煽火，能勝過教會安逸的傾向，以及克服灰心喪志。記得尼希米的原則！

教會的目標說明

目標	任務	使徒行傳二:42-47	目的	對象	生命要素	人的基本需要	教會的供應	情緒利益
向外接觸	傳福音	「...得救的人數天天加給他們。」	宣教	社區	我的見證	生活的目標	生命的焦點	重要性
敬拜	高舉神	擘餅、祈禱讚美神	稱頌神	群眾	我的敬拜	生活的力量	生命的動力	激勵性
團契交通	勉勵	彼此交接、信的人都在一處	成員	會眾	我的關係	生活的同伴	生命的家庭	扶持
門徒訓練	教導	遵守使徒的教訓	成熟	委身者	我的言行	生活的原則	生命的根基	穩定性
服事	裝備	照各人所需用的分給各人	事工	核心	我的工作	生活的內容	生命的功效	自我表達

7
以目標爲中心建構教會

新酒必須裝在新皮袋裡。

路加福音五：38

十八世紀兩位最有影響力的傳道人是喬治‧懷斐德 (George Whitefield) 和約翰‧衛斯理（John Wesley）。雖然他們是同時代的人，兩位都被神大大的使用；但是，他們在神學上、個性上、以及事工的組織上都有很大的差異。

懷斐德以他的講道著稱。他一生講道超過一萬八千次，平均一個禮拜十次！在蘇格蘭的格拉斯哥附近，他曾經一次對將近十萬人講道。他在美國的旅行佈道更帶動了馳名的大復興。然而，傳記學家指出，由懷斐德佈道而信主的人，往往沒有任何組織來跟進栽培；所以他工作的果效維持的期間就很短。今天，很少基督徒認得懷斐德這個名字。

相反的，今天數百萬的基督徒還認得衛斯理的名字。爲甚麼呢？衛斯理與懷斐德一樣，都是旅行佈道家，在戶外舉行佈道會。但是，衛斯理也是個組織家，他設立了一套組織結構來完成他的目標，那個組織比他的壽命持續得長遠多了。那個組織稱作衛理公會（Methodist Church）！

任何一次的靈命更新要能在教會裡持久，都必須有一套結構來牧養、扶持。確認目標聲明、傳達目標，這些都還不夠，必須將教會與目標組織起來。本章，我要討論如何建立一個結構來確保五個目標都均衡地被重視。記得，平衡是教會的健康之鑰。

大部分的福音派教會多少都已經做了這五個教會目標，但是並沒有把這些目標都做得一樣好。一個教會可能在團契方面做得很好，但是傳福音方面卻很弱。另一個教會可能在敬拜方面很強，但是在門徒訓練方面卻很弱。而另一個教會可能傳福音很強，而牧養事工卻很弱。為甚麼會這樣？

> 若沒有一個系統與結構來平衡五個目標，
> 教會往往憑牧者的恩賜與負擔
> 而過於強調某一個目標。

領導者天然的傾向就是會強調他們特別覺得有負擔的，而忽略他們覺得沒有負擔的。在世界各地，你會發現教會已成為一種牧者恩賜的延伸。除非設立一個**系統**和**結構**，有計畫的對教會五個目標加以平衡，否則教會總是傾向於憑牧者的恩賜與負擔，而過分強調某一個目標。

從歷史角度來分析，以教會最強調那一個目標來分，教會有五種基本型態。

五種教會

贏得靈魂的教會。如果牧師把自己的基本角色看成佈道家，這個教會就成為一個「贏得靈魂」的教會。因為這個教會的主要目標是救靈魂，所以總是向外接觸失落的人。在這樣的教會最常聽到的名詞是**作見證、傳福音、救恩、決志、受洗、探訪、講壇呼召**。在「贏得靈魂」的教會，除了傳福音以外，其他的都是次要的。

經歷神的教會。如果牧者的負擔與恩賜是在敬拜，他會自然地帶領教會成為經歷神的教會。這種教會的焦點在於在敬拜中經歷神的同在與全能。這種教會的主要名詞是**讚美、禱告、敬拜、音樂、屬靈恩賜、聖靈、能力**、以及**復興**。在這種型態的教會，所有的注意力都放在敬拜聚會。我發現這種型態的教會有強調靈恩的，也有不強調靈恩的。

家族團聚型的教會。我將教會重點放在團契交誼的教會稱作「宗親會」型的教會。形成這種教會的牧師通常是很會建立關係，關愛人，且花大部分時間照顧人。這種教會主要的名詞是**愛、團契、歸屬感、關懷、關係、愛宴、小組**、以及**樂趣**。在家族團聚型的教會，聚集在一起比任何目標都重要。

大部分這種類型的教會人數都少於兩百人，因為一位牧師可以照顧的人數差不多就是這些。我估計百分之八十的美國教會都屬於這種類型。一個家族團聚型的教會大概都無法成就很多事情，但是這種類型的教會卻是最不會被破壞的教會。這種教會能在粗劣的講道、有限的財務、缺乏增長，甚至分裂之下生存。「關係」是維持會友繼續來的關鍵力量。

課室型的教會。課室型的教會，其牧師通常把自己基本的

角色看爲教師。如果教導是他的恩賜，他會強調傳講與教導，而忽略教會其他的任務。這種類型的教會牧師以指導專家的身分服事，會友帶著筆記本來教會，寫筆記，帶回家。課室型教會的主要名詞是**解經式講道**、**查經**、**希臘文與希伯來文**、**教義**、**知識**、**眞理**、以及**門徒訓練**。有的課室型教會，其教會名稱即有聖經二字在其中。

社會良心型教會。社會良心型教會的牧者把自己的角色看作先知與改革家。這種類型的教會以改革社會爲己任，教會裡滿是行出神話語的行動家，而其間又有自由派與保守派之分。自由派比較傾向於專注在社會的不公義問題，而保守派則傾向於專注在社會的道德衰退問題。不管是自由派或是保守派，二者的異象都是認爲教會理應在政治過程中扮演一個舉足輕重的角色；而它的會友經常都參與一些社會改革運動。這樣的教會的主要名詞是**需要**、**服務**、**分享**、**關懷**、**立場**、**做點甚麼**。

我知道，我只是粗枝大葉的將草圖畫出來。粗略的歸納，事實上無法清楚說明全貌，有些教會其實是兩三種類型的混合。我主要的重點是，除非教會刻意計畫將五個目標加以平衡，不然大部分的教會總是強調一個目標，而忽略其他的目標。從這五類的教會，我們可以觀察到一些有趣的事情。其中任何一類教會的會友，通常都認爲自己的教會是**最屬靈的**。原因是，人們總是被與自己的熱誠和恩賜相符的教會所吸引。我們都想要成爲某教會的一份子，在自己覺得重要的事情上被肯定。而事實是，如果要有健康的教會，這五個重要的教會目標都應該被強調，並且取得平衡。

大部分教會傾向於專注一個目標

教會類型	基本焦點	收者角色	群眾角色	基本目標	主要名詞	中心價值	使用工具	依據標準
贏得靈魂的教會	傳福音	佈道家	見證人	社區	得救	決志 信耶穌	探訪與 講壇呼召	受洗人數
經歷神的教會	敬拜	領導敬拜者	敬拜者	群眾	感覺	個人經歷	音樂 與禱告	「聖靈」
家族團契型的教會	團契交誼	會牧	家庭成員	會眾	歸屬	忠誠 與傳統	交誼廳 及聚餐	傳統
課室型的教會	教育	指導者	學生	委身者	知識	聖經知識	筆記本 與投影片	逐節教導
社會良心型的教會	關懷	改革家	行動者	核心人物	關懷	公義 與慈愛	請願 與海報	滿足多少 需要
目標取向的教會	五項平衡	裝備者	傳道人	上面五種	是與做	像基督的 樣式	生命 建造程序	改變生命

很多會眾之間的衝突都是起因於教會找來的牧者，其恩賜與負擔與教會的過去不相符合。比方說，一個家族團聚式的教會找來一位佈道家型的，或是社會改革家型的牧者；你可以想見摩擦會如何迸出火花來了。這個不幸後果是可以預見的！

五個超教會運動

我發現非常有趣的是，過去四十年來，超教會的運動都傾向於專攻某一個教會目標。每隔一陣子，神就掀起一個超教會的運動來重新強調某個受忽略的目標。我相信超教會組織專注於某個目標對教會是有效的，而且也有幫助；但是也會使所強調的對教會有較大的衝擊。

平信徒更新運動。這個運動重新提醒教會注重所有的基督徒參與服事。它產生一些組織，比如信心行動（Faith at Work）、平信徒團契（Laity Lodge）、救主教會（The Church of Savior）等等，以及作家如儲艾頓（Elton Trueblood）、艾芬立（Findley Edge）、韓大衛（David Haney）等人，都被神用來重新強調，祂呼召並加恩賜給每一位信徒，要他們參與服事。

門徒訓練／靈命塑造運動。重新強調建立信徒臻於成熟是這個運動的目的。導航會（Navigators）、全球門徒訓練（Worldwide Discipleship）、學園傳道會（Campus Crusade for Christ）這些組織，以及穆維倫（Waylon Moore）、官蓋瑞（Gary Kuhne）、蓋茲真（Gene Getz）、傅士德（Richard Foster）、魏德樂（Dallas Willard）等作者，都是這個運動的

代表。他們幫助基督徒建立個人的靈命成長。

敬拜／更新運動。這個運動的任務是幫助教會重新注重敬拜的重要性。敬拜更新運動是從七○年代的耶穌運動開始的，緊接著的是靈恩與敬拜更新。最近，現代化的敬拜又為我們帶來新的音樂和新的敬拜形式，並強調敬拜團隊。「馬拉那沙！音樂（Maranatha! Music）」、「和撒那（Hosanna／Integrity）」這些組織，在崇拜型態的改變與形成上，扮演了很重要的角色。

教會增長運動。這個運動幫助教會重新將焦點對準傳福音、宣教、以及群體增長。從馬蓋文（Donald McGavran）的書開始，魏彼得（Peter Wagner）、唐艾馬（Elmer Towns）、安文（Win Arn）、以及許多神學院教授，這個運動透過教會增長顧問們、研討會、以及名牧師們，在八○年代越發興盛。

小組／牧養關懷運動。小組／牧養關懷運動的任務是使教會重新專注在肢體間相互的團契交誼與關懷關係。韓國的細胞小組教會模式以及一些組織，例如：感觸事工（Touch Ministries）、意外收穫（Serendipity）、施予者（Care Giver）、司提反事工（Stephen's Ministry）等等，都向我們顯示了使用小組作個人關懷的價值與重要性。

對於這些運動、組織、以及作者，我們應該感謝神。每一個運動都有一個重要的信息給教會；每一個運動都是基督身體的起床鈴。每一個運動都強調一個不同的教會目標。

維持教會的平衡

一個運動，其本質就是**專注**於某個重點，才能帶來衝擊。專注並沒有錯。當我需要動手術時，我會找一位對我的病症專精的醫生來替我開刀。但是，沒有一位專家能夠適當的解釋我身體的每一個部位。

同樣的道理，沒有任何一個超教會的運動能為基督的肢體

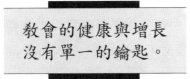
教會的健康與增長沒有單一的鑰匙。

提供保持健康所需要的一切。每個運動都只能強調其中一部分。能夠用遠大的眼光來看到教會五個目標平衡的重要性，是一件極重要的事。

舉例來說，我有一位牧師朋友去參加研討會，在那裡人家教他小組是教會增長之鑰。他回去之後擬訂了一整套計畫，打算把教會的結構解體，再重新建立起一個細胞小組的網路。但是，六個月後，他又去一個很流行的研討會，學到慕道友為主的聚會方式是教會增長之鑰。於是，他回去，重新安排敬拜的程序與形式。後來，當他在一個禮拜之內收到三個研討會簡介時，他真的完全搞糊塗了。有一個大膽的宣稱「主日學是教會增長的媒介。」另一個說：「一對一門徒訓練：增長的秘訣。」第三個則是「幫助教會倍增的解經式講道」研習會。結果，他開始對教會增長之鑰感到喪氣，就再也不參加研習會了。我不怪他！我也常有同樣的感覺。每次他去一個研討會，都教他一個真實但**片面**的教會應該做的事。把教會增長歸功於

一個單一的重要秘訣，是太過簡單化，也是不正確的。

教會的健康與增長沒有單一的鑰匙，而是有許多鑰匙。教會不是被呼召做一件

> 一個平衡的教會，將是一個健康的教會。

事，而是被呼召做許多事。這就是為甚麼平衡這麼重要。我告訴我的同工們，第九福是「平衡的人有福了，因為他們必比別人存留得更久。」

保羅在哥林前書十二章生動地指出，基督的身體有許多肢體，不是只有一隻手或一張嘴巴或一隻眼睛，而是一整套各樣器官互助合作的系統。

事實上，身體是由不同的系統組合成的：呼吸系統、循環系統、神經系統、消化系統、骨架等等。當所有的系統都彼此平衡，就稱之為「健康」，不平衡就是生病。相同的，平衡五個新約目標會為基督的身體——教會帶來健康。

馬鞍峰教會是以兩個簡單的觀念為中心組織起來，以保持平衡的。我們把它們稱作「委身圈」和「生命建造程序」。這兩個觀念象徵我們如何將五個目標應用到馬鞍峰教會。生命建造程序（即棒球場形狀），說明馬鞍峰教會*所做*的。委身圈（五個同心圓）說明*服事的對象*。

這些觀念是一九七四年，在我開始馬鞍峰教會之前，我還在作青少年部牧師時發展出來的。今天，我們有將近一萬人，我們還是根據這兩個圖形，建造大小事工，一直都很不錯。

同心圓代表對於教會裡不同層次的委身與成熟的瞭解方

法。棒球場則代表人從沒有委身移到深度委身和長大成熟的過程。這一章，我們要查看同心圓，第八章我會解釋棒球場。

以一個新的眼光來看你的教會。教會裡每個人都對基督有相同程度的委身嗎？所有會友的成熟度都一樣嗎？當然不是。有一些會友有很深的委身，也很成熟；有一些沒有委身，也不成熟。在這兩個群體當中，有許多不同屬靈層次階段的人。在一個目標導向的教會，我們確認出五種層次的委身。這五個層次與五個目標相關。

在下一頁五個同心圓的圖形當中，每一個圓圈代表一個層次的委身，從最初步的委身（同意偶爾來參加聚會）到非常成熟的委身（承諾使用屬靈恩賜服事別人）。當我描述馬鞍峰教會中這五種群體時，你會認出這些人也存在你的教會。

委身圈

教會的目標就是要把人從最外圈（低層次委身／不成熟）推向最內圈（高層次委身／成熟）。在馬鞍峰教會，我們稱之為「把人從社區推進核心」。

社區

社區是起點。社區是指一群失喪者，他們居住在你教會四周的車程範圍內，從未委身於基督或教會。他們是你所要接觸的未加入教會的人。社區就是**傳福音**目標的起點。這個圓圈最大，因為它包括最多的人。

當馬鞍峰教會成長之後，我們就縮小我們對社區的定義，

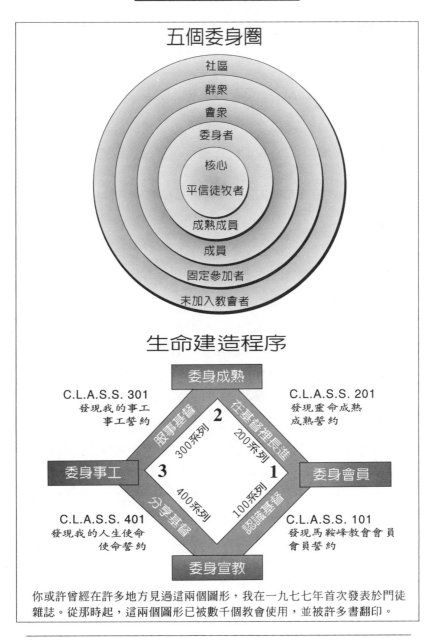

五個委身圈

社區

群眾

會眾

委身者

核心
平信徒牧者

成熟成員

成員

固定參加者

未加入教會者

生命建造程序

委身成熟

C.L.A.S.S. 301
發現我的事工
事工誓約

C.L.A.S.S. 201
發現靈命成熟
成熟誓約

服事基督

在基督裡長進

2

300系列

200系列

委身事工

3

1

委身會員

400系列

100系列

分享基督

認識基督

C.L.A.S.S. 401
發現我的人生使命
使命誓約

C.L.A.S.S. 101
發現馬鞍峰教會會員
會員誓約

委身宣教

你或許曾經在許多地方見過這兩個圖形，我在一九七七年首次發表於門徒雜誌。從那時起，這兩個圖形已被數千個教會使用，並被許多書翻印。

我們將社區重新定義爲「未加入教會、偶爾來參加聚會的人」。如果你一年至少訪問馬鞍峰教會四次（由訪客卡或奉獻支票得知），你的名字就會存到我們電腦的「社區」資料庫。這些是我們「最熱門的候選人」。當我寫本書時，馬鞍峰教會大約有三萬一千個偶爾參加教會的名單。這個數目佔我們這個地區十分之一的人口。我們的終極目標當然是滲透整個社區，給每個人聽到福音的機會。

群眾

下一個圓圈我們稱之爲「群眾」。群眾包括每個出現在主日崇拜的人，他們是固定參加者。群眾裡有信徒和非信徒——他們的相同點就是，他們委身於參加每週日的**敬拜**。這樣的委身實在不算甚麼，但是至少你能得到一些的鼓舞。當有人從「社區」移到「群眾」，你已經在他的生命中跨了一大步。目前，每個週末我們大約有一萬人的群眾參加我們的聚會。

雖然一個非信徒無法真實的敬拜，但是他能觀察別人敬拜。我相信，如果敬拜的型態能安排得對非信徒有意義，真實的敬拜本身對非信徒就是一個很有力的見證。這些細節我會在第十三章加以討論。如果一個非信徒委身於固定每週來馬鞍峰教會聚會，那麼，得救應當是早晚的事了。一旦一個人接受基督，我們的目標便是將他推進下一個層次的委身：「會眾」。

會眾

會眾是你教會裡的正式成員。他們已經受洗並委身作爲教

會大家庭的一份子。現在，他們不只是參加聚會的人，他們是委身於這個團契目標的人。這是一個重要的委身。基督徒的生活不只是相信而已，也包括歸屬。一旦一個人決志相信基督，就必須激勵他們走下一步，將他們自己委身給基督的身體——教會。在馬鞍峰教會，只有那些決志接受基督，受洗，上過會員課（101課程：「發現馬鞍峰教會會員」），並且簽署會員誓約的人，才被認爲是會眾（會員）之一。

在馬鞍峰教會，我們認爲已經不住在此地以及不活動的會員留在會員名單毫無用處，所以，我們每年從我們的會員名單中刪除好幾百個人名。我們對擁有很多會員沒甚麼興趣，只要那些合格而活躍參與的會員。目前我們的會眾大約由五千個活躍的會員所組成。

有一次我在一個教會講道，這個教會號稱有一千個會員在會員名單上，卻只有不到兩百人參加聚會！擁有這種會員有甚麼價值呢？如果你教會的會員人數比你參加聚會的人多，你就必須認真考慮是否要重新釐清教會會員的定義。

聚會人數多於會員人數意味著這個教會對於吸引未加入教會者以及向非信徒傳福音很有效果。教會福音工作有沒有效果的一個指標是，群眾人數比會眾人數多25％。也就是說，如果你有200個會員，你應該至少有250個人經常參加聚會。若沒有，則意味著教會裡沒有人邀請非信徒一同來參加聚會。目前，在馬鞍峰教會，群眾人數比會眾人數多100％，我們的五千個會眾都邀請他們未信主的朋友來，所以我們平均聚會人數是一萬人。

委身者

你的教會裡有那種敬虔並成長——嚴肅看待他們的信仰——但卻因為某種原因而沒有積極於服事的人嗎？我們稱這樣的人為「委身者」。他們禱告、奉獻、專心接受**門徒訓練**而成長，但卻還未積極參與事工。

在馬鞍峰教會，我們把這些已經上過201課程：「發現靈命成熟」，並且已經簽署成熟誓約卡的人歸在「委身者」。成熟誓約卡顯示三項屬靈習慣的委身：(1)每天有靈修時間，(2)十一奉獻，(3)在小組裡很活躍。我們認為這些習慣是靈命成長的基本。當我寫這本書時，馬鞍峰教會已經有3,500人簽署成熟誓約卡，並被認定為「委身者」的一份子。

核心

「核心」是最小的一個群體，因為它代表最深層的委身。他們是少數獻身的同工與領導者，委身於**牧養**別人的人。他們是教會裡在不同事工上領導服事的人，例如主日學老師、執事、音樂事奉者、青少年工作者等等。沒有這些人，教會就不能動了。核心同工形成教會的心臟。

在馬鞍峰教會，我們有一個特別的程序，幫助人找到最適合他的事工。這個程序包括上301課程：「發現我的事工」，填「成型」（SHAPE）表，事工面談，任命為教會裡的平信徒牧者，參加每月核心訓練會。目前我們有大約1,500位核心同工。為這些人我甚麼都願意做，他們是馬鞍峰教會能力的秘密

來源。如果有一天我突然過世，有這一千五百位平信徒牧者做基礎，馬鞍峰教會也會繼續增長。

到達核心之後，這些人做甚麼？我們便把他們送回社區去做牧養工作！

耶穌辨識不同的委身層次

耶穌瞭解每個人的委身層次都不同。耶穌與一個屬靈尋求者之間的對話總是深深地吸引我。耶穌聽了這位年輕人的話之後說：「你離神的國不遠了」（可十二：34）。不遠？我將之認為耶穌辨識出不同層次的靈程與委身，甚至在未信者當中都有層次的分別。

耶穌的事工包括牧養**社區**，餵養**群眾**，招聚**會眾**，向**委身者**挑戰，對**核心**同工加以門徒訓練。五項任務都清楚載明在福音書裡。我們需要跟隨祂的榜樣！耶穌總是從祂所遇見的人的委身程度開始，祂常常先是抓住那人的興趣，從而激發一種想要知道更多的渴望。然後，當人們繼續跟隨祂時，耶穌便溫柔地逐步向人清楚解說天國的道理，並進一步要求更深的委身。但是，祂只有在跟隨者達到成熟的階段時才這樣做。

主耶穌與約翰及彼得第一次接觸時，祂只說：「來……看！」（約一：39）。他並沒有將太重的要求加在他們身上，祂只是邀請他們觀察祂。祂容許他們不需作任何承諾地觀察祂的事工。這並非將福音摻水，祂只是在培養興趣。

當最早的跟隨者形成群眾時，耶穌就慢慢加溫。漸漸地，在他們中間公開傳道三年之後，就在耶穌變像前六天，祂給這

群群眾一個終極的挑戰:「於是叫眾人和門徒來,對他們說:『若有人要跟從我,就當捨己,背起他的十字架來跟從我』」(可八:34)。

耶穌只有在顯出祂對他們的愛,並贏得他們的信任之後,才要求那樣的委身。對於一個第一次來教會的陌生人,我相信主耶穌比較可能會說:「凡勞苦擔重擔的人可以到我這裡來,我就使你們得安息。我心裡柔和謙卑,你們當負我的軛,學我的樣式;這樣,你們心裡就必得享安息」(太十一:28-29)。

> 耶穌總是從一個人的立足點—委身程度—開始,但是祂絕不讓人停留在那裡。

耶穌明白每個人的文化背景、瞭解程度、屬靈委身層次都不相同。祂知道使用同樣的方式去接觸所有的人是不管用的。委身圈的背後就是同樣的理念。每個人都不相同,有不同的需要、興趣、屬靈問題,就每個人的靈程實情而定。我們絕不能將對社區所做的與對核心同工所做的混淆在一起。每個群體都要求不同的作法。群眾不是教會——但是群眾可以變成教會。

以五大目標為中心來組織教會,並確認人們對每個目標的委身程度,你便已邁入事工平衡與健康教會的道路。你現在已經可以預備進到目標導向的最後一步——將目標應用在教會的每個角落。這是下一章的重點。

落實目標

主使我們對你們有信心，我們確信你們是在實行，

並且要繼續實行我們所吩咐的。

帖撒羅尼迦後書三：4（現代中文譯本）

我們現在已經來到成為目標導向教會最困難的階段。許多教會都完成了我前面幾章提到的步驟：確認目標，擬訂目標聲明，定期向會眾傳達目標，有的教會甚至已經以目標為中心建構教會組織。然而，目標導向的教會還需要再進一步，將目標嚴密精確地實行在教會的每一個角落：制訂節目，安排時間表，預算，編制人力，傳講信息等等。

將目標完整穩固地安置到教會生活的每一個層面、每一個角落，是成為目標導向教會最困難的一步。從目標聲明跳到目標導向行動，必須要領導者能全心投入，委身於整個過程。實行目標需要好幾個月，甚至好幾年的時間來禱告、計畫、準備、試驗。要慢慢來，專注在進步，而不是完美。當然其結果看起來會與馬鞍峰教會或任何目標導向教會都不一樣。

當你開始塑造你的教會成為目標導向教會時，有十個範疇應該考慮。

成為目標導向的十個方法

1.有目標的新成員同化

　　使用委身圈作為幫助人進入教會生活的策略。先把人從社區帶進群眾（敬拜）開始，然後將群眾移進會眾（團契生活），再來是把人從會眾帶進委身（門徒訓練），然後把委身者移進核心（事工）。最後，將核心再送回社區（傳福音）。這個程序能達成教會的五個目標。

　　請注意我建議增長教會是由外而內，而不是由內而外發展的。也就是從社區開始，而不是從核心開始！這一點與大部分

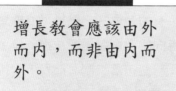

增長教會應該由外而內，而非由內而外。

關於教會拓植的書所教導的不同。開始新教會的傳統方式是以一群成熟的信徒為核心同工，再逐漸接觸社區。

　　我發現「由內而外」模式的問題是，當拓植教會者將核心同工施以門徒訓練之後，他們往往已經失去與外界社區的接觸面，變得害怕與未加入教會者往來，很容易會變成如同魏彼得（Peter Wagner）所說的「親密的團體 (koinonitis)」——發展成一種緊密的團契關係以致於新來的人不敢或無法闖入。往往一個核心小組停留在小組的期間太長，開始習慣於這種舒適的狀態，就失去宣教異象。傳福音的火熱便冷卻了。

　　大部分小教會的問題在於，每個人都是核心，其他甚麼也

沒有。教會的每件事情都是由這五十個人參與,他們都已經作基督徒很久了,也沒有甚麼非基督徒朋友可以成為作見證的對象。有這類問題的教會需要學習如何組成其他四個圈。

當我開始馬鞍峰教會,我把焦點完全放在社區,特別是在我社區當中未加入教會的人。我花了十二個禮拜,挨家挨戶,親自訪問那些人,聽他們的意見與需要。我儘量多與未信的人建立起友誼的橋樑。

然後,我寫了一封信宣佈新教會的開始,寄給一萬五千個家庭,從當中聚集一群人。這封信是我根據調查中所得到的資料寫成的。第一年,我們也使用許多廣告,因為我們還沒有建立足夠的關係可以只憑口碑。今天,我們有好幾千個會員邀請他們的朋友來我們的教會,廣告就不必要了。

第一年我們只是嘗試聚成群眾,把耶穌介紹給他們。就如同發射火箭需要鉅大的能量一般,從零到聚集一群人也需要極多的努力。我們的重點很有限,我傳講的信息也都是非常直截了當的福音系列信息,如「解答人生問題的好消息」,「神對你人生的計畫」。第一年年底,我們平均有兩百人參加聚會,大部分都是新信徒。

第二年,我開始努力將群眾裏的信徒轉變成會眾。我們仍繼續向社區發展並增加群眾的數目,只不過我們特別強調去建立團契的關係。我們專注於把參加聚會者轉變成會員。我開始多講教會會員的價值,歸屬於教會家庭的利益,以及教會會員的義務。我傳講的題目有:「我們團聚在一起」、「都在神的家中」,以及「我們為甚麼需要有教會?」我還記得觀看神將

一群專顧自己的出席者，轉變成一群充滿愛的會眾，是多麼叫人興奮的事。

第三年，我擬訂了一項計畫，提高會員的委身層次。我重複地向會眾挑戰，要求他們更深刻的爲主獻身。我教導如何建立靈命成長的習慣，來幫助靈命成熟。我傳講一系列關於委身的信息，稱作「我們一起成長」，以及一系列基本真道，稱作

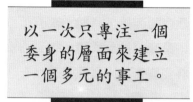

以一次只專注一個委身的層面來建立一個多元的事工。

「我想要問神的問題」。當然，第一、第二年我也教導新信徒這些道理，但是第三年時，這些是主要的重點。

當人們的信仰穩固地建立起來之後，我開始透過像「每個教會成員都是牧者」，以及一系列稱作「盡力活出神給你的恩賜」的信息，來強調信徒應當參與事奉。我強調一個不服事的基督徒是一個靈命不成熟的基督徒。靈命成熟的目的就是爲了服事。

雖然從一開始我們就有平信徒事工，但現在我們開始將他們組織成具有「能見度」的核心。我增加同工來幫助我帶領訓練會，幫助訓練、勉勵、監督平信徒事工領導者。

你看到自然而然的進程嗎？以目標設計的方式，將新會員加以同化，每次都專注一個委身層面，以此來建立一個多元的事工。不要以爲你必須立刻就甚麼都做！從外往裏推。一旦建立起這五個群體，並且開始運作，你就能靠著平衡地強調每個群體來維持運作。

剛開始可能會有人批評我們，將人帶領到深層委身的速度

太慢了，但你必須記得我們是從未加入教會的人開始，並且是從零建立起教會的整個事工理念。我一直把建立馬鞍峰教會看作是一輩子的任務。我想要學保羅「像一個聰明的工頭，立好了根基」（林前三：10）。建立委身關係，有好的品質，以及將人引導通過這五個委身圈，都是很花時間的過程。我只能告訴你如何建立一個平衡健康的教會，但我無法告訴你怎麼做得快。

2.有目標的節目

你必須選擇或設計一套節目來滿足你的目標。記得，每一個委身圈都代表教會的一個目標。如果使用這五個圓圈作為制訂節目的策略，你就能確認出你的對象（社區、群眾、會眾、委身者、核心）以及你的目標（傳福音、敬拜、團契、門徒訓練、牧養事工）之間的關係。

一定要認清楚教會裏每項節目的目標，刪除任何不能達成目標的節目，代之以另一個較有效的節目。目標必須作節目的主人。

橋樑活動。在馬鞍峰教會，我們每年有一系列活動是針對整個社區設計的，為要對社區造成衝擊。我們稱這個活動為「橋樑活動」，因為其目的是為搭建教會與社區的橋樑。這個活動通常都辦得很盛大，為要攫取整個社區的注意。這個活動包括：豐收盛會，讓孩子在萬聖節時能有一個安全的去處；還有全社區的聖誕夜禮拜，全社區的復活節禮拜，以及在國慶日前後的西部節慶，此外，還有一些根據時令舉辦的活動，以及

演奏會等等。有一些活動是傳福音的活動，另有一些活動則是福音預工——只是爲要讓社區認識我們的教會。

慕道友聚會。爲群眾所準備的主要節目是週末的慕道友聚會，是特別設計讓會友們能邀請他們未信主的朋友來，對他們作見證的聚會。慕道友聚會是爲了輔助個人佈道，而不是代替個人佈道。研究顯示，如果有群體扶持，人們比較快決志接受主。

會眾的主要節目是**小組聯絡網**。團契、個人關懷、以及歸屬感等等都是小組聯絡網的好處。我們告訴人：「除非加入小組，否則你無法感到成爲教會家庭的一份子。」

生命發展講座。對於委身者的主要節目是生命發展講座。生命發展講座爲靈命成長提供各種廣泛的機會：研讀聖經，小組研討會，輔導，獨立研究等等。你可以選擇修讀學分，將來可以得到學位。我們的週間禮拜是生命發展講座的重要部分。

鹽(SALT)。核心的主要節目是每月的「鹽 (SALT)」聚會，SALT這幾個字母代表馬鞍峰高層領導訓練會(Saddleback Advanced Leadership Training)。這個兩小時的會議在每月第一個禮拜天晚上舉行，內容包括所有的平信徒牧者見證與報告，牧師傳遞異象，技能培訓，領袖訓練，禱告，以及委任新平信徒牧者。對於身爲牧師的我來說，我把帶領準備每月與核心的平信徒牧者的聚會放在最重要的位置；能夠指導、勉勵、並向這些使馬鞍峰教會之所以成爲馬鞍峰教會的人們表達感謝，是很珍貴的機會。

對於節目，我們要記得，沒有一個單一的節目——不管有

多好，能同時滿足所有的教會目標。也沒有一個單一的節目，能同時牧養不同圓圈裏的群體。必須有不同的節目來餵養不同委身層次的人，才能滿足教會五個不同的目標。

3.有目標的教育

馬鞍峰教會的教育課程是目標導向的課程。我們的目標是幫助人們發展出一個兼具傳福音、敬拜、團契、門徒訓練、以及牧養事工的生活型態。我們要產生神話語的實行者，而不只是聆聽者；我們要改變人，而不只是告知人。我們的一句口號是「聖經裡，你能行出來的部分才算真正的相信。」

改變不是碰巧發生的。我們必須建立一套門徒訓練或教育的程序，激勵人們實行他們所學的，並且在他們做到時加以獎勵。在馬鞍峰教會，我們稱這個爲「生命建造程序」。

我們使用棒球場圖形來解釋我們的教育與同化程序。每一壘都代表完成一個課目，以及進入更深一層的委身。

完成101課程，並且委身加入馬鞍峰教會，簽署會員誓約，你就到達一壘；完成201課程，簽署委身與靈命成長誓約，就到達二壘；完成301課程，委身於服事教會事工，就到達三壘；完成401課程，並且委身於在家中以及在外宣教傳福音，就是回到本壘。這些步驟的細節會在後面討論。

就如同棒球賽的規則一樣，一直留在壘上是不能得分的。我們告訴新會員，教會爲他們設定的目標是作爲「全壘打門徒」。我們要求他們完成十六個小時的基本訓練，並且委身於每一壘的誓約。每一壘都有誓約，在他們簽署並委身於實行誓

生命建造程序

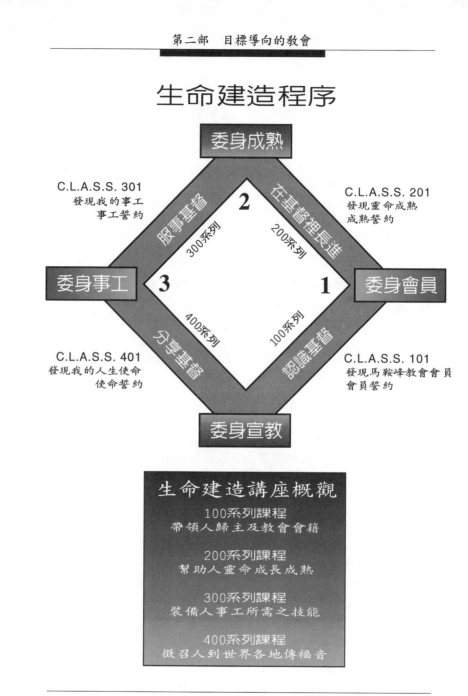

委身成熟

C.L.A.S.S. 301
發現我的事工
事工誓約

服事基督

300系列

2

在基督裡長進

200系列

C.L.A.S.S. 201
發現靈命成熟
成熟誓約

委身事工

3

1

委身會員

400系列

分享基督

100系列

認識基督

C.L.A.S.S. 401
發現我的人生使命
使命誓約

C.L.A.S.S. 101
發現馬鞍峰教會會員
會員誓約

委身宣教

生命建造講座概觀

100系列課程
帶領人歸主及教會會籍

200系列課程
幫助人靈命成長成熟

300系列課程
裝備人事工所需之技能

400系列課程
徵召人到世界各地傳福音

約之前,不能進到下一壘。

大部分的教會,在把人送上一壘或甚至二壘都做得不錯;帶領人信主,受洗,加入教會(上了一壘);有些教會在幫助信徒建立屬靈習慣,促進靈命成熟上也做得很好(上了二壘)。但是很少教會有一個計畫,確保每一個信徒都找到適當的服事崗位(三壘),更少教會能裝備信徒帶領人歸向基督,完成他們人生的大使命(本壘)。

> 停留在壘上
> 並不能得分。

馬鞍峰教會的終極目標是要將聽眾轉變成一支軍隊。衡量一支軍隊的力量並不是看他們有多少人在大餐廳吃吃喝喝,或坐或站,而是看他們在前線的表現。同樣的,一個教會的力量也不是看有多人出現在聚會當中,而是看有多少人在核心事奉。

在八○年代早期,我常常開玩笑說,我的目標是把「雅痞(Yuppies)」變成「雅迷(Yummies)」,前面我說過,我相信教會是宣教士的差傳站。只有當信徒完全通過每一壘,回到本壘,我們才算完成大使命。(Yuppies:都會年輕專業人才,Young Urban Professionals;Yummies:都會年輕宣教士,Young Urban Missionaries)

4.有目標的小組

我們並不期待每個小組都做相同的事情;我們容許他們都各有專長。

慕道小組。慕道小組的組成是特別爲了傳福音。提供一個

沒有威脅性的環境，讓未信者問問題，表達他們的疑惑，研究基督的宣告。

扶持小組。扶持小組的目標是關懷會眾、團契、以及敬拜。我們的許多小組都是爲了提供人生某個特殊階段所需要的扶持與交誼而成立的。例如：新父母小組，大學生小組，空巢小組等等。另外，有些小組是專爲醫治特別傷害，如因離婚或死亡而失去配偶等等；此外，我們還有各式各樣的康復小組。

服事小組。這些小組都是爲特別事工而組成的，例如我們在墨西哥的孤兒院，我們的監獄事工，我們的離婚復原事工等等。這些小組因其事工的任務相同而自然形成團契。

成長小組。我們的成長小組是特別爲教育、門徒訓練、以及深度查經而組成。我們提供大約五十種不同的選擇科目，這些小組當中，有些是對於上週的信息作更深入的查考。

與其要求每一個人心態上都「穿上統一尺碼的衣服」，我們容許人們選擇適合他們的需要、興趣、人生階段、靈命成熟度的小組。我們並沒有期待一個小組就能成就所有五個教會目標，但是我們要求小組必須要以其中一個目標爲中心來組成。

5.有目標的同工聘僱

我們給教會聘僱進來的每位同工一份根據目標而設計的職責內容表。在與申請者面談時，我們有一些標準問題用來發掘申請者對教會哪一個目標最有負擔，我們就以此爲根據來安排工作。在面談時，我們不只看一個人的個性品格以及能力，我們還要看他對教會的目標有沒有負擔。對於自己有負擔的事

情，一個人必能自我激勵。

如果我今天要開始一個新教會，我會徵召五位義工擔任五個不支薪的同工職位：一位音樂／讚美主任幫助群眾預備敬拜；一位會籍主任教導101課程，並監督會眾成員的關懷工作；一位靈命成熟主任來教導201課程，並監督委身者的聖經研讀事工；一位事工主任教導301課程，並與申請者面談，安排事工，監督核心平信徒牧者；一位宣教差傳主任教導401課程，並監督我們的社

> 不管教會大小，都能成為目標導向的教會。

區宣教工作。當教會漸漸增長時，就改為給付半薪的職位，然後變成全薪職位。以這個計畫，不管教會大小，都能成為目標導向的教會。

6.有目標的組織

與其以傳統的部門來組織，還不如以目標團隊為中心來組織。在馬鞍峰教會，每位平信徒牧者及每位同工都屬於一個目標團隊。每個目標團隊由一位團隊牧師帶領，並有團隊主任輔助，由支薪同工與義工性質的平信徒牧者組成。他們一起帶領節目、事工、以及各種活動，來完成授予他們團隊的目標。

宣教團隊。宣教團隊的目標是傳福音，對象是社區。他們的工作就是計畫，宣傳，監督教會所有的橋樑活動、慕道小組、傳福音訓練（包括401課程）、傳福音活動及節目，以及宣教差傳計畫。他們依接觸社區，以及傳福音到世界各地的需要

而建構組織。

教會是差傳事業。我們的目標是每年有25%的會員從事某種宣教行動。我很願意看到我們每年夏天的聚會人數下降，不是因為人們都度假去了，而是他們都在宣教工場服事。另一個目標是在未來的二十年，差派200位專業宣教士出去。去年，我們差派成人會員到世界的五大洲從事宣教，而青少年則到我們在墨西哥的孤兒院，以及洛杉磯的一個城區救援中心服事。

讚美音樂團隊。這個團隊的目標是敬拜。他們的對象是會眾，他們的工作是計畫並監督週末的慕道友聚會、特別敬拜、活動，提供音樂以及敬拜資源給教會的其他團隊。

會員團隊。這個團隊的目標是團契交誼。他們的對象是會眾，他們的職責是看顧羊群。他們主持每月的會員班（101課程），監督所有的扶持小組、婚禮、喪禮、牧者關懷、醫院探訪、慈善事業等等，並且主持協談輔導中心。此外，這個團隊也負責教會大家庭所有主要的團契活動。

靈命成熟團隊。成熟團隊的目標是門徒訓練。他們的對象是委身者，他們的工作是帶領會員進入更深層的委身，幫助他們建造成熟的靈命。這個團隊主持每月的201課程。負責生命發展講座、週間禮拜、所有的查經聚會、家中的成長小組、以及全教會的特別培靈會。此外，他們也提供家庭靈修材料、聖經研讀課程、以及其他幫助信徒成長的資源。

事工團隊。這個團隊的目標是投入事工。他們的對象是核心，他們的職責是幫助會員發現他們事奉的恩賜型式(SHAPE)，引導他們找到現存的事工，或是開拓一個新事工。

換句話說，就是把信徒變成牧者。這個團隊主持事工發展中心，負責所有服事團體，並主持每月的301及SALT課程。他們也輔助、訓練、監督教會所有的平信徒牧者。這個團隊的工作目標是幫助教會每個會員找到一個有意義的、最能表達他們恩賜與能力的服事工場。

7.有目標的講道

要產生平衡健康的信徒，你必須有計畫地針對每一個目標，傳講一系列關於那個目標的信息，一年循環一次。如果每個目標以四次的講道爲一系列，五個目標才二十個禮拜就講完了，另外還剩超過半年可以講別的信息。

以五個目標爲中心來規畫講道的信息，並不表示你一定要講教會本身。把目標個人化！以神對每個基督徒的五個目標來傳講。比如說，我曾經傳講：「你受造有其重大意義」系列，激勵人們服事；「信心的六個階段」系列，講神藉著不同的環境幫助信徒成熟；「學習聆聽神的聲音」系列是關於敬拜；「人生難題的解答」系列，根據傳道書來預備人們傳福音；「建立美好關係」系列，根據哥林多前書十三章，刻意加深我們教會的團契關係。當你使用教會的五個目標作爲計畫講章的指標時，你的講道就是有目標的講道。

8.有目標的預算

我們將每項教會的預算歸類到相關的目標之下。要找出一個教會的優先目標，最快的方法是看教會的預算及行事曆。不

管我們嘴巴怎麼說，從我們花時間和金錢的方式可以看出我們真正看重的是甚麼。如果你的教會宣稱傳福音是教會最重要的事工，就必須有成等比例的金錢作後盾來證明所宣稱的，否則就是吹牛。

9.有目標的行事曆

每年分配兩個月給每個目標，交由目標團隊在兩個月之間作全教會性的強調。

比方說：一月及六月是靈命成熟月。在這個強調靈命成熟的月份內，可以計畫全教會會眾一起讀一次新約，或一個禮拜背誦一節聖經，或舉行聖經研討會，或全教會的研經聚會。

二月與七月是事工月。在這個月份內，可以舉辦事工展覽會來招募人參與事奉。牧師可以傳講一系列關於事工的信息，勉勵人加入服務團體。

三月與八月是宣教月，就有諸如個人談道訓練、差傳年會、以及特別的宣教事工活動。

四月與九月是會員月。這個月之內可以特別強調出席者如何變成教會會員。可以計畫全教會性的聯誼活動，例如郊遊、演奏會等等。

五月及十月是讚美月強調個人及群體的敬拜。

保留兩個月給每一個目標，還剩下兩個月。以前面的例子而言，剩下的兩個月是十一月及十二月，這兩個月有感恩節及聖誕節，已經夠忙的了。

不要欺騙自己！若不將目標排到行事曆上，永遠不可能強

調這些目標。

10.有目標的評估

要維持教會在這多變的世界發揮效果，必須對所做的不斷加以評估。將檢討與修正加進整個程序裏。評估是為了要卓越，在目標導向的教會，你的目標就是你評估有效與否的標準。

有目標而沒有實際的方法去評估結果，就好像美國太空總署計畫登陸月球卻沒有追蹤系統，無法作中途校正，可能永遠無法到達目標。在馬鞍峰教會，我們發展出一套追蹤工具稱作「馬鞍峰快照」。我們的牧者同工每月都作檢討。「快照」是一份六頁長，關於我們的門徒發展程序，它能夠確認出在每個生命發展程序壘（棒球場）上的人。我們要知道「誰是第一？」快照能顯示出多少人目前在委身圈，也能做為衡量教會健康與否的指標。

快照逼使我們每個月誠實地檢視教會是否達成目標，整個系統的瓶頸便能因此而很快地找出來。舉例來說，假如一年之內崇拜參加率增加35％，而會員以及小組參加率卻只增加20％，我們便知道必須修正程序裏的差距。像這樣的統計資料幫助我們評估我們的同化過程，並決定哪裏需要強調。我前面提過，我們必須經常問：「我們的工作是甚麼？我們做得怎樣？」

成長得越來越健壯

在你尋求將目標應用到教會每個角落的過程當中，你會注意到，教會成長得越來越健壯。你不用每年尋找新節目、新活

動來激勵人並維持人們的新鮮興奮感，取而代之的，是能將注意力放在基本的要素上。如此，你便能從每個錯誤中學習，至終獲得成功。如果引導教會的目標一直不變的話，你便能一直努力於達成這些目標，並一年比一年成功。大家同心喜愛便產生動力。教會成員對於目標瞭解愈多，委身愈深，教會便越健壯。

第三部

往社區發展

社區

群眾

會眾

委身者

核心

平信徒牧者

成熟成員

成員

固定參加者

未加入教會者

9

對象是誰？

耶穌說：「我奉差遣，不過是到以色列家
迷失的羊那裏去。」

馬太福音十五：24

保羅說：「主託我傳福音給那未受割禮的人，
正如託彼得傳福音給那受割禮的人。」

加拉太書二：7

有一次，我看到一齣「花生米」卡通，所描寫的正如同許
多教會的福音策略。查理布朗在他家後院射箭，他沒有
射向靶子，卻射向籬笆，然後走到籬笆，在箭射中的位置畫上
一個靶心。露西就問他：「查理布朗，你為甚麼這樣做？」他
大言不慚地回答道：「這樣我就絕不會射不中靶。」

不幸的是，許多教會向外傳福音的努力也有同樣的邏輯。
我們把福音的箭射向我們的社區，如果剛好射中，那便是我們
的目標，在我們的努力背後，並沒有甚麼計畫與策略──我們
並沒有對準任何目標。我們只是在我們射中的地方畫上靶心。
這種傳福音方式實在非常生硬冷淡，帶領人來歸基督是一件非

常重要的任務，絕不能以隨隨便便的態度來對待。

實在有太多的教會會眾對於傳福音的想法很天真。你如果問教會會友：「誰是你們想要帶領的對象？」回答很有可能是：「每一個人！我們試著帶領全世界每一個人來信耶穌。」當然，這是大使命的目標，也應該是每一個教會的禱告，但是在實際上，沒有一個地方教會可以接觸到每一個人。

> 沒有一個教會能接觸到每一個人。必須有各種不同的教會才能接觸各種不同的人。

因為所有的人都不相同，沒有一個教會能接觸到每一個人，所以我們需要各種不同的教會。在一起，我們才能完成只靠單一的會眾、策略、型態所無法完成的任務。

只要坐在候機室半天的工夫，就能明顯地看出神喜愛多樣化。祂創造各式各樣不同的人，有不同的興趣、喜好、背景、個性。要為基督接觸所有這些人，需要不同型態的傳福音方法。信息必須相同，但是傳達的方法與型態會大不相同。

我一向拒絕辯論那一種傳福音方法最好，那要看對象而定！不同的餌，釣不同的魚。任何方法若能帶領至少一個人信主，只要它合乎道德我都喜歡。批評某種方法不好，有一天可能會很羞愧，想想：如果有一天上了天堂，卻發現所有在那裏的人都是因為那個方法信主的！我們不應該批評

> 絕不要批評任何神所賜福的方法！

任何一個神所賜福的方法。

你的教會若要傳福音有效果，就必須決定標靶。找出住在附近的人是那一類型的人，決定教會的裝備最能接觸那一種群體的人，然後找出一個最適合那一種群體的福音策略。雖然你的教會可能無法接觸到每個人，但它可能就特別適合接觸某一類型的人。知道你要接觸的對象，使傳福音容易得多。

想像如果一個廣播電台想要滿足每一個人的音樂喜好，就在古典音樂、重金屬音樂、鄉村音樂、饒舌歌、熱帶民族音樂、南方福音歌曲之間不斷轉換，結果會如何？沒有人願意聽那一台。

成功的廣播電台選擇它的聽眾群。對於他們的廣播地區加以研究，找出其他電台還未接觸的群體，選擇一個接觸這個群體的形式。

確認出傳福音的對象是馬鞍峰教會成長的第二個最重要因素。當我們找出教會最有能力向他們傳福音的群體以後，我們便設法得到他們。當我們計畫佈道事工時，我們的目標便一直在我們的心中。聖經決定我們的信息，但我們的對象決定我們要在何時、何地、以何種方式傳揚福音。

> 聖經決定我們的信息，但是我們的對象決定我們要在何時、何地、以何種方式傳達福音。

聖經的命令是，在你釐清你的教會目標以前，根本不必考慮傳福音的對象。聖經的根基一定要先建立。我看過一些教會以他們的對象，而不是以建

立神永恆的目標爲根基，來發展他們的福音策略。其結果便成爲一個不穩固，不合乎聖經，由市場需求來驅使，而不是由神的話來驅使的教會。信息絕不能妥協！

選擇特定的傳福音對象是合乎聖經的

以一群特定的人爲傳福音的對象，是合乎聖經原則的事。它是從新約時代就有的作法，耶穌有祂事工的特定對象：當一個迦南婦人要求耶穌醫治她那個被鬼附的女兒時，祂公開宣稱父要祂專注於「以色列家迷失的羊」（太十五：22-28）。雖然主耶穌最後因著迦南婦人的信心，醫治了她的女兒，但祂卻公開地確認祂事工的目標是猶太人。耶穌不公平、不公正嗎？當然不是！耶穌鎖定事工目標，爲的是能夠有效果，而不是排斥人。

再早，耶穌也曾教導祂的門徒選定事工目標。馬太福音十章5-6節說：「耶穌差遣這十二個人去，吩咐他們說：外邦人的路，你們不要走；撒瑪利亞人的城，你們不要進；寧可往以色列家迷失的羊那裏去。」保羅的事工對象是外邦人，彼得的事工對象是猶太人（加二：7）。兩種事工都需要，兩種都重要，兩種也都有效。

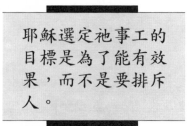

耶穌選定祂事工的目標是為了能有效果，而不是要排斥人。

甚至福音書也都是爲特定對象而寫。你曾否想過爲甚麼神要使用四個不同的作者，寫四卷書來傳達基督的一生？畢竟，大部分馬可福

音裏的故事與教導，都已經寫在馬太福音裏了；爲甚麼我們還需要兩卷書？因爲馬太福音的對象是希伯來人，而馬可福音的對象是外邦人。它們的信息相同，但由於是爲不同的讀者所寫，所以傳達的方式就不一樣。選定傳福音的對象是神發明的方法！祂期待我們以對象的用詞去傳福音。

大使命裏也有選定對象的觀念。我們要去使「萬民」作主的門徒，希臘文是 ta ethne，從這個字我們得到 ethnic（民族）這個字，意即「所有的群體」。所有的群體裏面的任何一個群體都需要一個傳福音的策略，使福音能透過他們的文化與認知來傳揚。

一九九五年三月，葛理翰牧師在波多黎各的佈道大會同時以116種語言向全世界廣播。信息一樣，但是被翻成每個國家的語言，其中並且播放適合不同文化的音樂及見證。超過一億的人，以適合他們那個群體的不同音樂、見證、語言，聽到福音的信息。這是歷史上最大的一個選定傳福音目標的例子。

選定傳福音目標對於小教會尤其重要。小教會資源有限，特別需要從有限的投資得到最大的回收。將你們教會的資源集中於最能傳達溝通的群體。此外，小教會得在困難的問題上做正確的選擇。比方說：一堂聚會的音樂不可能符合每一個人的喜好，而小教會又不可能提供好幾堂聚會，他們就必須選定對象。每個禮拜都更換音樂的風格，就會像那個想要吸引每一個人的廣播電台一般，最後誰也無法取悅。

大教會的一個好處是有足夠的資源能應付多種對象。教會越大，就越能在節目上、活動上、以及敬拜型態上提供多種選

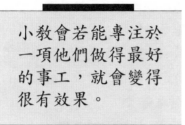

小教會若能專注於一項他們做得最好的事工，就會變得很有效果。

擇。當馬鞍峰教會剛成立時，我們只專注一個目標：沒上教會的白領階級年輕夫婦。我們把重點放在這一群人身上，因為他們是馬鞍峰最大的群體，也是我最能拉上關係的一群人。但是當教會漸漸成長，我們便能慢慢加上別的事工，去接觸年輕人、單身貴族、監獄犯人、老人、有毒癮小孩的父母，講西班牙語、越南話、韓文的人、以及許多其他的對象。

如何確認對象？

找出傳福音的對象，第一，要先找出你的社區的結構。你的教會必須從四個方面來確認對象：地理上，人口特性上，文化上，以及屬靈上。

當我在神學院上解經學及講道學時，我學到要瞭解新約的信息，必須先瞭解風俗、地理、文化、以及當時居住在當地的人的宗教背景，如此我才能萃取經文中不受時間限制的永恆真理。這個過程就叫「釋經」。是每個教導聖經的傳道人都使用的。

不幸的是，沒有一個課程教我，在向現代人傳達這不受時間限制的真理時，我必須先將我的社區加以「注釋」！如果我想要忠實的向他們傳達神的話語，我就必須對社區裏的地理、風俗、文化、宗教背景付出同等的注意力。

在地理上確認你的對象

耶穌對於傳遍福音有一套計畫。在使徒行傳一章8節祂爲門徒確認了四個地理上的對象：「但聖靈降臨在你們身上，你們就必得著能力；並要在耶路撒冷、猶大全地，和撒瑪利亞，直到地極，作我的見證。」許多聖經學者指出這正是使徒行傳接下來的章節裏所敘述的增長模式。福音的信息先傳到耶路撒冷的猶太人，然後是猶大，然後是撒瑪利亞，最後傳到歐洲。

在事工中，地理上的對象只是確認出你想要接觸的人住在哪裏。拿出一張地區地圖，把你的教會地點標示出來。估計出開車十五到二十分鐘距離的範圍，把範圍標示出來，當作你的事工區，這就是你的「傳福音魚池」。以郵遞區號爲範圍去詢問地方政府，就能查出居住在這個區域的人口數量。

當確認地理性對象時，有幾件事要記在心上。第一，「合理的車程距離」是非常主觀的說法。平均行車距離會因你所住的地方而有所不同。郊區的居民會比住市區的居民願意開更遠的路程。人們寧願在高速公路上開遠一點，而不願意開在幾哩長，有一連串紅綠燈的市區道路上。我的猜測是人們去教會時，最多只能容忍經過十二個紅綠燈。

第二，現代人選擇教會主要根據關係與節目，而不是地點。只因爲你的教會與某人近，並不表示你就能接觸到他。你的教會可能不適合他們。但是另一方面，如果教會滿足他的需要，會有一些人願意經過十五個其他的教會來參加你的教會。

第三，教會增長得越大，接觸面就越遠越廣。我們教會有

人開車一個小時以上來參加聚會，因為我們提供的某一項節目或扶持團契是他在別處找不到的。一個通則是：人們願意開較遠的距離去參加一個有多種事工的大教會，而不願去一個只做有限事工的小教會。

另一個界定事工地區對象的方法是，在教會的四周畫一個直徑五哩的圓圈，查出有多少人口居住在圓圈裏。這就是你**開始的事工**範圍。大約有65%的美國人口是非教會人口，這個比例在某些地區更高，特別是在西部與東北部的市區。如果你計算你事工區的人口，然後看看65%是多少，你就能找出真正的「待收割的莊稼」在那裏。

一旦確認了你地理上的對象以後，就會知道你的魚池裏有多少魚。這一點很重要，因為人口數量是決定你如何帶領他們進入教會的主要因素之一。在一個人口集中地，可能只需要集中在其中的一小部分人，就能增長成為大教會；若是在一個人口少的地區，那就必須發展出接觸不同群體的策略才可能增長成為大教會。

人口數量可以預測教會可能增長的大小。不管一個教會多麼信靠神，如果一個事工區的總人口數只有一千人，教會絕不可能大，這並不是牧師的錯誤，也不是會眾委身不夠。這只是算術。

我訪問過一些大都會的教會，他們選擇一個非常特殊的策略，可能只能接觸其中的0.5%的人口。但是因為有二十萬人居住在那個地區，教會仍然有一千人。如果你是在一個小村鎮，卻以為模仿他們的策略也能增長到同樣大小，那你就會大失所

望了。比較合理的是，你需要專注在所能接觸到的人口數量，
而不是真正的人口數量。一個能接觸到有二十萬人口城市中的
一千人的策略，若用在一個只有一千人的小鎮，則只能接觸五
十人。

教會與教會之間比較參加人數多寡是不智且枉然的。每個
教會都有它獨特的魚池，每個魚池都有不同數量及種類的魚。
兩個教會相互比較，就有如「柿子」與「獅子」比較，聽起來
很相像，但一看就有明顯的不同。

以人口統計來界定對象

你不只要知道居住在那個地區的人口數，還得知道是哪一
種人居住在那裏。首先，讓我警告你：不要太過於注重人口統
計！你可能浪費很多時間收集社區資料，卻不見得對教會有甚
麼幫助。我認識一些教會植堂者，花了幾個月的時間製作一份
厚重的人口統計資料，非常有趣，但大部分的資料卻對教會的
目標沒甚麼幫助。

你只需要找出幾個關於人口統計的資料就夠了。我認為想
瞭解傳福音的對象，最重要的幾個因素是：

- **年齡**：每一個年齡層有多少人口？
- **婚姻狀況**：多少單身成人？多少已婚夫婦？
- **收入**：收入的中間值與平均值是多少？
- **教育**：社區的教育程度如何？
- **職業**：最多人從事的工作是甚麼？

這裏每一個因素都會影響你牧養以及傳福音的方式。比方

說：年輕人與退休者的希望與恐懼不一樣。保證信耶穌上天堂
有永遠的生命的傳福音方式，對於年輕人可能沒有效，因爲他
們以爲他們還有一輩子好活，對於死後的生命沒太大的興趣；
他耗盡精力想要找出今生的意義與目的。美國全國性的普查顯
示只有不到1%的人對於「我怎樣才能上天堂？」這個問題感到
興趣。

　　向年輕人見證神的一個比較有效的方法是，說明我們的被
造使我們能通過基督**現在**就與神有交通。另一方面，許多老年
人對於永恆生命的準備非常有興趣，因爲他們知道在地上的時
間可能很快要結束了。

　　已婚夫婦與單身成人的興趣也不一樣；窮困的人面對的問
題與中產階級不一樣；有錢人有有錢人的煩惱；大學畢業的人
與高中畢業的人對世界的看法也不一樣。瞭解你傳福音對象的
看法非常重要。

　　如果你要教會能在你的社區發揮影響力，你必須成爲你社
區的專家。牧師應比任何人對他的社區都更瞭解。如同我在第
一章解釋的，在搬到這個社區之前，我花了三個月的時間研究
普查統計及人口統計資料，找出居住在馬鞍峰的人是哪一些
人。在我踏上這裏之前，我就已經知道多少人住在這裏，在哪
裏工作，他們收入多少，教育程度，以及許多其他的事情。

　　你去哪裏找這些資料？有幾個地方：美國人口普查圖書館
(U. S. Census Library)、縣市都市計畫部、報社辦公室、United
Way（美國民間的慈善機構，譯註）、當地的商會、當地承包
商、房地產商、水電公司。大部分的大教派也有人口統計資

料，你可以借閱。

以文化來界訂對象

瞭解你社區的人口統計固然重要，但瞭解你社區的文化更重要。這是你在普查統計裏找不到的。我使用「文化」來表示在你教會四周的人的生活型態與心理定位。在企業界稱之爲「心理座標 (psychographics)」，代表人們的價值觀、興趣、傷害、恐懼。早在企業界懂得心理座標之前，宣教士就已經確認出文化與文化之間的差異了。

> 教會增長的阻礙之一就是「人的盲目」。

沒有一個跨文化的宣教士會不先對宣教地的文化進行瞭解，就開始傳福音，展開事工。在今天的世俗環境當中，先瞭解我們要牧養地區的文化也是很重要的。我們不用去贊同當地的文化，但是我們要瞭解。

在你的社區裏，可能有許多次文化，或次群體。要接觸這些群體，必須先找出他們在想甚麼？他們的興趣是甚麼？他們的價值觀如何？他們有甚麼傷害？他們害怕甚麼？他們生活方式最大的特徵是甚麼？最受歡迎的廣播電台是哪一台？你對人知道得越多，就越容易接觸到他們。

教會增長主要的阻礙之一就是「人的盲目」，不懂得人與人之間社會文化的差異。所有的白人都相似嗎？當然不是。所有的黑人都相似嗎？當然不是。所有的亞洲人都一樣嗎？不是。一雙訓練過的眼睛，能看出你的地區裏人與人之間的不同。

找出人們的文化、心理定位，以及生活方式最好的方法就是親自與他們談話。你不需要雇一個市場調查公司，只要出去，與社區裏的人面對面，自己做調查。問他們覺得甚麼是最大的需要。聆聽他們的傷害、興趣與懼怕。沒有任何書本或人口統計資料能取代你親自與社區裏人的談話。統計只提供圖畫的一部分。你必須自己花時間與人相處，從一對一之間，去感覺你的社區。我相信

> 要找出人們的文化、心理定位、以及生活方式，最好的方法就是與他們談話。

除此以外，別無他途。

在屬靈上界定對象

在以文化界定了你的對象之後，你必須找出社區裏人們的屬靈背景。找出在那一個社區，有多少人已經知道福音。例如：在我研究馬鞍峰地區時，我發現橙縣有94％的居民相信有神，或宇宙中有靈，75％的居民相信聖經裏的那位神，70％相信人死後有生命，52％的人相信人生在世有一個屬靈的目的。知道這些非常重要，如此才能知道要從那裏開始。

為了要知道社區裏的屬靈情勢，你可以探訪在同一地區其他的牧者。在一個社區服事十幾年的人，應該比較知道當地所發生的事情以及屬靈趨向。

在我搬到加州開始教會之前，我一一拜訪每一位在馬鞍峰的福音派牧師，聽取他們對於馬鞍峰的屬靈需要的意見。這個

任務非常簡單。我到公共圖書館，找到一本橙縣的電話簿，找到「教會」那一部分，抄下所有在馬鞍峰的福音派教會的人名地址。然後，我寫一封信，向每位牧師解釋我在做甚麼，然後請他回答信封裏附回郵的卡片上的六個問題。我大概收到三十封左右的回信。我得到一些洞見，並與許多牧師展開長期的友誼。

幾年前，我讀到一篇紐約大學有關美國人的宗教生活的研究報告，研究顯示90％聲稱參加某種宗教團體。但是這卻不表示他們積極的實行他們的信仰，只表示幾乎每一個美國人在過去跟某個宗教組織有聯繫。

「未加入教會者」這個名詞並非只是指從來沒去過教會的人，也包括有教會背景，卻沒有跟基督建立個人關係的人，以及那些已經很久，甚至多年沒去教會的人。

百分之二十六的美國人聲稱是天主教背景。如果在西海岸，你的對象很可能曾經是天主教徒；如果你是住在南方，你最大的群體可能是那些聲稱自己是美南浸信會背景的人（30％）；若是在北達科塔州，與你談話的未加入教會者可能是路德會背景的（28％），而在堪薩斯州或愛荷華州，可能是衛理公會背景（13％）；在愛達華州、懷俄明州及猶他州，可能會碰到摩門教背景。你需要瞭解你的地區！

每當我向某個與基督沒有關係的人傳福音時，我便試著從他的宗教背景找出我們的共同點來。比方說：當

在美國的未加入教會者，並不都相像。

我與一個天主教徒談話時，我知道他們接受聖經，但是很可能從來沒有讀過，他們接受三位一體，童女生子，耶穌基督是神的兒子。我們便在一些事件上有一致的看法。我的工作便是與他交通關於一個基於做善事的宗教，以及一個因著恩典而得以與基督建立的關係，兩者之間的差異。

我在牧者研習會當中演講，常有牧師告訴我說，他們的教會「就像馬鞍峰教會」。我問道這是甚麼意思，回答是：「因為，我們也是專注在帶領未加入教會者。」我說：「好極了！你們帶領甚麼樣的未加入教會者？」未加入教會者並不都相像！說你的對象是「未加入教會者」，是一個不完整的敘述。在柏克萊的那些未加入教會的學者，與在弗斯諾的農夫，以及在洛杉磯的新移民是很不相同的。

為教會傳福音的對象做確認，是一件必須花時間、下苦功的工作。但是一旦你完成了這個研究，你就會明白為甚麼一些福音策略在你的地區有效，而一些則無效。這可以節省你很多的精力與金錢，不至於無謂地使用無效的方法。

在一九八〇年代初期，一些教會曾經嘗試用電話行銷的方法來傳福音。馬鞍峰從未加入此行列，為甚麼？因為在我們做對象調查時，我們就已經發覺兩件事：第一，我們知道橙縣居民覺得最煩擾的事情是：「陌生人打電話向我推銷東西」。第二，我們知道一半以上的社區居民的電話號碼都是不公開登記在電話簿上的。叫我驚訝的是，很多教會花費幾千塊錢在一些福音策略上，卻不事先詢問那些他們打算接觸的對象，看他們覺得行不行得通。

將對象個人化

一旦收集到社區裏的資料，我鼓勵你創造出一個典型的教會圈外人的綜合寫真。把社區裏居民的特徵混合成一個單一、虛構的人物，會使得你教會的成員容易瞭解傳福音的對象是誰。如果你做得好的話，你教會裏的人會認出這個人就是他們的鄰居。

在馬鞍峰教會，我們稱這個合成的人物為「馬鞍峰的老馬」。馬鞍峰教會的人都能毫不遲疑地描述出老馬的樣子。我們在每個會員班詳細討論老馬。

馬鞍峰的老馬是住在這裏的一個典型不去教會的人，年紀大約是三、四十歲左右。他有大學或更高的學歷（馬鞍峰的平均學歷是全美最高）。他與馬鞍峰的曼莎結婚，有兩個小孩，士恆與士君。

調查顯示，老馬很喜愛他的工作，喜歡他住的地方，認為他比五年前更享受生命。他對於他的人生很滿足，甚至自傲。他可能是一個專業人士，一個經理，或是成功的企業家。老馬是美國人中最富裕的之一，但是他背負巨額貸款，尤其是房子的貸款。

健美是老馬和他的家庭最關心的事。你常常可以在清晨看到老馬慢跑，曼莎一個禮拜去家庭健美中心參加三次的有氧舞蹈班。他們兩位都喜歡聽熱門及鄉村音樂，尤其是在他們運動健身時。

社交方面，老馬和他太太都比較喜歡混在大群人裏，而不

我們的目標人物
馬鞍峰老馬

他受過良好
的教育。

他喜愛
他的工作。

他喜愛他
所住之處。

健康與健美是
他與家人
最注重的。

他寧可混在
大群人中，
而不願在
小圈子之間。

他對於
"有組織的"
宗教表懷疑。

他喜歡
現代音樂。

他認為
他比五年前
更享受生活。

他很自滿
甚至自豪於
他的生活地位。

他較喜歡
輕鬆隨意
的裝扮。

他的時間
與金錢都
已用到極至。

願在小群人當中。爲甚麼？因爲在一大群人當中，老馬才能維持他小心守衛的隱私權。老馬的電話是不登記在電話簿裏的，他們很可能住在一個有著圍牆環繞四周的社區裏。（這是爲甚麼在第一年時我們使用直接郵寄廣告的原因，這是能夠接觸到這個社區裏許多家庭的唯一方法。）

老馬的另一個特質是，他對於他自己所謂的「有組織的宗教」持懷疑的態度。他非常可能說：「耶穌我是相信的，我只是不喜歡有組織的宗教。」我們喜歡以開玩笑的方式反駁說：「那你一定會喜歡馬鞍峰，因爲我們是一個**沒有組織**的宗教。」

因爲老馬是一個南加州人，所以他喜歡輕鬆休閑的非正式聚會，而不喜歡僵硬刻板的正式聚會。他喜歡跟著溫和的南加州氣候，隨意穿著。我們把這些都列入設計聚會的考慮中，以便吸引老馬來參加。比方說：我在馬鞍峰教會講道從不曾穿西裝打領帶；我故意穿著輕鬆來順應我所要接觸的對象的心態。我跟隨保羅在哥林多前書九章20節的策略：「向猶太人，我就作猶太人，爲要得猶太人。」若處在我的情況，我相信保羅會說：「當我在南加州，我就像南加州的人，爲要得南加州人！」我相信我們怎麼穿著，對耶穌來講並不重要。我們寧可要一個未信者穿著網球鞋與短褲來教會，而不願他因爲沒有一套西裝而不來教會。

馬鞍峰的老馬在金錢與時間上都已經發揮到極致。他的信用卡已經用到最高上限，他非常看重物質，但是卻仍誠實的承認他的財富並沒有帶來永遠的幸福。

我們爲甚麼必須如此麻煩的勾勒出我們所要接觸的人物的

典型？因爲你越瞭解一個人，便越容易與他溝通。

　　如果你要創出你那地區典型居民的寫真，你要給他甚麼特徵？要給他取甚麼名字？這些都值得你好好的想一想。你一旦確認了你教會傳福音的對象，並取了名字，請幫我一個忙：寄給我一份拷貝。我有一個愛好，就是收集教會傳福音對象的寫真。我有一個檔案，全都是一些人物寫真，例如：**達拉斯的老大，孟斐斯的老鰻，亞特蘭大的阿蘭。**

　　你能想像一個攝影師不花時間調整焦距嗎？或是一個獵人站在山頭，隨意朝著山谷裏發射，而不對準獵物？沒有目標對象，我們傳福音的努力往往只是一種期望罷了。對準焦距與獵物當然花時間，但卻是值回票價的。焦點對得越準，就越可能擊中目標。

10

找出你最易接觸
的對象

他先找著自己的哥哥西門，對他說：
「我們遇見彌賽亞了。」

約翰福音一：41

耶穌在屋裏坐席的時候，有好些稅吏和罪人來，
與耶穌和祂的門徒一同坐席。

馬太福音九：10

即使隨意翻閱新約，你也能發現福音廣傳主要是藉著人與人的關係。當安得烈一聽到耶穌，就趕快去告訴他的哥哥西門彼得。腓力立刻聯絡他的朋友拿但業。稅吏馬太立刻辦一個福音筵席請他的稅吏朋友們。井旁的婦人立刻告訴她村裏的每一個人關於基督的事。還有更多這樣的例子。

我相信最有效的傳福音策略就是試著接觸與你有些共同點的人。在找出你社區裏所有可能的目標群體之後，如何決定哪一個群體是你的對象呢？答案就緊跟著你最有可能接觸的人。

我們已經討論過，每個教會都有適合他們類型的人。一定有一些人對你的教會來說，是比較容易接觸的人，另有一些人是較難接觸的人；還有一些人是你的教會無法接觸的人，因為他們要求一種完全不同型態的牧養方式，是你的教會無法供應的。

人們不願加入你的教會的原因有許多：神學上的包袱、關係上的包袱、情緒上的包袱、生活型態的包袱、以及文化的包袱。雖然前四個阻礙都是非常真實的阻礙，但是在這一章，我要專注在文化的包袱上。你的會員最有可能接觸的人，就是那些最能與你教會目前文化相容的人。

已經參加我們教會的是哪種人？

如何決定你教會的文化？問問自己：「目前已經參加我們教會的是哪一種人？」這一點也許會使一些牧師覺得灰心，但是這卻是真相：你目前會眾裏的類群，就是你最可能吸引的類群。你的教會不可能吸引並留住許多與現在教會類群大異其趣的人。

每當訪客走進你們教會時，他第一個問題不是宗教上的問題，而是文化上的問題。當他們的眼睛掃過房子裏一個個陌生的面孔時，正潛意識地問道：「這裏有沒有像我這樣的人？」一對退休的夫婦尋覓是否有其他上了年紀的人在會眾之間；一個軍人會找看看有沒有其他人穿著制服或理著軍人髮式；有嬰兒的年輕夫婦掃視人群，看看是否有其他帶著嬰兒或小孩的年輕夫婦。如果訪客在人群中找到與他們相似的人，他們就很有

可能再回來。

一個全是已退休者的教會可能帶領青少年嗎？不可能。一個全是由軍人組成的教會可能接觸和平運動者嗎？很不可能！一個基本上是由藍領工人組成的教會能接觸白領管理階層嗎？可能，但絕不是常態。

當然，作爲信徒，我們理當歡迎所有的人進入教會大家庭，我們在神的眼中都沒有分別。但是記得，承認「一個教會或許無法接觸某一類型的人」這個事實，並沒有對或錯，只是對於神創造各式各樣的人在地上這件事表示尊重。

我們的領袖是甚麼類型？

幫助我們找出教會最能接觸的人是誰，第二個要問的問題是：「教會領導者的文化背景與個性爲何？」領導者的個性，包括支薪的與平信徒領袖，對於教會的事工影響很大。許多研究都顯示，很多人選擇他們教會的理由是因爲他們認同這個教會的牧師。這裏請別誤會：牧師不會吸引第一次來的人，但是他卻**是**這些訪客再回來（或不再回來）的

> 牧師不會吸引第一次的訪客，但他卻是訪客是否再回來的主要原因。

主要原因。當訪客認同這位牧師時，他們便非常可能再回來。

如果你是一位牧師，你必須誠實地自問：「我是哪一類型的人？我的文化背景爲何？哪一種人是我能自然合得來的，哪一種人是我難於瞭解的？」你必須對於自己的類型，以及你最

容易合得來的對象，作一個坦白的分析。

　　當我還在大學讀書時，曾經在一個幾乎都是由卡車司機和機械師組成的小教會作臨時牧師。由於我完全沒有機械方面的背景，也完全不懂機械方面的事，與會友之間做一個相互瞭解的談話，對我而言就很困難。雖然我真的很愛他們，我卻像出水的魚，而他們也曉得。他們對於這個年輕牧師非常尊敬，但是我一點也不是那個教會需要的牧師。他們需要一位適合他們的領袖。

　　另一方面，與企業家、生意人、經理、教授在一起，令我覺得自然無比。事實上，我也注意到他們很被我的牧會事工所吸引。這並不是我計畫要如此，這實在是神造我如此。

　　我深信神以不同的方式塑造我們，呼召我們，去接觸不同種類的人。你能接觸一些人，是我絕對無法接觸到的；而我也可能接觸一些人是你無法接觸的。這就是為甚麼在基督的身體裡，需要你和我的緣故。如果神呼召你來事奉，你的個性與能力也必定是計畫的一部分。你是藉著神給你的個性來服事。神塑造你這個樣子一定有一個目的。如果祂呼召你作一個牧師，便意味著在這世界上的某個地方，一定有一些人是你比其他的人都較能接觸的。

　　當你尋求分辨神對於你的事工的方向時，請記住兩個原則。

　　你最能接觸的人是與你有共同點的人。你最容易帶領信耶穌的人，是那些跟你最相像的人。這並不是說你就無法接觸跟你不相像的人，你當然可以，只是比較困難。有些牧師最能與受高等教育的知識份子合得來，另有一些牧師能跟比較單純的

普通人融洽相處。兩類的群體都需要耶穌，也都需要一位能瞭解他們、喜愛與他們相處的牧師。當你適合你的對象時，你才能發揮最大的貢獻。你便能照你的本相，發揮影響力。

第二，**作為一個領袖，你是甚麼樣的人，就吸引甚麼樣的人，而不是吸引你想要的人**。當我開拓馬鞍峰教會的時候，我二十六歲。不管我多努力，都無法吸引任何超過四十五歲的人來加入我們教會；我們的會眾年齡層與我相當。一直到我增聘了比我年長的同工，我們才有辦法接觸年長的人。現在，我自己進入中年，我已經開始增聘比較年輕的同工，去與比我年輕的人取得關聯。

有時候，由於牧師想要接觸某個特定的群體，對於他們自己是怎樣的人就不夠理智。我認識一位五十幾歲的牧師，農耕的背景，想要開始一個專門接觸年輕小伙子的教會，因為他看到別人這樣作，成果似乎非常令人興奮。這個教會失敗得很慘。他後來承認道：「我就是無法調準到他們能接收的『頻率』。」

> 你是甚麼樣的人就會吸引甚麼樣的人，而不是吸引你想要的人。

若是在這兩個原則之外，有例外發生，那麼，你便是有我所謂的「宣教士的恩賜」。「跨文化」的牧養能力，需要特殊的恩賜，那是一種從聖靈來的特別能力，才能夠與背景文化都有異於本身的人交通。

使徒保羅明顯地有宣教士的恩賜。他的成長背景使他成為

「希伯來人中的希伯來人」（腓三：5），然而，神呼召他建立外邦人的教會。我認識一些在郊區長大的牧師，卻做市中心的事工做得很成功。我也看到一些生長在南方的牧師，卻在北方被神大大使用。有這種恩賜的牧師，是這兩個原則的例外。

爆炸性的增長，往往發生在社區裏的人口類型，與在教會裏的人口類型相符，而教會牧師又是同類型的人時。但是，如果會友與牧師類型**不配合**，則只有「爆炸」而沒有增長了！許多教會的衝突都是由於不相配領導者引起的。把錯誤類型的領導者安置在一個教會裏，就好像把汽車電池的導電纜正反極接錯一般——馬上迸出火花。

我常常見到許多牧師在一個社區裏的牧會工作有極大的困難，因爲他們的文化背景不相配。問題不在於獻身不夠，而是背景！把一個敬虔屬神的人放在錯誤的地方，也只能產生平凡的結果。

我個人絕不懷疑，如果我是在美國的其他許多地方牧會，會是徹底的失敗，因爲文化背景不適合。神造我並用我在最適合我的地方牧會；我們教會許多生命被改變的家庭可以證明這一點。

有時候，一位牧師最有智慧的一件事是，承認他不適合那個教會或社區，並且搬到別的地方去。幾年前，馬鞍峰教會在附近爾凡地區(Irvine, 加州)開拓一個新教會，我的一個朋友從亞特蘭大到這裏牧養。他在亞特蘭大開拓的教會已經增長到超過兩百人，所以我知道他有植堂的恩賜。大約八個月之後，這個教會還是在起步階段。

　　我就問約翰，他覺得問題出在那裏。他說：「很明顯地，我不適合這裏。這個地區全都是有青少年子女的中年富裕夫婦。」

　　於是，我對他說：「你認為你最能接觸的是甚麼人？」

　　約翰說：「我覺得我能接觸有學齡前子女的夫婦，第一次離家自立的單身成人，我瞭解他們的問題。」

　　「那麼我們必須把你遷移到漢丁頓海灘(Huntington Beach)地區！」我說道。我們便把約翰遷到漢丁頓海灘，開始一個新教會，一年以內，這個教會已經有超過兩百人參加聚會。

　　我有另一個朋友，在加州長堤牧養一個黑人教會。有一天他來找我，為著教會毫無增長而灰心喪志。我很快發現他不適合他會眾的教育水準。他有好幾個碩士以上的文憑，使用的字彙都是複雜深奧的，而他教會大部分的成員都頂多只有高中畢業。他講道的風格只是在驅走人而已。後來發現，就在他牧養的教會四哩遠之外，有許多黑人專業人士居住在那裏。我便建議他向目前的教會請辭，在長堤的另一區開拓一個教會。他真的這樣做，兩年以後，消息傳來，每個禮拜天有超過三百人參加主日崇拜。

　　如果你是一位牧師，正掙扎於「不適任」的事工，也不適合你的地區，對我剛剛描述的，你說不定一直都有同感。不要喪氣！不適合某一個地方不是罪，搬走就是了。如果神呼召你牧會，並且給你恩賜，祂一定會為你預備一個適合你的地方。

如果我們的教會不適合我們的社區，怎麼辦？

　　往往，社區在改變，但是教會的體質卻沒有改變。如果你在一個與社區不相合的教會服事，你怎麼辦？

強化你的長處

　　不要嘗試成為別人。如果你的教會基本是由老年人組成的，那麼就決心成為一個最有效的老人事工。不要嘗試把會眾變成年輕人。強化你目前已經在做的，而不要擔心你不能做的。繼續你一直做得好的，把它做得更好。很可能在你的社區裏潛藏著一些人，只有你的教會有辦法接觸。

重新發現會眾

　　重新發現會眾是為了要刻意改變會眾的組成分子，以期能配合新的對象。這個步驟包括以全新的節目更換舊的節目，並改變組織結構，以及敬拜的型態。

　　在這裏我要講清楚：**我不鼓勵這樣做**！這是一個很痛苦的過程，可能要經過許多年。人們可能會因為這樣巨大而不可避免的衝突而離開教會。如果是你主導這個程序，你很可能被老會友譏罵成撒旦的化身，除非你已經比任何人在那個教會都久了。我見過成功的例子，但其中包含了無比的堅持以及對於各種批評的包容。要這樣做，必須有一位非常慈愛、忍耐、又有恩賜的牧師來帶領會眾重新發現這個教會。

　　除非神要你這樣做，否則就是在一個超過一百人的教會，也根本連考慮都不用考慮這樣做。這是一條殉難的路徑。但是，如果你是在一個少於五十人的教會，這對你或許是一個很

好的選擇。小教會的好處是，只需幾個家庭離開，幾個家庭加入，便可以將整個教會完全改頭換面。但是，教會越大，越不可能這樣做。

開始一個新的聚會

第三個選擇是我最喜歡推薦的。有幾個方法可以開始一個新的聚會去接觸社區裏的新對象。第一，你可以增加一場不同敬拜型態的聚會，來接觸目前聚會型態所無法接觸的人。美國各處的教會都在開始第二或甚至第三場敬拜聚會，使選擇性增加，並接觸更多的人。

第二個方法是，開始一項事工，刻意使這項事工形成一個自我扶持的會眾。開始一個新的會眾是成就大使命最快的方法。

你或許記得高中時生物所教的，生物成熟的基本特徵是它的再生性。我相信對於教會也一樣，聖經將它比作「身體」。真正成熟教會的記號就是會產生嬰兒：開拓其他的教會。

你並不需要成為大教會，才能開拓新的會眾。馬鞍峰教會開拓第一個子教會是在我們的教會才一歲時。從那個時候開始，我們每一年至少開拓一個子教會。前面我提過，在我們十五週年時，我們已經開拓二十五個教會。

辨識社區裏的屬靈接受程度

耶穌在撒種的比喻裏（太十三：3-23）教導我們，人們的屬靈接納程度差異極大。就像不同的泥土，人們對福音的回應也不相同。有些人對於福音態度很開放，有些就很封閉。在撒

種的比喻裏，耶穌舉出了硬心、淺心、分心、以及接受的心。

要福音收到最大的果效，我們必須把種子撒在好土——那種能結實百倍的泥土。沒有一個心態正常的農夫會浪費他的種子在貧瘠不結果的泥土上。同樣的，粗心、毫無計畫的傳播福音，是差勁管家的心態。基督的信息太重要了，絕不容許我們浪費時間、金錢、及精力在沒有結果的方法和泥土上。我們必須策略性地接觸這個世界，把我們的努力集中到能產生最大衝擊的地方。

甚至在你教會的目標群體裏，屬靈的接受程度也有所不同。屬靈的接受程度有如浪潮來來去去，人在人生的某些階段會對於屬靈的真理比較開放。神使用各種工具來挖鬆我們的心田，準備讓人可以得救。

接受程度最好的是哪些人？我相信有兩大類的人：在轉換過程中的人，以及在壓力之下的人。神使用改變與痛苦來贏得人的注意力，使人能夠接受福音。

在轉換過程中的人

任何時候，若正經歷重大變化，不管變化是正面或負面，似乎都會形成一種靈性飢渴的狀態。目前世界急遽的改變，使

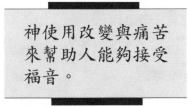

神使用改變與痛苦來幫助人能夠接受福音。

得人們感到恐慌與不安定，因而對於屬靈的事情產生很大的興趣。杜艾文（Alvin Toffler）說，當改變太大時，人們就開始尋找「安定

的島嶼」。這個浪潮是教會需要乘上的。

在馬鞍峰教會，我們發現人們在面對改變時，例如：新婚、新生兒、搬新家、新工作、或新學校時，對福音的接受度較高。這就是爲甚麼教會在人們一直遷移進來的新社區，通常增長得較那些四十年的老社區爲快。

在壓力之下的人

神使用各種情緒上的痛苦來得到人的注意力：離婚的痛苦、親愛的人過世的痛苦、失業的痛苦、財務問題的痛苦、婚姻家庭的難處、孤單、悔恨、罪惡感、以及其他許多壓力。陷在懼怕或擔憂的人，常常會開始尋找一個比他自已更強大的東西來解除痛苦，填補心裡的空虛。

我無意宣稱這些認知毫無錯誤，但是基於十五年的牧會經驗，我提供下面這些類群，是我認爲我們在馬鞍峰接觸十個接受度最高的群體：

1.第二次來教會的訪客

2.初信者的親戚朋友

3.剛剛經歷離婚的人

4.覺得需要康復治療的人（酗酒、吸毒、性等等）

5.第一次爲人父母者

6.患絕症者及其家屬

7.有嚴重婚姻問題的夫婦

8.有問題子女的父母

9.新近失業或面對嚴重財務問題的人

10.社區的新住戶

你們教會的一個可能目標，也許是發展出一套節目去接觸你社區裡接受度最高的人群。當然，如果你開始這樣做，可能會有人說：「牧師，我想在我們嘗試接觸新的人之前，我們應該先試著把那些失落的老會友設法帶回來。」這個策略絕對會帶來教會衰退，是行不通的。把一個不滿意或屬世的老成員弄回來所要花的精力，是帶領一個願意接受的非信徒的五倍。

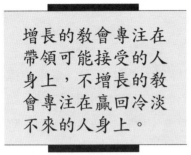

增長的教會專注在帶領可能接受的人身上，不增長的教會專注在贏回冷淡不來的人身上。

我相信神呼召牧者捕魚及牧養綿羊，而不是圍捕山羊！那些不活躍、停止來聚會的會友也許為了某些原因，該加入別的教會。如果要教會增長，應該把注意力放在可能接受的人們身上。

一旦你知道：你的對象是誰，誰最可能是你接觸的人，你的社區裏，哪些人是對福音接受度最高的群體，你便已經準備好進行下一步：建立起教會的福音策略。

發展策略

> 所以，在甚麼樣的人當中，我就作甚麼樣的人；
>
> 無論用甚麼方法，我總要救一些人。
>
> 哥林多前書九：22（現代中文譯本）

> 耶穌對他們說：「來跟從我！我要教你們成為得人的漁夫。」
>
> 馬太福音四：19（現代中文譯本）

我的父親是我所見過最好的釣者。如果整個湖或整條河裡只有一條魚，他也能捕到那條魚。這一點一直叫我驚訝不已。如果我們十個人一起釣魚，我父親一定把魚都釣光了。他怎麼做到的呢？是魔術？還是神比較愛他？

當我漸漸長大，我便開始瞭解他的秘密：我爸爸懂得魚。他會「讀」湖，看出魚到底躲在哪裡；他知道一天裡甚麼時刻，魚愛吃甚麼；他知道甚麼魚該用甚麼餌或鈎；他知道甚麼溫度該換甚麼餌；他似乎也明確的知道線該放進水裡多深。他盡可能地吸引魚，讓魚能容易上鈎——牠們果然上鈎了！他以魚的性向來釣魚。

相反的，我釣魚從來沒有策略。我只是把釣鈎往湖裡拋，

希望有甚麼東西會來咬。魚很少上我的鈎，因爲我採取的態度是願者上鈎。我總是享受戶外生活多於真正釣魚。而我的父親則會爬過樹叢，讓水漫到腰際，爲要到魚所在之處。我的釣魚點總是在我自己覺得最舒適的地方。我毫無策略，結果亦顯示如此。

不幸地，很多教會對於得人的態度也是這般裝模作樣。他們沒有花時間去瞭解他們想要接觸的對象，他們也沒有任何策略。他們想要以一種最舒適的方式爲基督得人。

傳福音有效果的秘訣不只在於分享基督的信息，並且要效法基督的方法。我相信耶穌不只給我們該說的，也教我們該怎麼說。祂有一套策略。如果我們願意應用的話，祂已示範給我們一套到今天仍然有效的傳福音原則。

在馬太福音第十章與路加福音第十章，對耶穌的福音策略有非常發人深省的描述。在耶穌差遣門徒出去傳福音之前，對於該向誰傳，該略過誰，該說甚麼，該怎麼說，都有清楚的指示。在這一章裡，我們沒有足夠的篇幅去將耶穌所說的每一點，再加以詳細注釋。但是，我要將耶穌給門徒的指示歸納成五個傳福音的釣魚（得人）守則。馬鞍峰教會的傳福音策略就是根據這五個守則建立的。

知道你要釣甚麼

你要釣那一種魚決定策略的每一個部分。釣鱸魚、鯰魚、鮭魚，都必須在不同的時間，使用不同的器具、餌。釣鱒魚的方法與釣馬林魚的方法不同。釣魚沒有那種一釣通吃的事。對

付每一種魚都有它特定的一套策略。得人也是一樣的道理——要知道你想得的是甚麼！

當耶穌差遣門徒出去傳福音時，祂把對象界定得很明確：專注在他們的同胞。「耶穌差這十二個人去，吩咐他們說：

『外邦人的路，你們不要走；撒瑪利亞人的城，你們不要進；寧可往以色列家迷失的羊那裡去』」（太十：5-6）。

> 釣魚沒有「一釣通吃」的事，必須先知道你要釣什麼魚！

耶穌縮小目標的理由可能有很多，但有一件事是確定的：他鎖定的對象是門徒們最可能接觸到的——即與他們相像的人。耶穌並非有偏見，祂只是有策略。就如同我在第九章提到的，耶穌鎖定對象是為了有果效，而不是要拒人於千里之外。

到魚願咬餌的地方去

在魚不咬餌的地方釣魚只是浪費時間。聰明的釣者瞭解魚在一天當中不同的時刻，在不同的地點覓食；它們並非一天到晚都是饑餓狀態。

這就是我上一章裡提到的，分辨屬靈接受程度的原則。非信徒在人生的某一些時刻對於屬靈的事情較有反應。這「接受時刻」往往只有短短的一段時間，這就是為甚麼耶穌吩咐門徒去願意聽的人當中。當聖靈準備好易於接受的心時，我們要把握機會。

　　注意耶穌在馬太福音十章14節的指示：「凡不接待你們、不聽你們話的人，**離開那家，或是那城**的時候，就把腳上的塵土跺下去。」這句話很重要，我們不能忽略。耶穌告訴門徒他們不應該繼續留在沒有反應的人當中。我們本不該摘取未熟的果子，而應該收取那些已經成熟的果子。

　　在開始馬鞍峰教會之前，我常在許多教會帶領培靈會或佈道會。通常，在當天下午，當地教會牧師會帶我去做福音拜訪。往往，牧師會帶我到前一個佈道者已經去過，而沒有成功的人家裡去。這實在是浪費時間。

　　放著社區裡一大群接受度較高、等著第一次聽到福音的人不管，卻一直不斷去攪擾一個已經拒絕基督十幾次的人，算是好管家嗎？我相信聖靈要指示我們到祂已經準備好要回應的人那裡去。耶穌要我們不用爲那些沒有反應的人掛心。跺下腳上的塵土繼續往前走吧。

　　使徒保羅的策略是走進打開的門，而不用浪費時間去敲關閉的門。同樣，我們也無須浪費精力在那些還沒準備好要聽的人身上。世上有太多的人已經準備好接受基督，而這些人遠比準備好要爲基督作見證的人多得多。

學像魚一樣思考

　　要抓魚就必須瞭解魚的習性、嗜好、飲食習慣。有些魚喜歡靜止、緩流的溪水，有些卻喜歡在急流的河川裡游。有些魚在河床上爬行，有些則喜歡躲在岩石下面。成功的釣者必須能像魚一樣思考。

耶穌往往知道非信徒在想甚麼（參閱太九：4；十二：25；可二：8；路五：22；九：47；十一：17）。祂與人交接非常有果效，因為祂瞭解、也能夠解決他們的心理障礙。

歌羅西書四章5節說：「你們跟非基督徒來往要有智慧，要把握機會」（現代中文譯本）。我們必須懂得非信徒怎麼思考，以贏得他們。

問題是，信徒作得越久，思考方式就越不像非信徒。你的興趣與價值觀都改變了。由於我幾乎有生以來就是個基督徒，所以我一向的思考方式就是基督徒的思考方式。更糟的是，我的思考方式是

> 信徒作得越久，思考方式就越不像非信徒。

牧師式的，這就與非信徒的思考方式離得更遠了。我必須刻意地改變思考方式，去與非基督徒拉上關係。

如果你看大部分的教會廣告，你會明顯的發現廣告是從信徒的觀點寫的，而不是從一個未加入教會者的觀點寫的。教會廣告上面寫著說：「傳講神永不失誤（inerrant）的道！」這樣的敘述當然不吸引非信徒。我個人認為聖經永不失誤（inerrant）是沒得爭辯的事實，但是未加入教會的人根本不懂這些名詞。這些基督徒熟悉的屬靈名詞，對於非信徒來說，只是一堆沒有意義的胡言亂語罷了。如果教會要向未加入教會者登廣告，就必須學著以他們的想法去講他們的話。

我常常聽到牧師抱怨說，今天的非信徒比以前的人更抗拒福音。我一點也不相信這句話。往往，抗拒只是因為差勁的傳

播方式使信息沒有被表達清楚。教會必須停止抱怨人們的心門對福音緊閉，同時開始找出如何對準非信徒的頻率去傳達福音。不管我們的信息能怎樣改變生命，如果我們以不同於非信徒的頻率去播放我們的信息，仍然是一點用處也沒有。

要怎樣才能像非信徒那樣去思考？與他們談話！傳福音最大的阻礙就是基督徒花太多時間與其他的基督徒在一起。他們沒有任何非基督徒朋友。如果你不花時間與非信徒在一起，你就無法瞭解他們在想甚麼。

如同我在第一章裡分享的，我是以十二個禮拜向我地區裡的非信徒作挨家挨戶的談話調查來開始馬鞍峰教會的。在那之前六年，我讀過舒羅伯牧師（Robert Schuller）的書《你的教會有潛力》（Your Church Has Real Possibilities），裡面說到在一九五五年時，他如何挨家挨戶去探訪，並詢問好幾百個人：「你爲甚麼不去教會？」以及「你希望在教會裡得到甚麼？」我想，這是一個很好的主意，但是這些問題的語句需要重新整理，以適合多疑的八〇年代。於是，我在我的筆記本寫下五個問題，用來開始馬鞍峰教會。

1. **你覺得這個地區最大的需要是甚麼？**這個問題只是讓人願意跟我說話。

2. **你目前固定參加任何教會嗎？**如果他們的回答是「是」，我就謝謝他們，然後移到下一家。就不用再問以下的問題了。因爲，我不想讓我的調查被信徒的意見所影響。注意，我不是問：「你是某個教會的會友嗎？」許多人雖然已經二十年不上教會了，還是宣稱自己是某教會

的會友。

3.**你想為甚麼大部分的人不去教會？**這樣問似乎比「你為甚麼不參加教會？」不具威脅性與攻擊性。今天很多人對這樣的問題會回答：「我去不去教會不關你的事！」但是當我問他們，為甚麼別人不去教會時，他們回答的往往就是他們自己的理由。

4.**如果你要找一個教會參加，哪些是你決定的因素？**單單這個問題，就教我許多非信徒的思考方式，比我所有的神學訓練教我的都多。我發現大部分的教會所提供的都是非信徒所不感興趣的節目。

5.**我能為你做甚麼？你能給一個真誠想要幫助人的牧師甚麼建議嗎？**這個問題是教會應該向它的社區問的最基本的問題。研讀福音書，你就會發現，多少次耶穌問人：「你要我為你做甚麼？」祂常以人的需要來開始。

當我作這個調查時，我這樣自我介紹：「嗨！我叫華理克。我在做一個社區意見調查。我不是推銷任何東西，或請你登記參加任何活動。我只是要問你五個問題。這些問題無所謂對或錯，只需要兩分鐘時間。」

現在已經有好幾千個教會在他們的社區裡使用這五個問題。有一個找我諮詢的教派，使用這五個問題在一天之內開拓了102個新教會！如果你從未在你的地區作過未加入教會者的調查，我極力推薦你去做。

四個基本的怨言

　　從馬鞍峰地區的調查中，我們發現一般對教會最常有的抱怨有四點。

　　「**教會很無聊，尤其是講道。都是一些跟我生活無關的事**。」這是我所聽到最多的抱怨。令人驚訝的是，教會竟然能夠把一本全世界最令人興奮的書，弄到使人無聊至極。奇怪的是，教會竟然能把麵包變成石頭！

　　無趣的傳道人的問題是使得人們認為神是很無聊乏味的。從這個怨言，我決心要好好學習如何以實際又有趣的方式來傳達神的話語。合乎聖經的講道毋須無聊，也不一定非常教條式。未加入教會的人並非要求摻水的信息，他們只是要求實際一點罷了。他們希望禮拜天聽到的，在禮拜一能夠應用到。

　　「**教會的人對訪客不親切。如果我去教會，我希望覺得受歡迎而不覺得困窘**。」很多未加入教會的人告訴我，他們覺得教會好像是一個黨派，當他們不懂那些「圈內」術語、詩歌、儀式時，覺得自己像個傻瓜，任由教會的人來評斷他們。當未加入教會者來教會聚會時，他們是處在**畏懼害怕**的情緒當中。於是，馬鞍峰教會決定，我們要盡可能地讓訪客覺得受歡迎、被需要，而沒有被監視的感覺。

　　「**教會對我的錢比對我的人有興趣**。」由於許多電視佈道家，以及許多基督教機構積極露骨的募款方式，使未加入教會者對於金錢募捐非常敏感。海比爾（Bill Hybels）在他的社區做調查時，發現這一點是人們最大的抱怨。很多人相信牧師「在那兒就是為了錢」，豪華的教會建築更是在火上加油。為此，我們決定要有所反應。收奉獻時，我們就宣佈奉獻只為我

們教會大家庭裡的人而設，我們不期望訪客奉獻。

「我們擔心教會裡的幼兒看顧得不好。」馬鞍峰教會滿是年輕夫婦，所以我們對於這個抱怨一點也不驚訝。教會必須贏得父母的信任。馬鞍峰教會採用一套嚴謹的兒童事工指引，並且將之出版，俾使兒童事工安全又完善。你如果要接觸年輕夫婦，一定要有一套完善的兒童事工。

耶穌教導門徒傳福音要有策略。「我差你們去，如同羊進入狼群；所以你們要靈巧像蛇，馴良像鴿子」(太十：16)。在足球賽中，成功的球隊懂得研究防守方式。當一場球賽，攻擊的一方列陣時，另一方的防守後衛就必須研究對方如何列陣。他必須能先看出防守會如何反應，當對方攻擊時，用甚麼方法阻擋。如果他做不到，就會馬上被撤換。

在傳福音上，「研究防守方式」意即事先瞭解非信徒心裡在想甚麼；也就是試著以他們的方式思考。

對於我們的調查，我覺得最有意思的是，所有這些來自未加入教會者的抱怨，都與神學無關。我沒有碰到任何一個人說：「我不去教會，因為我不相信神。」但是，我卻遇見很多人說：「我相信神，但我不覺得教會有我需要的。」大部分未加入教會者都不是無神論者：他們往往只是消息錯誤，離棄教會，或是太忙。

運用我們在調查中所收集的資料，我們寄出一封公開信給社區，對未加入教會者心裡的主要問題加以討論，並且宣佈，一個特別設計來改革他們所指出缺失的聚會即將開始。

我完全憑信心去寫這封信。當我們把它寄出去時，我們根

一九八〇年三月二十日

嗨！鄰居！

終於！

一個專為已經厭倦於教會傳統禮拜型態者而設計的教會誕生了！讓我們面對事實：今天很多人不再活躍在教會裡了。

為甚麼？

往往……

- 講道無趣，跟生活又沒甚麼相關
- 很多教會似乎對你的荷包比對你本身還有興趣
- 教會的人對訪客不親切
- 你懷疑教會對孩童照顧不夠周到

你是否認為參加教會應該是一種享受？

我們有好消息給您！

馬鞍峰社區教會是一個新成立的教會，特別為八〇年代你的需要而設計的。我們是一群友善快樂的人，並且深知基督徒生活方式的喜樂。

在馬鞍峰社區教會，你會

- 遇見新朋友，並且認識你的鄰居
- 享受具現代感而快活的音樂
- 聽到正面實際的信息，每一週激勵你
- 安心將孩童託付給認真用心的人員照顧

為甚麼不來？就這個禮拜天！

誠邀您來我們第一次公開慶祝復活節禮拜，在四月六日上午11:00成為我的貴賓。我們目前假拉古那高中劇場聚會。如果你尚未固定參加教會，請給我們一次機會！

你會發現有所不同！

華理克牧師　敬上

本尚未曾舉行主日崇拜。憑信心，我們事先宣佈我們決定要開始的教會的型態。

我在信上的第一句話就界定了我們的對象，將馬鞍峰教會定位在「一個為未加入教會者設立的教會」。整封信的語氣力求切合未加入教會者的需要，而不是要吸引其他教會的基督徒。事實上，我所接到的回函中，所有憤怒批評的信都是基督徒寫來的，責問我為甚麼沒有提到耶穌或聖經，還有些對我的得救與否表示懷疑！他們只是不瞭解我們嘗試要做的。

由於那封信，第一次的崇拜有205人參加，接下來的十個禮拜，有八十二位將生命主權交給基督。有這樣的結果，雖然被一些基督徒誤會也是值得的。你必須決定到底要打動誰的心。

順著他們的性向來抓魚

我們必須願意從魚自己的角度來抓魚，這是馬鞍峰教會傳福音策略的重心。在我父親釣魚的例子中，我提到要成功的釣到魚，往往要忍受一些不舒適，才能釣到魚。一般而言，釣魚的人不會到離柏油路超過半哩遠的水裡去，但是認真的釣者會到任何有魚的地方去。你對於大使命有多認真？你的教會有多認真？你願意不顧一切的不適，到任何地方為基督得人嗎？

瞭解並適應他們的文化

耶穌教導門徒：「無論進哪一城，人若接待你們，給你們擺上甚麼，你們就吃甚麼」（路十：8）。耶穌的含意不只是指食物而言，祂乃是命令他們對於當地文化要敏銳。祂乃是告訴

他們要能調整適應他們想要接觸的對象。在不牴觸聖經的原則下，他們應該要能適應當地的文化風俗。

當我在日本作學生宣教士時，我必須學著吃擺在我眼前的食物。任何我那時嚐過的東西，我都不喜歡，但是我愛日本人，想要爲基督贏得他們，所以我調整適應他們的方式。

往往我們讓文化差異存留在信徒與非信徒之間，成爲福音的阻擋。某些基督徒只要談到「適應他們的文化」就認爲是新派神學。這種懼怕心理不是新的，這就是使徒行傳十五章，使徒們召開耶路撒冷會議的原因，當時的議題是：「應該隨從猶太人的習俗文化，才能稱作真基督徒嗎？」使徒與長老清楚地回答：「不用！」從那一點開始，基督教開始適應每一個新的文化，廣傳到世界各地。

福音一直是藉著文化來傳達的，唯一的問題是，哪一種？沒有一個教會能夠保持文化中立，總是表達某種文化，因爲人就是文化的產物。

兩千年來，基督教不斷地從一個文化適應到另一個文化。如果不是這樣的話，我們今天仍然只是猶太教的一支！如果我們堅持自己在信仰上的文化表達是比別人都合乎聖經的，那我們就是忽視了兩千年的教會歷史了。

我注意到每次去釣魚，魚不會自動跳上我的船，也不會將自己丟上岸給我。牠們的文化（水中）與我們的文化（空氣中）非常不同。我需要刻意努力才能接觸到魚。我似乎必須想出如何在牠們的文化中，把餌放到牠們的正對面才成。

教會若只是因爲蓋了一棟建築物，掛上招牌，就期望未加

入教會者自動上門，這是欺騙自己。人們不會自動跳進你的船，你必須滲透他們的文化。

要滲透他們的文化，贏得人們來聽看看你說甚麼，你必須在型態上作小小的讓步。例如，我們教會採取南加州非正式、休閒的風格來從事事工。由於海灘就在幾哩外，又常年陽光普照、氣候怡人，人們多半不像其他地方那般盛裝。所以我們就根據同樣的非正式風格來設計我們的崇拜。如果你在馬鞍峰教會看到人們穿西裝打領帶，他們很可能是從外縣市來的訪客。

讓你的對象決定你接觸的方式

以魚的性向來釣魚，意即讓你的目標對象決定你的接觸方式。你釣魚時，不論哪一種魚，你都用一樣的釣餌嗎？當然不是。你無論釣哪種魚，釣鈎大小一律相同嗎？不！你必須用最適合你想釣的魚的餌與鈎。

保羅總是容讓他的對象決定接觸的方式。他在哥林多前書九章19-22節說：

> 我雖是自由的，無人轄管；然而我甘心作了眾人的僕人，為要多得人。向猶太人，我就作猶太人，為要得猶太人；向律法以下的人，我雖不在律法以下，還是作律法以下的人，為要得律法以下的人。向沒有律法的人，我就作沒有律法的人，為要得沒有律法的人；其實，我在神面前不是沒有律法；在基督面前，正在律法之下。向軟弱的人，我就作軟弱的人，為要得軟弱的人。向甚麼樣的人，我就作甚麼樣的人。無

論如何，總要救些人。

一些人可能會批評保羅是隻變色龍——跟不同的群體，他的行為舉止就不一樣，在牧養工作上，他是一個偽善者。絕不是如此，保羅非常具策略性，他的出發點是他熱切想要人得救的心志。我喜歡「今日聖經」在哥林多前書九章22-23節說的：「是的，無論甚麼人，我都試著找出與他的共同點來，好使他樂意讓我傳講基督給他並讓基督拯救他。我這樣作是為要把福音傳給他，也為我自己因看見他們來就近基督，而受賜福」（直譯）。

有一次，我讀遍福音書，為要找出耶穌用來接觸人、向人傳福音的標準方式。我發現祂並沒有一個標準方式！祂傳講福音並沒有一套基本公式，祂只是從那個人的立足點開始。當祂與一個女人在井旁時，祂談到活水；當祂與漁夫在一起時，祂談到打魚；當祂與農夫在一起時，祂談到撒種。

從未加入教會者的需要開始

當耶穌接觸一個人時，祂從那個人的傷害、需要、以及興趣開始。當祂差遣門徒出去傳道時，也是這樣指示：「醫治病人，叫死人復活，叫長大痲瘋的潔淨，把鬼趕出去。你們白白地得來，也要白白地捨去」（太十：8）。

請注意，在這裡，耶穌完全強調需要與傷害。當一個人在痛苦當中，不管是肉體的也好，是精神上的也好，對希臘與希伯來文的原文意義一點也沒有興趣；只想著要趕快痊癒。耶穌總是照顧人們的需要與傷害。當一個患痲瘋病的人來找耶穌

時，耶穌並沒有發表冗長的演講，教訓他關於利未記裡潔淨的規矩，祂只是醫治他的病。當祂接觸生病的人、鬼附的人時，祂都立時處理他們當下的痛處。祂沒有說：「對不起，這不在我的講道時刻表裡。今天，我們要繼續講民數記。」

如果你的教會對於接觸未加入教會者，態度真的嚴肅認真的話，你必須願意忍受有著一大堆問題的人。釣魚常常弄得又髒又臭。許多教會要已經去鱗去腸清洗乾淨並煮熟的魚。而這也是爲甚麼他們一直釣不到魚的原因。

瞭解並回應未加入教會者的問題與煩惱

馬鞍峰教會把未加入教會者的問題與煩惱看得很認真，即使他們的問題是出於無知。非信徒對於教會向他們要求財務的奉獻、教會使用罪惡感與恐懼心理來說服人、教會期待他們參加教會裡的每一場聚會、教會要新來的人起立介紹等等，都覺得煩惱。

我們的策略是對於這些煩惱與問題，儘快解決。比如說，我們的調查顯示，對於南加州許多未加入教會者而言，教派的名稱成爲很大的阻礙。於是，我們決定把教會名稱定爲「馬鞍峰教會」。

我並不以我自己美南浸信會的背景爲恥，在我們的會籍班裡，也清楚解釋馬鞍峰教會的教義與財務都隸屬美南浸信會聯會。當我們問南加州的未加入教會者：「你覺得美南浸信會如何？」我很驚訝的發現有這麼廣泛的誤解。很多非信徒，特別是天主教會背景的人，告訴我他們甚至絕不會考慮偶爾參加美

南浸信會的崇拜。

　　對此，我有兩個選擇：在我有辦法把他們請來參加我們的教會之前，先花幾年的時間對社區進行教育，讓他們瞭解SBC（美南浸信會）的意義爲何。或者，在他們接受基督之後，再來澄清這個誤解。我選擇第二個方案。

　　對於這個選擇，我受到批評嗎？你覺得呢？一些人出於善意，以各種神學異端以及缺乏正直等等來指責我，但是反正他們不是我傳福音的對象。我並不是要吸引基督徒或其他的浸信會會友。一旦，他們瞭解我們想要吸引的對象，他們當中很多人成爲我的朋友。選擇一個中性的名字，是一個傳福音的策略，而不是一個神學上的妥協。

　　一九八八年的蓋洛普測驗，顯示有33％的更正教信徒在他們的一生中改變參與的教派。我相信這個數字在今天是更大了。在這種產品多樣化、多選擇性的時代，人對於「品牌」的忠誠度已經很小了，價值才是第一個考量。很少人以教派名稱來選擇教會。他們選擇最能牧養照顧他們的教會。

應需要而改變方法

　　如果你曾釣魚一整天，你知道有時候你必須換換魚餌。早上魚願意咬的餌，到了下午竟然被視若無睹。今天許多教會的問題是他們在九〇年代竟仍然使用五〇年代的餌——問題是魚根本已經不吃那個餌了。我們將來成功的最大敵人，就是我們過去的成功。

使用多個魚鉤

我長大的地方稱這種使用多個魚鉤釣魚的方法爲「快線釣法（trotline fishing）」。它是在一枝釣竿上，把好幾個魚鉤接在同一條線上。它的道理是，鉤子越多，來咬的魚就越多。

由於科技的進步，人們的選擇性越來越多。以前只有三家電視台，現在我的電視機可以收到五十幾台，再加上現在的光纖科技，很快會有三倍數目的頻道。以前可口可樂只有一種，現在有櫻桃可樂、不含糖可樂、無咖啡因可樂等等。

去年，我看到一個電視節目報導關於消費者的選擇。資料估計，每週有大約兩百種雜貨的新產品推進市場，每一年有將近三百份新雜誌發行。光是「里維（Levi）」公司就有七萬種不同尺寸、形狀、材料的產品。我們活在一個多重選擇的世界。

這樣的改變產生出的一代，期待在每一方面都有選擇。不幸地，當談到敬拜聚會時，大部分的教會只提供兩個選擇：要或不要！——如果你不能參加十一點的聚會，你就錯失良機了。

提倡多場聚會或多種型態的敬拜並非在助長消費主義。這是關於策略與不自私，是爲了要盡可能傳福音給最多的人。目標是要使未加入教會者容易聽到福音。

增長的教會提供多種節目、多場聚會、甚至多處地點。他們瞭解要接觸各式各樣的人，需要各種不同的方法。費傑利（Jerry Falwell）稱之爲「地毯式搜索傳福音法」：在每一個可能的時間裡，使用每一種可用的方法，接觸到每一個能接觸到的人。

　　爲甚麼我們一般只用一個鉤子釣魚？爲甚麼大部分的教會只有很少的，或根本沒有向外傳福音的活動？我相信是因爲我們問錯了問題。我們第一個問題往往是：「這要多少錢？」正確的問題是：「接觸的對象是誰？」一個靈魂值多少？若能接觸到還未相信基督的人，難道不值得花五百塊美金在報上登個廣告嗎？

接觸社區需要付代價

　　如果你的教會對於發展一套適用的傳福音策略，採取認真嚴肅的態度是要花錢的。讓我就如何以財力來落實策略提供你一些意見，來結束這一章。

　　第一，花在傳福音上面的錢不是一種開支，而是一種投資。你接觸到的人，會回饋更多。在我們開始馬鞍峰教會第一次聚會之前，爲了那個聚會，我們已經負債六千元美金。我們的錢那裡來的呢？用我們的個人信用卡！我們相信我們爲基督而接觸的人，他們的奉獻最終總會使我們償清債務。

　　在我們的預演聚會那天，發生一個奇蹟——有一個從來沒來過我們家庭查經聚會的人，放了一張一千美金的支票在那天聚會的奉獻袋中。聚會完之後，負責計算錢數的姊妹給我看那張支票。我說：「我們將能成功！」毫無疑問地，四個月之內，我們便還清所欠的每一筆債務。這裡我旨在說明，我們爲了要爲基督得人，多麼願意付代價。

　　當教會財務緊絀時，往往第一個被裁減的就是宣教與廣告預算。這應該是**最後一項**被裁減的。這是教會新血的資源，是

教會動力的來源。

第二件對於教會財務需要瞭解的是，**異象**才能使信徒願意奉獻，而不是需要。如果需要能激勵人奉獻的話，每個教會早就都很有錢了。不是那些最需要的機構能吸引大量的奉獻，而是那些有遠大異象的機構。最懂得運用奉獻金錢的教會，往往是最能吸引奉獻的教會。難怪耶穌說：「我告訴你們，凡有的，還要加給他；沒有的，連他所有的也要奪過來」（路十九：26）。

如果你的教會一直都財務不濟，你要檢驗你的異象是否清楚？異象傳達是否有果效？金錢會自然流向神所賜下、聖靈所啟示的異象。教會有經費問題，其實往往是有異象問題。

第三，如果你的宣教事工花費的都是些零頭小錢，你得到的也都是些零頭小錢。馬太福音十七章，耶穌吩咐彼得，從魚的嘴裡取錢來付羅馬帝國的稅金。27節耶穌對彼得說：「你且往海邊去釣魚，把先釣上來的魚拿起來，開了牠的口，必得一塊錢……」我相信這中間有一個很重要的信息：錢一直在魚的口中，如果專心釣魚（傳福音），神就為你付帳單。

最後，記得最偉大的宣教策略家戴德生曾說過的名言：「以神的方法來成就神的工作，就永遠不缺乏神的供應。」

釣魚是一件嚴肅的事

我一直很喜歡耶穌把傳福音比作「釣魚」，但是對於這個比喻我有一點猶豫：釣魚對於大部分的人來說，只是茶餘飯後的消遣活動。沒有人把釣魚看成是一種責任。然而，得人卻是

一件嚴肅的事。對於基督徒來說絕不是一項嗜好，而是我們的
生活方式。

第四部

招聚群眾

社區
群眾
會眾
委身者
核心
平信徒牧者
成熟成員
成員
固定參加者
未加入教會者

12

耶穌如何吸引群眾

無論祂到那裡，都有成群的人跟隨祂。

馬太福音四：25（英文版今日聖經直譯）

眾人都喜歡聽祂。

馬可福音十二：37

耶穌傳道時令人印象最深刻的特點就是祂吸引群眾，龐大的群眾，**許許多多**的群眾。聖經稱作「大眾」。耶穌吸引的群眾大到有一次差點把祂壓扁（路八：45）。慕道的人喜愛聽祂，即使路途遙遠也都蜂擁而至。當耶穌餵飽五千人時，那個數目是只有男丁的數目（太十四：21）。如果加上在那裡的女人與小孩，則數目很可能超過一萬五千人參加那個聚會！耶穌的傳道有著如磁鐵般的吸引力。

一個有基督樣式的事工仍然能吸引群眾。並不需要耍花招或在所確信的事上妥協，也不需要將信息稀釋。我甚至發現也不需要教堂建築，**就能夠**招聚群眾！但是，你卻必須以耶穌的方式傳道牧養。

耶穌的事工為甚麼能吸引廣大的群眾？耶穌對群眾作三件

事：祂愛他們（太九：36），祂滿足他們的需要（太十五：30；路六：17-18；約六：2），祂以有趣又實際的方式教導他們（太十三：34；可十：1；十二：37）。這三個因素今天仍然能夠吸引群眾。

耶穌以愛來吸引群眾

耶穌愛失喪的人，也喜愛與他們相處。福音書清楚地告訴我們，耶穌喜愛與尋求真道的人相處，遠勝於與宗教領袖們相處。祂去參加他們的筵席，並且被稱為「罪人的朋友」（路七：34）。有多少人會這樣稱呼你？

人們能夠感覺到主耶穌喜愛與他們在一起。甚至小孩子也想要環繞在祂身邊，小孩子可是會毫無保留地大聲嚷出祂實在是個怎麼樣的人！小孩子天性就會喜愛親近慈愛、能接納他的人。

像耶穌這樣愛非信徒

以耶穌的方式來愛非信徒，一直是教會成長中最被忽略的事。若沒有主對失喪者的愛，我們就不會願意為要接觸他們而有所犧牲。

愛人的命令是新約裡重複最多次的命令，至少出現五十五次。如果我們不愛人，就算不得甚麼了。「沒有愛心的，就不認識神，因為神就是愛」（約壹四：8）。每次問我施洗的新信徒，是甚麼吸引他加入我們的教會大家庭，從來沒有人回答說：「因為你們所信的更正教的神學」或「因為你們的建築很

漂亮」或「你們的行事曆與活動」；最常見的答案是：「我感受到無法形容的愛**包圍我**，吸引我進來。」

請注意這句話的重點，我們會友的愛專注在新來的人身上，而不只是在彼此之間。我知道很多教會，他們的會友非常**彼此**相愛，有很好的團契；但是教會仍然一直在衰退中，因為所有愛的重心都放在對內的關係。在這些教會裡，彼此的契合很緊密，新來的人很難打進去。他們不能吸引非信徒，因為他們不愛非信徒。

當然，每一個教會的會眾都**認為**他們的教會是很有愛心的，因為認為教會沒有愛心的人不在那裡！問一位典型的會友，他們會說：「我們的教會很親切，很有愛心。」通常他們的意思是：「我們彼此相愛。我們對於**已經在這裡**的人，很親切，很有愛心。」他們愛他們覺得容易相處的人，但是那種溫馨的團契，非信徒或訪客不會自動解讀成愛心。

有一些教會把他們沒有群眾這件事，當做他們是合乎聖經、正統、或聖靈充滿的證明。他們以「小」來證明他們是純正、不妥協的教會。而這正有可能意味著他們不夠愛失喪的人到願意去接觸他們的地步。教會沒有群眾，真正的理由是因為他們不要！他們不喜歡牽扯非信徒，覺得

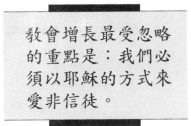

教會增長最受忽略的重點是：我們必須以耶穌的方式來愛非信徒。

吸引大量群眾會攪亂他們目前安舒的日子。這種自私心態阻礙許多教會增長。

幾年前，葛狄恩（Dean Kelly）出版一份研究，指出教會增長主要是因為在教義上保守，確信所信的，並且不以為恥。我相信葛狄恩只對了一半。許多相信聖經的教會正在漸漸死亡。增長的教會是那些不僅信仰保守，並且對外面的人有愛心的教會。安文（Win Arn）作過一個徹底的研究印證這個事實：偉大的教會是建立在對神、對彼此、以及對非信徒的愛。

馬鞍峰教會增長的基本原因是我們愛新來的人，我們愛訪客，我們愛失喪的人。十五年來，我觀察我們的會友以實際的

> 愛就如一塊強烈的磁鐵吸引人來。缺乏愛就把人驅走。

方式來表達愛：每個週末在我們的臨時聚會處，排放椅子，收拾主日學器材；願意到七十九個不同的地點聚會，好讓教會有成長的空間；樂意將車停在較遠的地方，好讓訪客能有停車位；自願在擁擠的聚會當中站立，讓位給訪客；甚至冷天在帳篷聚會時，將自己的外套讓給訪客穿。

「大教會總是比較冷漠不親切，小教會就比較溫馨親切」，這個說法實在是個迷思。教會大小與愛心親切無關。一些教會一直很小的原因是他們**缺乏**愛心。愛能如磁鐵般吸引人，缺乏愛只會把人驅走。

製造接納的氣氛

植物需要適當的氣候才能成長，教會也是一樣。最適合教會增長的氣候就是愛與接納的氣氛。增長的教會有愛，愛能使

教會增長。看似明顯，卻常被忽略：教會要增長就必須在人們來的時候，對他們**親切**。

開始馬鞍峰教會之前，在我對未加入教會者做調查時，第二件人們最常抱怨的事是「教會對訪客不親切、不友善，我們覺得我們不適合那裡。」原來早在牧師講道之前，訪客已經決定下次要不要來了。他們總會問自己：「在這裡我受歡迎嗎？」

馬鞍峰教會非常努力在回應這種怨言。我們想出一個策略來讓訪客感受到愛與接納的氣氛。我們每週作效果檢查，請第一次來的訪客誠實，但不記名地坦白告訴我們，他們對我們的第一印象如何。

每當我們寄出「謝謝您作我們的客人」的信給第一次來的訪客時，我們會附上一個回郵明信片，上面印著「我的第一印象」。卡片上

> 早在牧師開始講道前，訪客已經決定他們是否會再回來。

寫道：「我們教會想要能更周到的服事您，所以能否請您告訴我們您的意見？」上面列了三個問題：「你第一件注意到的事情是甚麼？」「你最喜歡甚麼？」「你最不喜歡甚麼？」我們已經接到成千上萬張卡片了，其中將近90％的人如此回答第一題：「我注意到人們很親切，很友善。」這樣的回覆不是偶然的。這樣的結果是由於我們刻意訂下策略，以一種人們能感受到的方式來表達我們對訪客的愛。

要對一位訪客產生影響力，就必須以一種實際的方法來表達愛。有時，一個教會可能對未加入教會者充滿真誠的愛，然

而這真誠的愛卻沒有以非信徒所能明白的方式來表達。我們必須刻意對訪客以及那些不認識基督的人表達我們的愛。愛不只是一種感覺，乃是一種行為。意思是對於人的需要有敏銳的心，並把這種需要放在自己的需要之前。下一章我會舉出幾個馬鞍峰教會做過的例子。

牧師必須慈愛

一個教會的牧師會影響整個會眾的風格與氣氛。如果你身為牧師，想要知道你的教會溫暖不溫暖，只要把溫度計放進自己的口中測一下就知道了。我訪問過一些教會，他們的牧師缺乏愛是教會不增長的主要原因。有些牧師態度冷淡，予人疏離感，那麼訪客不會再回來的。另外，在一些較大的教會，我對於一些牧師的印象是，他們喜歡聽眾，但是不喜歡人。

我常常聽到牧師興致勃勃地說：「我喜歡講道！」這我一點也不苟同。這樣說，意思可能只是他們享受成為眾人注意的焦點，或只是因為在很多人面前會激起副腎上腺素分泌的快感罷了。我想要請問那些牧師的問題是：你愛你講道的**對象**嗎？這件事重要多了。聖經上說：「我若能說萬人的方言，並天使的話語，卻沒有愛，我就成了鳴的鑼，響的鈸一般」（林前十三：1）。在神的眼中，偉大的講道若沒有愛就只是噪音。

每一次在馬鞍峰教會向群眾講道，我都再次提醒自己。從未曾有一次我在講道或教導時不思想這段話：

父，我愛祢，祢也愛我。我愛這些人，祢也愛這些人。求祢通過我來愛這些人。

在那裡的，並不是一群令人畏懼的群眾，乃是一個需要被愛的家庭。

愛裡沒有懼怕；完全的愛能驅逐所有畏懼。

艾羅傑（Roger Ailes）是雷根總統與布希總統的傳播顧問，他相信公眾演講最有影響力的因素在於「可愛、有人望」，如果人們喜歡你，他們就會聽你的。如果他們不喜歡你，他們就忽視你或把你的信息打折扣。要如何成為可愛的？非常簡單：**愛人**。當人們知道你愛他們，他們就會聽你的。

讓我建議幾個牧師向群眾表達愛的具體方法。

記住人名。記得人家的名字表示你對他有興趣。對於第二次來的訪客，沒有甚麼比你能叫出他們的名字更甜美的了。由於我並沒有特別好的記憶力，所以我就必須努力勤記人名。在馬鞍峰教會早期，我替人們拍照，作成照片卡來幫助我記人名。一直到我們教會有三千人聚會時，我都還知道每一個人的名字。超過這個數目之後，我的頭腦就爆了！我要求會籍班的新會友，在三個不同的場合告訴我他們的名字，來幫助我記住名字。當你努力記名字時，美好關係的回報是很大的。

在會前與會後親自與人問候打招呼。要令人覺得可親，不要躲在你的書室。我們教會有三年的時間，是在一個有圍牆的高中聚會，每一個人得都得從同一個出口出去。每個禮拜我都親自與每一個人打招呼。他們絕對得經過我才能出去！

使群眾覺得溫暖最好的方法是，在聚會前盡可能與最多的人見面。出去到群眾之間與人談話。這表示你對他們很有興趣。

許多牧師喜歡在聚會前，人們開始到達教會時，召集他們

的同工或主要領導者在一個房間裡禱告。我相信你應該在其他時間為聚會禱告。在你有機會與人們相處時，要儘量把握機會。

我有一個平信徒組成的禱告團隊在我們的四場聚會當中為我禱告；另外我每週都特別有一段時間為我們的聚會禱告。我們的同工也一起禱告。但是我們聚會前沒有一個「神聖的聚集」。我們一週只有一次，能接觸這許多人，所以他們來時，我們的每一位同工和每個主要的平信徒領袖都要與眾人交接。

與人接觸。研究耶穌的事工，你會發現，一個眼神、一句話、一個觸摸能帶給人強烈的影響，在馬鞍峰教會，我們頻頻

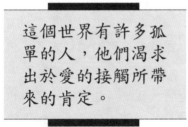

> 這個世界有許多孤單的人，他們渴求出於愛的接觸所帶來的肯定。

擁抱、握手、拍背。這個世界有許多孤單的人，他們渴求出於愛的接觸所帶來的肯定。許多獨自生活的人告訴我，他們惟一能得到人與人之間出於愛的身體上接觸是在教會。當我在禮拜天上午擁抱某個人時，我常會想，這個擁抱能使那個人快樂多久。

最近，我收到一張附在登記卡上的短籤，上面寫道：「華牧師，當你用膀臂環繞我，安慰我時，我覺得好像耶穌充滿溫柔慈愛的擁抱。我現在知道我能夠度過這一段可怕的日子，我知道是祂差你來幫助我。教會有關懷與愛真是美好。謝謝你。」當我擁抱她時，我一點也不知道她隔天就要接受乳癌手術。

同一個禮拜，另一張短籤寫道：「我向神求一個祂與我同

在的印證。聚會之前,葛牧師,是我從不認識的,走到我的座位旁,一句話也沒說,就把手放在我的肩上。我現在知道主沒有忘記我。」原來,那個人的妻子在那個禮拜離開了他。

週末的聚會,如果是輪到傳道組其他人講道,我往往把所有的時間用在幾百人身上,或是一個眼神,或是一句話、一個觸摸,都能爲人帶來很大的改變。每個微笑的背後,都有一個隱藏的傷痕,僅有愛的表達才足以醫治。

以一種溫暖親切的筆調寫信給訪客。我寫了一系列的信,分別寄給第一次、第二次、第三次來的訪客,讓他們知道我們很高興看到他。我的署名是「理克」而不是用「華博士」或「華牧師」。我要訪客們能以我的名字與我建立關係。

寄給訪客的信,要以一般說話的筆調寫,而不要用精粹正式的語句。我接過一封寄給訪客的信,上面這樣寫:「您上週蒞臨本教會,令我們無限光榮。在此,我們竭誠歡迎您下個主日再度光臨。」有人說話像這樣嗎?一般都是說「有你在我們當中真好,希望你再來。」不要把信寫得像公文。

牧師要作的最重要決定之一就是,到底要給人好**印象**,還是要**影響**人。你能在遠處就可以給人好的印象,但卻必須親近來到人的面前,才能愛他、影響他。

如果教會要吸引群眾,牧師和會友都必須以滿有愛心的方式去對待外面的人。必須以這樣的態度:「如果

牧師要作的最重要決定之一就是,到底要給人好印象,還是要影響人。

你來我們這裡，我們定會愛你，不管你是誰，不管你長得如何，不管你做過甚麼。在這裡你一定能被愛。」

接納而不認可

為了要無條件地愛非信徒，我們必須瞭解接納與認可的差異。作為基督徒，我們都被呼召去接納、去愛非信徒，但卻不認可他們屬罪的生活方式。耶穌在井旁與撒馬利亞婦人說話時，便是表現出祂的接納，但卻不認可她放蕩的生活方式。祂與撒該吃飯，卻不認可撒該的欺詐。祂公開維護正在行淫的女人的尊嚴，但卻一點也沒有忽視、小看她的罪。

任何一個懂得釣魚的人都知道，有時候為了要拉上一條魚，必須稍微鬆一下線，否則魚可能會咬斷線，甚至弄斷魚竿，換句話說，偶爾必須暫時任憑魚照牠的方式游動。得人也是一樣：有時候必須對非信徒稍微放鬆，才能把他們拉上來。不要在他們的過錯上當頭棒喝，很多罪必須在信主以後對付。

> 除非他們已經成為信徒，否則我們不能期待非信徒的行為如同信徒一般。

除非他們已經成為信徒，否則我們不能期望非信徒的行為如同信徒一般。羅馬書教導我們，非信徒行為舉止是不可能像信徒的，因為他們裡面沒有聖靈的大能。

耶穌吸引來的群眾裡面有信的，也有未信的；有些是委身的跟隨者，有些是誠懇的尋求者，有些是不誠懇的懷疑者。這

都不困擾耶穌，祂都同樣愛他們。

在馬鞍峰教會，我們知道在我們的群眾裡面，有許多人的生活方式是有問題的，有罪的習性，甚至是惡名昭彰。這些都不會困擾我們。我們能辨別群眾（沒有委身的參加者）與會眾（委身者）的不同。會眾，而不是群眾，才是教會。群眾的聚會，只是教會裡的人能夠帶非信徒的朋友來，向他們作見證的地方。

我們對於教會會員與出席者的行為表現有不同的標準。我們教會的會友，在會員誓約上，對於他們的生活型態都有很清楚的指引並期待。若有人參與不道德的行為，會受教會的懲戒。在群眾中的非信徒則不在教會懲戒的範圍裡，因為他們不是教會大家庭的一員。保羅在哥林多前書五章9-12節清楚地加以分別：

> 我先前寫信給你們說，不可與淫亂的人相交。此話不是指這世上一概行淫亂的、或貪婪的、勒索的、或拜偶像的；若是這樣，你們除非離開世界方可。但如今我寫信給你們說，若有稱為弟兄是行淫亂的、或貪婪的、或拜偶像的，或辱罵的，或醉酒的、或勒索的，這樣的人不可與他相交，就是與他吃飯都不可。因為審判教外的人與我何干？教內的人豈不是你們審判的嗎？

我們並沒有期待非信徒為了要參加我們的聚會，而脫去罪性，改變他們的生活型態。相反的，我們鼓勵他們「就照目前的本相」來。教會是罪人的醫院。我們寧可一個南加州的未信者，穿著短褲，套件印有Budweiser啤酒商標的T恤來教會，而

不願他留在家裡，或是去海灘。如果我們能讓他們聽到福音，以及生命被改變的見證，我相信他們打開心門接受基督是遲早的事。

耶穌沒有說：「改變你的行為，我就拯救你。」祂在你改變之前就愛你。祂也期待你這樣對待人。我無法數算在馬鞍峰教會有多少對男女，是在他們同居時開始來教會，在信主之後要求要結婚的。前不久，我為一對新近信主的男女證婚，他們已經同居了十七年。在他們接受主之後，立刻說：「我想我們必須結婚。」我說：「那當然！」成聖是在得救**之後**。

若是對非信徒缺乏愛，任何方法、活動、技巧都無法彌補缺失。我們對神的愛，以及我們對失喪者的愛是馬鞍峰教會不斷增長的原動力。也是這份愛，激勵我長年每週末重複四次，

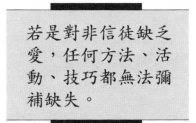

若是對非信徒缺乏愛，任何方法、活動、技巧都無法彌補缺失。

筋疲力竭地講道。相信我，當你的信息一旦向數千人講過一次，再來的三次重複對我個人實在沒有意思。這樣做，只因為人們需要耶穌。愛是原動力；有愛就沒有其他的選擇。

每當我的心對於不認識基督的人逐漸冷淡時，我就提醒自己注意十字架。神就是這樣愛失喪的人。是愛，而不是釘子，把耶穌留在十字架上。祂張開雙臂向我們說：「我愛失喪的人這麼多！」當基督徒能愛人愛到這麼多，他們的教會一定能吸引大量的群眾。

耶穌以滿足人們的需要來吸引群眾

人們擁擠耶穌，因為耶穌滿足他們的需要——身體上、情緒上、屬靈上、關係上、以及經濟上的需要。祂沒有論斷哪些需要是比較恰當的，祂當然也沒有讓人們對於他們的需要有罪惡感。祂以尊重的態度來對待每個人。

> 耶穌常常以滿足需要在一個人的生命當中作福音搶灘。

耶穌常常以滿足需要在一個人的生命當中作福音搶灘。我先前提到，耶穌常常問人們：「你要我為你做甚麼？」神用各種人類的需要來得到人們的注意力。我們是誰，竟然論斷一個人對基督發生興趣動機純不純正？人們**為甚麼**來就近耶穌並不重要，重要的是，他們來。一旦他們進到祂的面前，祂便能動工在他們的動機、價值觀、優先順序上面。

我懷疑在我們當中，有多少人在求告基督拯救時，動機完全純正不自私。我們總是在感覺祂可以滿足我們的需要時來就近祂。我們不應該期待非信徒有屬基督的動機與價值觀。

我深信，如果能找到開啓一個人心門的鑰匙，每個人都能被基督所贏得。每支鑰匙都非常特別，有時候不容易找到。有時候要花時間驗證。但是，最可能的地方是從那個人的需要開始。如我先前所指出的，這是耶穌所用的方法。

取得人們的注意

在你開始與人分享福音之前，你必須先得到他的注意。每次在南加州的高速公路上開車，我常常發現自己在禱告：「**主啊！我要怎樣才能使這些人慢下來到足以聽完神的福音？我用甚麼辦法得到他們的注意？**」本世紀之初，教會要得到人們的注意，還沒有像現在這樣困難。教堂往往是鎮上最大的建築物，牧師往往是當地最有學問與地位的人，教會的行事曆就是社區裡的行事曆。

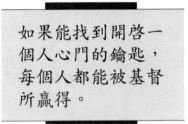

如果能找到開啟一個人心門的鑰匙，每個人都能被基督所贏得。

現在這一切都改觀了。一個教會可能坐落在高速公路旁，每天有十萬部汽車呼嘯而過，仍然無人注意。牧師往往被電視形容成一個騙子、懦夫、或是瘋狂變態的人。教會的節目也必須與任何浸淫在娛樂圈的文化相競爭。教會唯一能抓住未加入教會者注意的，就是提供他們別的地方沒有的東西。

馬鞍峰教會對於奉基督的名去滿足需要，看得很認真。這也就是我們「牧養事工」的主要內容：奉耶穌的名滿足需要。馬鞍峰教會異象的第一行寫著：「我們的夢想是成為一個使受傷的、抑鬱的、受挫的、以及迷惑的人找到愛、接納、幫助、希望、赦免、指引以及鼓勵的地方。」

馬鞍峰教會的憲章這樣寫：「教會的存在是為馬鞍峰居民的利益，為他們提供屬靈、身體、情緒、知識、以及社交上的需要。」我們的目標是要作全人牧養。我們沒有把我們的事工限制在所謂的「屬靈」需要上面。我們相信神關心一個人生命

的每一部分。人是無法被切割成幾個部分的，每個部分的需要都彼此關聯。

雅各對於那些認為以一篇講道、或是一段經文就可以打發人們需要的基督徒有很嚴厲的指責：「若是弟兄，或是姊妹，赤身露體，又缺了日用的飲食，你們中間有人對他們說：『平平安安的去吧；願你們穿得暖吃得飽』，卻不給他們身體所需用的，這有甚麼益處呢？」（雅二：15-16）。不管需要是甚麼，滿足人的需要，就是做「神話語的行動者」。

越過許多增長的教會的表象，深入去細究其原因，會發現他們都有一個共同

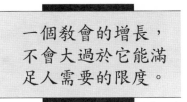

一個教會的增長，不會大過於它能滿足人需要的限度。

點：他們能滿足人的需要。教會的增長，不會大過於它所能滿足人需要的限度。你的教會若真誠地滿足人的需要，那麼人數是你最後該操心的問題——你還需要鎖上門阻止人進來呢！

你社區裡未加入教會者的需要是甚麼？我無法為你回答這個問題。你必須自己對社區作調查，來找出它特別的需要。我知道有一個教會通過調查發現，他們社區最大的需要是訓練學齡前幼兒大小便。與其將此一需要當作「不屬靈」而棄之不顧，不如這個教會利用這一個需要，成為傳福音的機會。這個教會開辦一個「養育幼兒」的訓練會，教導許多事情，其中包括解決上述問題的技巧。後來，他們的牧師便開玩笑說他們教會的基礎是箴言廿二章6節：「教養孩童，使他走當行的道，就是到老他也不偏離。」這個想法很有趣，但結果是很嚴肅的；

幾十對夫婦就藉著這個教會的接觸方式而認識基督。

當你用滿足需要來開啓傳福音的門時，可能性是無限的。馬鞍峰教會有超過七十個不同目的的事工，每一個都是爲一項需要而設立。我們有一個扶持小組叫做「落空的膀臂」是專爲幫助流產或死產的夫婦；「和平使者」是專門向外接觸犯法被囚的人；「分手的希望」是爲夫妻有一方已經出走，而另一方還想挽回婚姻的人；「生命線」是爲問題青少年而設；「歡慶康復」的事工，幫助五百多位掙扎於酒精、藥物等毒癮的人。還有其他許許多多的事工。

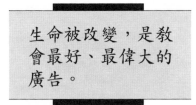

生命被改變，是教會最好、最偉大的廣告。

有沒有那些普遍存在於未加入教會者當中的需要？我相信是有的。不管到那裡，我都發現人們都有情緒上以及建立關係上的需要。這需要包括愛、被接納、赦免、有意義、自我表達、以及人生的目的。人們也在尋找脫離懼怕、罪感、憂慮、悔恨、灰心、以及孤獨的途徑。如果你的教會滿足這種需要，你就不用費心爲教會作廣告。生命被改變，是最好、最偉大的廣告。

不管在那裡，需要被滿足，生命被改變的事情，都會立刻流傳到社區裡去。就在今天，我聽到一個上禮拜來參加馬鞍峰教會聚會的人說，他來是因爲「有一個髮型師告訴他的顧客，他的顧客又告訴我的老闆，我的老闆又告訴我，當你真正需要幫助時，馬鞍峰教會是你該去的地方。」

每一次教會滿足一個需要，一個教會的好口碑就開始流傳到整個社區。這些好口碑廣傳時，教會就開始吸引那些單靠好節目無法吸引來的人了。

耶穌以實際又有趣的教導吸引群眾

聖經告訴我們教導群眾是耶穌的習慣（可十：1）。聖經也告訴我們群眾對祂的教導的反應。於是，我們知道：

- 「眾人都**希奇**祂的教訓」（太七：28）
- 「眾人聽見這話，就**希奇**祂的教訓」（太廿二：33）
- 「因為眾人都**希奇**祂的教訓」（可十一：18）
- 「眾人都**喜歡**聽祂」（可十二：37）

眾人從來沒有聽過任何人像耶穌這樣向他們說話。他們被祂的話**懾服**了（可十一：18）。沒有一個演說家比得上耶穌基督。

要像耶穌這樣抓住非信徒的注意，我們必須學習祂傳達的方式。耶穌是我們講道唯一該仿效的對象。很不幸的，一些講道學的書，卻注意亞理斯多德的方法，以及希臘的修辭學，多過於注意耶穌的方式。

約翰福音十二章49節，耶穌宣告：「惟有差我來的父，已經給我命令，叫我**說甚麼，講甚麼**。」請注意，無論內容或傳達的方式，耶穌都是直接由父所指示的。

耶穌傳達的方式實在有太多值得我們學習的地方。在這裡我只簡略的提出耶穌教導群眾的三個特色。

耶穌從人們的需要、傷害、以及興趣開始

耶穌經常以回答一個問題或是回應一個質問，來開始教導。祂往往搔到癢處，祂的教導立即而直接，非常恰當，並且正中目標。

當耶穌在拿撒勒開始傳道時，祂唸以賽亞書來宣佈祂事工的進程要點：「主的靈在我身上，因為祂用膏膏我，叫我傳福音給貧窮的人；差遣我報告被擄的得釋放，瞎眼的得看見，叫那受壓制的得自由，報告神悅納人的禧年」（路四：18-19）。

請注意，在此祂完全強調滿足需要與醫治傷害。耶穌有好消息要分享，人人都想聽。祂的信息帶給聽的人實際的利益，祂的真理會「使人得自由」，並帶來生命裡各樣的祝福。

我們不需要刻意將聖經與生活連結，因為它們本來就連結。但是，我們卻要學耶穌所做的，應用信息來引導人**看到**聖經與人們生活的關聯性。

當我們分享福音時，必須學會同時讓人知道福音是「好的」「消息」。若不是好消息，就不是福音。福音是關乎神為我們所成就的，以及我們能在基督裡成就的；它也告訴人：人與基督的關係是滿足人最深層需求的答案。好消息提供失喪的人急切尋找的東西：赦免、自由、保障、目標、愛、接納、以及力

> 我們不需要刻意將聖經與生活連結，因為它們本來就連結！但是我們卻要讓人看到聖經與生活的關聯性。

量。福音幫助我們安頓過去，保證將來，並給予我們今日生活的意義。福音是這個世上最好的消息。

人們總是對好消息趨之若鶩。這個世界已經有夠多的壞消息了，人們來到教會最不需要聽的就是更多的壞消息。他們在尋找任何能帶給他們希望、扶持、與鼓勵的人。耶穌瞭解，並對他們充滿熱愛。祂知道他們的困擾與無助，正像羊群沒有牧人（太九：36）。

以人們的需要開始你的講道或教導，會立刻吸引聽眾的注意。每一位好的演說家都懂，也都使用這個原則。一個好的老師，懂得以學生的興趣來開始，再慢慢進到所要研究的課程。一個瞭解你的好推銷員總是從你的需要開始，而非從產品開始。一個聰明的經理知道從下屬的怨言開始，而不是從他自己的計畫事項開始。你必須從人們的立足點開始，再慢慢移到你要他們立足之處。

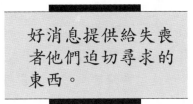

好消息提供給失喪者他們迫切尋求的東西。

有關人腦的教科書說，在人的腦幹基部，有一個濾網稱作「網狀啓動系統」。神真是有恩慈，由於這個濾網，你就不必有意識地對一天裡幾百萬個刺激作出回應。如果你必須有意識地去回應所接收到的一切刺激，一定會發瘋。但是由於網狀啓動系統不斷地將刺激篩選、分類，只將少數幾樣刺激送到意識層面，如此你才不會負荷過重，興奮過度。

那麼，到底那些事物會引起你的注意呢？有三件事一定會通過網狀啓動系統：你**珍惜**的東西；**特別**的東西；**威脅**你的東

西。這個事實，對於講道與教導，意味深長。如果要抓住一群興致缺缺的人的注意，就必須從這三點引進信息裡。

雖然以獨特的或威脅性的方式分享福音，也能吸引未加入教會者的注意，但是，我相信幫助人看出福音的**價值**，與基督的教法比較相近。耶穌的教導方式使人能明白祂信息的價值與利益。祂並沒有威脅未加入教會者進入神的國。事實上，祂惟一威脅的是那些宗教徒！祂安慰憂傷的人，卻叫安適的人為己憂傷。

傳道人受呼召為要傳達真理，所以我們常常錯以為非信徒渴想要聽真理；而今日的非信徒對真理並不那麼有興趣。事實上，調查顯示，大多數的美國人否認有所謂的絕對真理。

相對的道德觀是這個社會的錯誤根源。人們對於節節上升的犯罪率、家庭破碎率、文化的衰退，既擔憂又抱怨，但是他們不瞭解罪魁禍首乃是他們不珍惜真理。今天，容忍比真理珍貴，所以如果我們以為只需大聲疾呼「這裡有真理」，所有的非信徒就會蜂擁進教會，那就大錯特錯了。對這樣的大聲疾呼，他們的反應會是「是啊！每個人都有他的真理。」在一個不珍惜真理的社會，宣告真理不會引起眾人的注意。有些傳道人想要以「宣告真理就應該真像是在宣告真理」來克服這一點。但是大聲講道並不是解決之道。

大部分的非信徒並不是在尋求真理，他們乃是在尋求解脫。這給我們機會，引起他們對真理的興趣。我發現每當我教導一個釋放痛苦，或解決他們問題的真理時，非信徒會對我說：「謝謝你！聖經裡還有甚麼其他的真理？」分享滿足需要

的聖經原則，會激起對更多真理的飢渴。

很少人來到耶穌面前是為尋求真理，他們多半是為尋求解脫。因此耶穌滿足他們感覺上的需求，不管是痲瘋也好，瞎眼也好，或是駝背。當他們的需求被滿足之後，他們往往非常想要知道關於幫助他們解決問題的這個人的真理。

以弗所書四章29節說：「只要隨事說造就人的好話，叫聽見的人得益處。」請注意，我們所說的要取決於我們說話對象的需要。我們只應說造就人的話。如果這是神對我們談話的旨意，這也應該是神對我們講道的旨意。很不幸，很多牧師以他們覺得需要說甚麼，而非人們需要聽到甚麼，來決定他的講道內容。

> 大多數的非信徒不是在尋求真理，而是在尋求解脫。

許多牧師覺得預備講章很困難的另一個原因是因為他們問錯問題。他們應該自問：「我要對誰講道？」而不是問：「這個禮拜我要講甚麼？」只要思想聽眾的需要，便能幫助你決定神對於這個信息的旨意。

在神來說，祂早已預知誰會來參加下個禮拜的聚會，祂要給你的信息，當然會與祂所要帶來的人需要相關聯；人們目前的需要是決定神要給你甚麼信息的主要因素。

群眾不應成為你是否要傳講真理的依據，真理是沒有選擇餘地的。但是聽眾卻能決定你應該選擇傳講哪一個真理。有一些真理與非信徒較有關聯。

有沒有甚麼，雖是真理，但與你沒甚麼關聯？當然有！如

果你發生車禍，流血幾乎要死，一個醫生進來，要跟你談關於醫院這個字的希臘文，或聽診器的歷史，你感覺如何？他的知識可能很正確，但是卻與你沒甚麼關聯，因為不能醫你的傷處。你需要一位從醫治痛處開始的醫生。

聽眾也應決定你如何開始你的信息。如果你是在對不上教會的人講道，信息的前半都是在講一段經文的歷史背景，等到你要進入講個人應用的階段時，你已經失去他們了。當你向未加入教會者講道，是要從你一向結束的地方開始講起。

耶穌把真理與生活結合在一起

我喜愛耶穌教導的簡潔扼要。它清楚、相關聯、又實際。祂的目的在應用，因為祂的終極目標是要**改變**人，而不僅是增加人的知識。想想最偉大的講道——登山寶訓。

耶穌以分享真幸福的八個秘訣作為登山寶訓的開始。然後祂才說到如何過一個有見證的生活方式，如：控制怒氣、恢復關係、避免淫行、離婚等等。再來，祂說到遵守諾言，以善報惡。在那些之後，祂繼續談到其他實際生活的事情，例如，奉獻的正確態度，如何禱告，如何積存財寶在天上，如何克服憂慮。最後，祂勸我們不要論斷人，恆心求告主並防備假教師。然後祂以一個簡單的故事，強調行動的重要性，來作結束。

這是今天教會所需要的教導——不只吸引群眾，更是改變人的生命。只是宣稱「耶穌是答案」是不夠的，我們必須讓未加入教會者看到耶穌如何成為答案。只勸人要改變，卻沒有提供改變的實際步驟的講道，只會製造出更多的罪惡感與挫折感。

很多講道，我稱之為「這難道不可怕嗎？」式的講道。只是在埋怨社會種種，論斷人。研究病症卻沒有彌補之道，這樣的講道，可能會使基督徒自覺比「外邊那些人」好，但卻無法改變任何事情，就像不點亮蠟燭，反而一味咒詛黑暗。

當我去看醫生時，我不只是要去聽我哪裡不對勁，我更要醫生給我清晰的治癒步驟。今天，人們需要少一點「應該」，多一點「如何」的信息。

> 人們需要少一點「應該」，多一點「如何」的信息。

有一些牧師批評「生活應用」的講道膚淺、簡化、粗糙。對他們來說，惟一真正的講道是訓誨式、教義性的講道。這種態度暗示保羅勝過耶穌，羅馬書是比登山寶訓或比喻更「深」的材料。我稱這是異端！最深刻的講道，是那種能使人的生命天天改變的講道。就如同慕迪先生說過的：「神給我們聖經不是要增加我們的知識，而是要改變我們的生命。」我們的目標是像基督的樣式。

耶穌說：「我來是要叫羊得生命」（約十：10）。祂沒有說：「我來是要你們有宗教。」基督教是生命，不是一個宗教。耶穌是一個注意生活應用的傳道人。當祂結束對群眾的教導，祂總是要他們「去，照這樣行。」

如同基督的講道是關係生命，並且能使生活型態產生改變的講道。不只是傳播知識，更是改變生命。能改變人是因為神的話語應用到人實際的生活上。教導人如何生活的講道，永遠

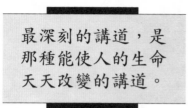

最深刻的講道，是
那種能使人的生命
天天改變的講道。

不會缺乏聽眾。

請務必要瞭解：未加入教會者並沒有要求我們改變信息，或稀釋信息，只是要求有關聯性。他們最大的問題是：「接下來要怎樣？」他們想要知道我們的信息到底改變了甚麼。我發現在美國的未加入教會者，對於能實際應用在他們的生活上的聖經教訓，其實是很感興趣的。

對我來說，不使用神學名詞，也不提是出自神學，直接教導未加入教會者神學，是一件具挑戰性又令我享受的事。我曾經向群眾們傳講過關於道成肉身，因信稱義和成聖的系列信息，而從來不用這些名詞。我也曾經向未加入教會的群眾們講過聖靈的工作，神的道德屬性，管家的職分，甚至講過致命的七樣罪。

以為必須在信息上打折扣才能吸引群眾，是一個迷思。耶穌一點也沒有這樣作。聖經的信息不需要改變，但是你需要將聖經的信息**傳譯**成未加入教會者聽得懂的言語。

耶穌以一種有趣的方式向群眾說話

群眾喜愛聽耶穌說話。馬可福音十二章37節說：「眾人都**喜歡**聽祂。」人們喜歡聽你嗎？

有一些牧師認為如果人們喜歡他們的信息，那他們的講道必定是失敗的。我聽過一位牧師很驕傲地說：「我們不是在這裡娛樂眾人。」很明顯地，他們是做到了。幾年前的一項蓋洛

普調查說，未加入教會者普遍認為：教會是最無聊的地方。

如果你查字典，你會發現**娛樂**（entertain）這個字的定義是：「抓住並保持一段時間的注意力。」我不認為有哪一位傳道人不願意做到這一點。我們不應該害怕成為有趣的人。一篇講章不需要為屬靈而顯得枯燥。

對於未加入教會者，枯燥的講道簡直罪不可赦。拙劣傳達的真理受到忽略。而另一方面，只要是有趣的，即使是愚不可及的事，他們也會聽。對於這一點，你只要轉開深夜的電視節目，就會發現各式各樣的靈異的、古靈精怪的節目霸佔了許多的頻道。

在上一章我提過，我實在很訝異於一些聖經教師竟有辦法把全世界最令人興奮的一本書，教到使人無聊至極。我認為使人對聖經厭倦是**罪**。當神的話被以一種無趣的方式教導時，人們不會只認為牧師很無聊，他們會認為**神**很無聊！如果我們以單調低沉的方式傳講，就是在詆毀神的個性。信息太重要了，不能以「要就留下，不要就走開」的態度來傳達。

> 當神的話被以一種無趣的方式教導時，人們不會只認為牧師很無聊，他們會認為神很無聊！

耶穌抓住廣大群眾興趣的技巧，是你我可以使用的。第一，祂以故事來提出一個點。耶穌是一位說故事的高手。祂會說：「嘿！你聽過關於…」，然後就說一個比喻，用來教導一

個真理。聖經讓我們看出講故事是耶穌對眾人說話時，最喜歡用的技巧。「這都是耶穌用比喻對人說的話；若不用比喻，就不對他們說甚麼」（太十三：34）。有時候，傳道人忘了聖經基本上是一本滿是故事的書。神選擇這樣的方式來傳達祂的話語給人類。

用故事傳達屬靈真理的好處很多：

● **故事吸引我們的注意力**。電視機能如此受歡迎的理由，是因爲它基本上是一個說故事的機器。喜劇、戲劇、新聞、脫口秀——甚至廣告，都是故事。

● **故事鼓動我們的情緒**。故事對我們的衝擊是典章訓詞無法做到的。如果要能改變人的生命，你必須讓信息能對人產生衝擊，而不只是傳達知識。

● **故事幫助我們容易記得**。在牧師的講道大綱已經早被遺忘時，人們還會記得信息裡的故事。看到人們在講員開始講故事時，很快地融入故事，在故事結束時，注意力消失的迅速，真是令人驚異。

第二，耶穌使用簡單的言語，而不是術語或神學用語：祂以一般人能懂的名詞來說話。我們必須記得耶穌不是使用當時學者通行的古典希臘語，而是使用當時街市上通用的亞蘭語。祂講到鳥、花、失去的錢幣等等，是與每個人都有關係的日常生活東西。

當年耶穌以簡單的方式教導深奧的真理，而今天許多牧者正好與此相反；他們以深奧的方式教導簡單的真理，把直截了當的經文變成複雜不堪。他們自以爲很有深度，實際上很迂

腐！在教導與講道上面，清楚明白遠比聰明巧妙重要多了。

有些牧師喜歡在講道中以希臘文的名詞來賣弄誇示他們的學問。每個禮拜天說些沒有靈恩，沒人聽得懂的方言。牧師必須瞭解沒有人在意他懂多少希臘文。司查克牧師有一次告訴我，他認為在講道中過度使用希臘文與希伯來文，會打擊人對英文聖經的信心，這一點我同意。

海傑克（Jack Hayford）、史加克（Chuck Smith）、司查克（Chuck Swindoll）、和我有一次一起教一個神學院博士班的課程，是關於我們如何準備和傳講信息。在課程結束時，學生們說我們四個人都不約而同地強調同一件事：**保持簡單！**

> 當年耶穌以簡單的方式教導深奧的真理，而今天我們卻以深奧的方式教導簡單的真理。

要把福音弄得很複雜是一件簡單的事，而這正中撒旦的下懷。使徒保羅一直擔憂「你們的心或偏於邪，失去那向基督所存**簡單純潔**的心」（林後十一：3，斜體部分是新美語標準聖經版本直譯）。要把深奧的真理，簡單的傳達出來，需要許多的思想與準備。愛因斯坦曾說：「除非你能以簡單的方法來傳達一件事，否則你就還未真正瞭解它。」你可能很聰明，但是，如果你不能以一個簡單的方法傳達思想，那麼你的洞見也沒有什麼價值。

馬鞍峰地區是全美教育水準最高的社區之一。但我發現，我的信息越簡單越得神的賜福。簡單的意思不是**膚淺**或**簡化**，

而是清楚易懂。舉例來說：「這是耶和華所定的日子，我們在其中要歡喜高興。」這是簡單，然而「祝你有美好的一天。」便是簡化了。

簡單的信息大綱是最強而有力的大綱。我把被稱為「簡單的」傳道人當作是一種讚許。我樂意看到人的生命被改變，而不在乎我的詞彙是否予人印象深刻。

大半的人所用的字彙不超過兩千字，日常用語則只有大約九百字。如果你要與大多數的人溝通，就必須保持簡單。絕對不要讓那些自以為聰明有學問的人嚇倒你。據我的觀察，常常用艱深字句的人，有時只是為要隱藏他們的缺乏安全感。

對群眾的事工具爭議性

我知道有些基督徒對於這一章的論調會不贊同。有關吸引群眾的爭議在兩個論題上最熱烈。第一是關於「吸引人的福音策略（attraction evangelism）」的合適性，另一個是關於教會如何透過回應文化來傳福音。

「去，傳」或「來，看」？

一些教會領袖否定以吸引人來傳福音是合適的方法。我聽過傳道人說：「聖經並沒有要這個世界來就教會，而是說教會要進去世界。」這個敘述似是而非，因為它只對了一半。

當然，聖經命令基督徒「去，傳」，這就是大使命！基督徒不是在那兒等著世人來要求我們向他們傳基督，而是必須主動分享福音。對於信徒，耶穌說：「去！」

但是對於失喪的世人，耶穌說：「來！」對於幾個想要認識耶穌的人，祂答道：「你們來看！」（約一：39）。在馬太十一章28節，耶穌向尋求真道的人說：「凡勞苦擔重擔的人，可以到我這裡來，我就使你們得安息。」在節期的最後一天，「耶穌站著高聲說：『人若渴了，可以到我這裡來喝』」（約七：37）。

> 對於信徒，耶穌說：「去！」但是對於失喪的世人，耶穌說：「來！」

「去，傳」與「來，看」，兩者在新約都有。在路加十四章，耶穌把神的國比作大筵席，主人的僕人到外面邀請饑餓的人進來吃，「坐滿我的屋子」。

我們不需要在「去」與「來」之間，二者選其一；兩者都是有效的傳福音型態。有些人是受到吸引而來，有些人則經由面對面的直接接觸。一個平衡、健康的教會，應該要提供這兩種機會，以及這兩類的節目。在馬鞍峰教會，我們兩種方法都用。我們向我們的社區說：「來，看！」，但是對我們的核心，我們說：「去，傳！」

回應文化：仿效、隔離、或滲入？

另一個人們一直爭論的有關傳福音的問題是，教會如何回應文化。有兩個極端的觀點：仿效和隔離。贊成「仿效」的，認為教會必須成為我們文化的樣式，才能從事牧養事工。持這種論調的教會犧牲聖經的信息，以及教會的宣教使命來**融入**文

化。他們可能贊同當前潮流的文化價值觀、崇拜成功財富、以及極端個人主義、極端女權運動、性開放的標準，甚至同性戀。在嘗試與文化取得關聯的同時，這些教會同時犧牲了聖經的神學觀、教義上的獨特性、以及基督的福音。為了能吸引群眾，悔改與委身的呼召都妥協了。融合主義摧毀了這種教會。

另一個極端是「隔離」。這個群體堅持我們必須極力避免適應任何文化，以保持教會的純潔無瑕。他們沒有看到我們文化當中屬罪的價值觀，以及由世世代代的人發展出來，不屬罪的風俗、格調、喜好之間的差異。他們拒絕新翻譯的聖經、現代的音樂風格，也斷然拒絕去修改任何從人來的傳統，例如他們已經習慣了的敬拜時間與次序。隔離主義者有時還有他們的穿著規則，以及一長串可行與不可行的單子（人的本性便是會豎起神學圍牆，為個人的喜好作辯護）。

這種教會往往把*他們的*文化傳統與教會正統混淆了。他們不明白，他們覺得自在的習俗、型態、方式，也是上一代信徒斥之為「摩登、屬世、異端」的。

我們必須在自由派與形式派之間取其一嗎？除了仿效與隔離，我們有第三種選擇嗎？我相信是有的。耶穌的策略是這兩個極端的醫治良方：**滲入**！

就如同鹹水魚類一生住在海洋中，卻不致於被鹽所浸蝕一般，耶穌服事這個世界，卻不被這個世界同化。祂「住在我們中間」（約一：14），也和我們一樣受試探，「只是祂沒有犯罪」（來四：15）。祂來往於人群中間，講他們的言語，觀察他們的風俗，唱他們的歌，參加他們的宴會，並且在教導的時

候，引用他們當時的事件（路十三：1-5）來抓住人們的注意。但是，祂做這一切，並沒有對祂的使命打折扣。

耶穌這種**對罪人敏銳**的事工，令當時的宗教人士緊張，毫不留情的批評祂。他們甚至將祂的事工歸因於撒旦的作為（可三：22）！法利賽人更是恨耶穌總是使罪人覺得自在，也不喜歡耶穌把罪人的需要擺在宗教傳統之上的作法。他們蔑視耶穌為「稅吏與罪人的朋友」──對於他們來說，這樣的頭銜是極端地令人難堪，但是耶穌卻將之視為榮譽的勳章。祂的回答是：「康健的人用不著醫生，有病的人才用得著。我來本不是召義人，乃是召罪人」（可二：17）。

在耶穌的時代，法利賽人以「潔淨」作為避免與不信者接觸的藉口。我們的教會今天仍然有法利賽人，他們對純潔比對人來得關心。如果你的教會對於大使命認真嚴肅的話，你絕不會有一個完全潔淨的教會，因為你總是會吸引一些生活型態有問題的非信徒來參加聚會。傳福音有時是很麻煩的。甚至在人們信主以後，你還是得處理他們的不成熟與屬肉體，所以不可能有一個完全潔淨的教會。

在馬鞍峰教會的一萬名群眾當中，有還未悔改的人嗎？當然有！當你用大網撈魚，你會撈上各種魚。那沒有關係。耶穌在一個比喻裡提到，不用擔心**稗子**混在麥子裡，有一天祂會把它們分開（太十三：29-30）。我們只管把除雜草的工作留給主耶穌，祂知道誰是真正的稗子。

耶穌把祂最嚴厲的話留給那些頑強的宗教傳統人士。當法利賽人問道：「你的門徒為甚麼犯古人的遺傳呢？」耶穌回答

說：「你們爲甚麼因著你們的遺傳犯神的誡命呢？」（太十五：2-3）。成就神的目標，絕對必須擺在保存傳統之上。

如果你真的想要以耶穌的方式來牧養人，絕不要驚訝現代的宗教人士攻擊你爲文化出賣信仰，以及打破傳統。你一定**會**受批評！可悲的是，一些隔離主義者，在其書籍以及文章當中，尖刻地譴伐批評一些對慕道友持敏銳態度的教會。這些批評大部分都是出自傲慢自大的觀察，有欠公允，也沒能真正代表這些對慕道友敏銳教會的實際情形。

開拓者總是容易中箭。將真理傳譯成現代的言語是一個危險的事業。記得，他們曾經爲了同樣的理由，把威克理夫（Wycliffe）燒死。但是，從別的基督徒來的批評，不應該阻擋你照耶穌的方式來牧養。惟有耶穌是我們服事的榜樣。

13

敬拜能成爲見證

神是個靈，所以拜祂的，必須用心靈和誠實拜祂。

約翰福音四：24

這個週末，會有數百萬人參加福音派的敬拜聚會。令人驚訝的是，如果你問他們參加聚會的目的是甚麼，大部分的人都答不上來。他們可能有一個模糊的概念，但是要他們以言語描述就很困難。

從十四到十六章，我將要解釋我們如何設計出一個聚會模式，帶領了數以千計的人認識基督。但首先，我覺得需要爲馬鞍峰教會的慕道者聚會，闡明其背後的神學理論與具體理由。我們在每個週末的聚會中所做的每件事都是根據我們的十二個確信。

敬拜的十二個確信

1.**只有信徒才能眞正敬拜神**。敬拜的方向是從信徒到神。我們在敬拜當中表達對神的愛與委身，以此來稱頌祂的名。非信徒無法這樣作。馬鞍峰教會對敬拜的定義是「敬拜是對神、以及祂的話語、祂的作爲，表達我們對祂的愛。」

　　我們相信表達對神的愛，有許多適當的方法。這些方法包括禱告、讚美、感謝、聆聽、奉獻、見證、交託、順服祂的話等等。神，而不是人，才是我們敬拜的焦點。

　　2.**敬拜神不需要有建築物**。使徒行傳十七章24節說：「創造宇宙和其中萬物的神，既是天地的主，就不住人手所造的殿。」我們教會成立了十五年，聚會人數增長到超過一萬人，還沒有自己的建築物，所以當我們這樣強調，你必定不會感到意外。這印證了我們的論點。

　　不幸地，許多教會沉迷於教會建築物。沒有建築物（或少一個）不應該成為我們敬拜神的阻礙、限制或困擾。有建築物並沒有甚麼不好，除非你把建築物代替造物主來敬拜。耶穌說：「因為無論在那裡，有兩三個人奉我的名聚會，那裡就有我在他們中間」（太十八：20）。

　　3.*沒有所謂正確的敬拜「形式」*。耶穌對於適當的敬拜只有兩點要求：「神是個靈，所以拜祂的，必須用心靈和誠實拜祂」（約四：24）。我相信只要敬拜是在「靈」裡，在「真理」當中，神對於不同形式的敬拜絕不以為忤。我相信神欣賞多樣性！記得嗎？我們都因祂的意念而被造得不一樣。

> 你對形式覺得自在與否，受你文化背景的影響，比神學理念多得多。

你對敬拜形式覺得自在與否，受你文化背景的影響，比神學理念多得多。爭論敬拜的形式，往往是將社會學上與個性上的爭論，冠以神學的名詞術語罷了。

　　每個教會都寧願相信他們的敬拜型態最合乎聖經。真相是，並沒有所謂聖經式的敬拜。每個禮拜天，全世界的信徒聚在一起，使用上千種不同的表達與形式，來歸榮耀給耶穌。

　　撇開型態不談，真正的敬拜需要同時用你的右腦與左腦。敬拜要情感和理智兼具、要心靈與意志並存。我們必須在靈裡並在真理裡敬拜。

　　4.非信徒可以觀察信徒敬拜。非信徒能夠感受我們的喜樂，能看到我們多麼珍惜神的話、如何回應神的話，能看到聖經如何回答生命的問題、生活的難題。他們會注意到敬拜怎樣激勵、堅固、改變我們，他們甚至可能感受到在聚會裡面神超自然的行動，雖然他們無法對此加以解釋。

　　5.如果人們能感受神的同在，信息又清楚易懂，敬拜對非信徒是一個強而有力的見證。在使徒行傳第二章，五旬節那天，神的同在是如此明顯地在門徒們的敬拜聚會當中，吸引了全城非信徒的注意。在使徒行傳二章6節說：「眾人都來聚集。」我們知道那必定是很龐大的群眾，因為那天有三千人得救。

　　為甚麼那三千人會信主？因為他們感受到神的同在，並且明白信息。這兩個要素都需具備，才能使敬拜成為見證。第一，神的同在必須能在敬拜中被感受到。大部分的人是因為感到神的同在接受基督，這樣信主的，比任何經由我們的教義辯護而信主的都多。很少人歸信基督純粹是靠理智。神同在的感受能溶化人的心，除去心理上的阻礙。

　　同時，敬拜和其中的信息必須能讓人瞭解。在五旬節那

天，聖靈奇妙地將信息翻譯成人人能懂得的話。人群裡的非信徒說：「我們聽見他們**用我們的鄉談**，講說神的大作為」（徒二：11）。因為能明白，他們就接受了基督。如果他們對信息不明白，就算他們能感受到神的同在，他們也不知道要怎樣做。

敬拜與傳福音有非常密切的關係。傳福音的目標是要產生更多敬拜神的人。聖經告訴我們說父在尋找敬拜祂的人（約四：23）。因此，傳福音的任務是為徵召敬拜神的人。

> 在真實的敬拜中，你能感受神的同在與赦免，神的目的顯明其中，神的能力彰顯出來。

同時，敬拜提供傳福音的**動機**，營造出一種想要傳揚基督給人的渴望。以賽亞滿有神大能的敬拜經驗（賽六：1-8），帶來的結果是以賽亞在神的面前說：「我在這裡，請差遣我。」真實的敬拜促使我們為主作見證。

在真實的敬拜當中，你能感受神的同在與赦免，神的目的顯明其中，神的能力彰顯出來。我個人認為這是傳福音的理想情境。我注意到當非信徒看到信徒以一種充滿智慧又誠懇的態度與神交往時，他們會產生一種想要認識神的欲望。

6.**當非信徒前來參加我們的敬拜聚會時，神期望我們對於他們的恐懼、煩惱、以及需要有敏銳的心**。這是保羅在哥林多前書十四章所教導的原則。在23節，保羅命令他們在公開敬拜當中，講方言要有所限制。他的理由是講方言在非信徒看來似乎很愚昧。保羅沒有說方言是愚昧的，只是說在外邦人看來是

愚昧的。「所以全教會聚在一處的時候，若都說方言，偶然有不通方言的，或是不信的人進來，豈不說你們顛狂了嗎？」（林前十四：23）。

我相信在這個對哥林多教會的勸勉背後，有一個更大的原則。保羅在此強調的點是，當非信徒在場時，我們必須願意調整我們的敬拜方式。神告訴我們，對於在我們敬拜當中的非信徒的困擾要敏銳。在我們的敬拜當中，對於慕道者敏銳，是合乎聖經命令的。

雖然保羅從未使用「對於慕道者敏銳」這樣的詞句，但是他的確是這個想法的創始者。他非常關心是否除去一切令非信徒跌倒的阻擋。他告訴哥林多教會：「不拘是猶太人，是希利尼人，是神的教會，你們都不要使他跌倒」(林前十：32)。他也勸勉歌羅西教會：「你們要愛惜光陰，用智慧與外人交往」（西四：5）。

當你有客人來你家晚餐時，你的家人在餐桌上的表現，是否與只有自家人時有所不同？當然不一樣！你會注意客人的需要，先服事他們。飯菜可能相同，但是你可能會用不同的碗盤，並以更周到的儀節用飯。在餐桌的談話也較有禮貌。這樣是叫假冒偽善嗎？不是。這一切只是你對客人的需要敏銳，並表示你尊敬他。相同的道理，在一個對慕道者的需要敏銳的聚會中，屬靈的糧食沒有變，只是以一種更體貼，更用心的方式呈現在慕道者面前。

7. 敬拜聚會要對於慕道者的需要敏銳，並不表示變得膚淺。信息也不用妥協，只需易懂。讓未加入教會者在聚會中感

到自在，並不意味你要改變神學立場，只是要改變聚會的環境。改變聚會環境可以透過你問候訪客的方式，音樂的型態，你傳講信息所用的聖經譯本或教會裡面的報告事項等等。

> 讓未加入教會者在聚會中感到自在，
> 並不意味著你要改變神學立場，
> 只是要改變聚會的環境。

信息總是不會讓人很舒服，事實上，有時候神的話語是會叫人坐立不安的！但我們仍然要教導神的全備計畫。對慕道者敏銳並不會限制信息說甚麼，卻會影響**你怎麼說**。

如我前章所述，未加入教會者並沒有要求摻水的信息，他們當然期望來教會時，聽到聖經的教導。他們要求的是，能以他們聽得懂的話語，並以被尊重被關懷的方式，聽到聖經如何與他們的生活產生關係。他們在尋找解決問題的答案，而不是責備。

非信徒與信徒一樣，都掙扎於同樣深刻的問題：我是誰？我從那裡來？我往那裡去？生命有意義嗎？世界上為甚麼有苦難與邪惡？我的人生目標是甚麼？我如何與人相處？這些當然不是膚淺的問題。

8.**信徒與非信徒的需要往往相重疊。他們在某些方面很不一樣，但是在許多方面非常相似。**對慕道者需要敏銳的教會，把重點放在信徒與非信徒的共同需要上。例如，信徒與非信徒都需要知道神到底像甚麼；他們都需要瞭解他們人生的目標；

他們都需要知道如何赦免別人；都需要得幫助來強化婚姻與家庭；都需要知道如何處理苦難、悲傷、痛苦；都需要知道為甚麼物質主義是如此具破壞性；基督徒一旦

> 對慕道者敏銳並不會限制信息說什麼，卻會影響你怎麼說。

得救，這些需要並不因此就沒有了。

9.**最好是扣緊目標來設計聚會**。大部分的教會嘗試在同一個聚會同時傳福音給失喪者，又訓誨信徒。當你傳送出混淆的信號，也會得到混淆的結果。一支槍同時瞄準兩個目標，只會令人挫折。

應該要設計一個專為教誨信徒的敬拜，以及另一個專為傳福音給未信主的朋友的聚會。馬鞍峰教會每週三晚上是信徒的聚會，每週六晚上以及週日早上是對慕道友需要敏銳的聚會。如此，便能使用不同的講道型態，詩歌，禱告，以及其他針對目標的適當要素。

當我開始馬鞍峰教會時，我問未加入教會的人，甚麼時間他們最可能來教會。每一個人都說：「如果我會去的話，那就是禮拜天早上。」我也問我們的會友，他們最可能帶未加入教會的朋友來教會的時間是甚麼時候，他們也說是禮拜天早上。即使是在今天的社會文化當中，人們仍然認為禮拜天早上是「上教堂的時刻」。那就是為甚麼我們訂禮拜天上午為傳福音，禮拜三晚上為教導的原因。

福音聚會不是甚麼新的創意，但是以禮拜天早上為傳福音

的聚會，卻是最近的改變。本世紀初，主日晚上通常是教會的「福音聚會」。一些教會仍然標榜主日晚上是傳福音的聚會，然而，有多少非信徒會來實在令人懷疑。就是信徒也不喜歡參加主日晚上的聚會！他們已經以他們的腳來為這個議題投票幾十年了。

10.針對慕道者的聚會只是要彌補個人談道，而非取代個人談道。 人們發現當有較多的人在旁扶持時，比較容易決志接受基督。慕道者的聚會，提供一個群體的見證，強化堅固個人的見證。當一個非信徒與一個已經向他作過見證的朋友來參加慕道聚會時，他看到這麼多的人，會想：

> 針對慕道者的聚會只是要彌補個人談道，而非取代個人談道。

「嘿　有這麼多人相信這個，裡面必定真有些甚麼。」

一群信徒一起敬拜是一個很具說服力的見證。因此，慕道者的聚會規模越大，傳福音的效果就越好。

11.設計慕道者聚會沒有標準公式可循。 因為非信徒並不都一樣！有些人要一個能感覺歸屬的聚會，另有些喜歡冷眼旁觀；有些人喜歡安靜沉思的聚會，另有些喜歡熱鬧高潮的聚會。在南加州行得通的型態，在新英格蘭地區（美國東北部）可能行不通，反之亦然。必須有各種不同型態的聚會，才能接觸到各種不同的人。

慕道聚會只有三個要素是不可或缺的：(1)以愛與尊重對待慕道者，(2)聚會要能符合他們的需要，(3)以一種實際易懂的方

式來分享福音。其他的因素都是次要的，教會不應該太過堅持。

我最初建議教會開創慕道聚會是在大約二十年前，現在這樣的聚會已經引起大眾媒體的注意，我有時發現人們太過強調一些次要的因素。他們擔心用不用講台，穿不穿牧師長袍，或是要不要每週演短劇。好像這些事情會把未加入教會的人群帶進教會似的。他們錯了，如果慕道者所看的只是高品質的製造水準，他們就留在家裡看電視好了，那些節目都是花費百萬金元製造的。

真正吸引大量未加入教會者進入教會的，是被改變的生命——許多被改變的生命。人們要到生命被改變的地方去，在那裡創傷被醫治，重新獲得希望。

> 真正吸引大量未加入教會者來教會的是被改變的生命。

在馬鞍峰教會，你到處可見被改變的生命。在幾乎每一個慕道聚會，我們都有一個人或一對夫婦，藉著基督的大能與愛，生命完全被改變的真實見證。這種每週都持續的「滿意的顧客」的見證，叫那些持懷疑態度的人無可推諉。

馬鞍峰教會推翻了許多人們對於「慕道友導向」聚會的傳統成見，在最不可能、最困難的情況當中，帶領了數以千計未加入教會者來歸信基督。想像一個教會持續不停地轉換地點；未加入教會者冬天坐在凍得要死的帳篷裡，或是在又濕又冷的春雨中，或是熱得冒泡的夏日烈陽下，或是狂風咆哮的秋天。想像一個教會，車有時要停在三哩之外，必要的話，還得站在

外面，撑著傘在雨中聚會。當生命被改變時，一些原本勢必會擊打教會的嚴重問題，都只被視爲一些不方便罷了。

　　在每一個馬鞍峰教會的聚會當中，我們都邀請人們填寫登記卡，並一起唱敬拜詩歌。我們收奉獻，提供一張信息大綱，上面寫著聖經章節，並提供委身的時刻。雖然，我聽到有人聲稱，如果你這樣做就不能接觸到未加入教會者；但是，在馬鞍峰教會卻已經有超過七千位非信徒登記委身給基督。另外還有好幾千人，每週都來聚會，正在考慮作這個決定。要造成這樣的不同，完全取決於你如何作。

　　新方法與新技巧只是工具。不一定要有戲劇演出，或多媒體，或怡人的建築物以及方便的停車場，才能吸引非信徒。這些只是讓吸引非信徒容易一點。請務必瞭解，在下兩章，我所作的建議只是一般的指引，是在馬鞍峰教會行得通的建議。不要把它們當作十誡一般。甚至，如果我們是在其他的地方，我也不會將我們在馬鞍峰所做的全數如法炮製。你必須去找出在你的地區接觸慕道友最有效的方法。

　　12.必須有不自私、成熟的信徒，才能提供一個對慕道者敏銳的聚會。在哥林多前書十四章19-20節，保羅說，如果在敬拜當中，我們只顧自己的需要，我們就是孩子氣、不成熟。當會友們對於非信徒的需要、困擾與恐懼，表示體貼，並且願意把那些需要擺在自己的需要前面，就是活出靈命成熟的表現。

　　每個教會都在「服事別人」與「服事自家人」（"service" and "serve-us"）的觀念之間掙扎不已。大部分的教會最後都趨向於滿足會友的需要，因爲是會友在付帳單。提供一個對慕道

者敏銳的聚會，意味著刻意將教會趨向另一個方向——非信徒。這必須會友們願意為提供非信徒一個有安全感的環境，而犧牲對傳統的愛好或自己的舒適等等。要有很深的靈命成熟度，才能讓人自動移到自在舒適的環境之外。

耶穌說：「正如人子來，不是要受人的服事，乃是要服事人；並且要捨命，作多人的贖價」（太廿：28）。一直到這樣不自私的僕人心態滲入教會會友的心靈與意志以前，你的教會都還不算已準備好要開始對慕道友敏銳的聚會。

14

設計一個敏銳於慕道者需要的聚會

所以全教會聚在一處的時侯，若都說方言，偶然有不通方言
的，或是不信的人進來，豈不說你們顛狂了嗎？

哥林多前書十四：23

你們要愛惜光陰，用智慧與外人交往。

歌羅西書四：5

在基督徒家庭長大的我，往往覺得帶領未信主的朋友去教
會是一件令人挫折的事。好像每次帶朋友去參加聚會
時，那個主日我父親不是剛好傳講十一奉獻，就是剛好有來訪
的宣教士播放幻燈片，要不然就是剛好守聖餐——都不是我那
未信主的朋友需要聽的，或是想要經歷的。

　　但往往我沒帶朋友來的那個主日，正好是講神救贖的計
畫，我就會想：「唉，真希望朋友在這裏！」一週過一週，我
無從知道這個禮拜是否適合帶領未信的朋友來。信息的重點無
從預料，總是傳福音與教導輪替。在我上大學時，我注意到這
是一般教會的模式。最後，我就放棄帶領未信主的朋友來教

會。這不是一個蓄意的決定，我只是爲此疲於焦慮。

　　大部分的教會很少有非信徒參加禮拜，因爲會友們覺得帶領他們去教會很不自在。不管牧師多努力鼓勵信徒帶領朋友來，或教會有多少新人餐會，結果都一樣：很多會友從來不曾帶領任何失喪的朋友來過教會。

　　爲甚麼會這樣？有三個重要的原因。第一，如我所提的，信息的重點無法預料。會友不知道下個禮拜牧師要講佈道信息還是教導信息。第二，聚會不是爲非信徒設計的，他們不瞭解聚會裏的種種程序。第三，會友對於聚會的品質覺得丟臉。

　　如果能夠讓一個典型教會的會友完全誠實地說出他對自己教會的感想，他可能會說：「我愛我的教會，我也愛我的牧師，我自己在聚會當中很得祝福，我們的聚會滿足了我的需要。但是……我想我不會邀請我未信主的同事來教會，因爲我們的聚會對他們沒甚麼意思。信息是爲我

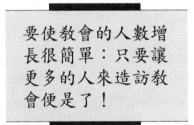

要使教會的人數增長很簡單：只要讓更多的人來造訪教會便是了！

的，詩歌也只是適合我，禱告的內容也是我才能瞭解的術語，甚至連報告事項也只是關乎我而已。我的朋友不會懂我們的聚會的。」而令人困擾的是，在這同時，他可能會爲沒有邀請同事來而內疚。

　　要使你的教會人數增加，並不需要火箭科學家的智慧，只要讓更多的人來造訪教會便是了！沒有人不是先作一個訪客，才決定加不加入教會的。如果一年才只有幾個訪客，那新加入

的會員就更少了。群眾不等於教會，但是要增長成一個大教會，第一先要能吸引群眾。

甚麼方法是增加教會訪客最自然的方法呢？是讓教會會友們為沒有邀請人來而感到內疚嗎？不是。那麼，是在教會外面豎起一個招牌寫道：「歡迎訪客」嗎？也不是。或是逐家對社區裏的住戶，進行令人冷眼相待的邀請？可能也不是。在教會裏舉行出席率競賽？不太可能。使用電話行銷或廣告？還是錯。

答案其實很簡單：刻意設計一個使你的會友能帶朋友來的聚會，並且要讓這個聚會能吸引人，能與非教會者發生關聯，讓會友們想要與他們所關心的那些失喪的朋友分享這個聚會。

馬鞍峰教會從一開始就提供這樣的聚會。當其他的教會漸漸開始發展類似的方式時，「對慕道者敏銳的聚會 (seeker-sensitive service)」才開始被用來描述這類的聚

> 群眾不等於教會，但是要增長為一個大教會，第一先要能吸引群眾。

會。設計一個讓基督徒願意帶未得救的朋友來的聚會，並不需要使用競賽、宣傳、或不正當的方式來增加出席率。會友們自然會週復一週的邀請他們的朋友來，你的教會自然會有穩定的成長及蜂擁而至的未加入教會訪客。在這一章，以及下一章，我會提供實際建議，教你如何設計一個敏銳於慕道者需要的聚會。

心懷目標來計畫聚會

在馬鞍峰教會，每個禮拜我們都提醒自己，誰是我們想要接觸的對象：馬鞍峰的老馬與他太太曼莎。一旦知道你的目標，就能決定慕道者聚會的許多事情：音樂型態，信息題目，見證，創作藝術等等。

大部分的福音派教會以講台呼召來結束佈道會，這一點顯示，在功用上，我們是把敬拜與佈道連結。但是很多人不瞭解，把前面五十八分鐘的聚會焦點放在信徒身上，卻忽然在最後兩分鐘，把焦點移到非信徒身上，這實在是弄巧成拙的策略。非信徒是不可能在一個與自己毫無關聯的聚會，專心地坐上五十八分鐘的。所以，整個聚會除了邀請決志，更必須將未加入教會者放在心上來規畫。

盡可能讓人容易參加

美國人一向期望方便省事。你必須盡可能除去任何阻礙，使未加入教會者沒有不來參加的藉口。

提供多場聚會。這使人有多次選擇的機會。馬鞍峰教會全年每週末提供四場相同的聚會：週六下午6:00，主日上午8:00，9:30以及11:15。經常有非信徒參加了我們的禮拜以後，回去邀了另一個朋友，又來參加另一場信息相同的禮拜。

提供停車場。在美國，必須要有停車位才能接觸到人。訪客們注意到的第一件事之一，就是停車與交通指揮。我曾經請教過幾個洛杉磯最大教會的牧師，在建築物上，他們所犯的最大的錯誤是甚麼。每個人的回答都一樣：停車位太少。人們喜歡開車來教會，你如果沒有空位給他們的車子，你就等於沒有

空位給他們本身。不論建築物有多大,如果沒有足夠的停車位,群眾就無法填滿建築物。

在做禮拜時,提供兒童主日學。未加入教會者不願意被吵鬧不休的小孩所打擾,不管是自己的小孩或是別人的小孩。馬鞍峰教會在四場慕道者聚會的同時,提供四場主日學。

在所有的文宣品上,都附上教會地圖。沒有比找一個地方,卻沒有地圖,更叫人懊惱的了。馬鞍峰教會自己有一條半哩長四線道路的入口,叫作馬鞍峰公路,教會是公路上唯一的建築,卻仍然有人會找不到教會呢!

改進禮拜的節奏與流程

幾乎所有的教會都必須加快禮拜的節奏。電視已經永久性地縮短了美國人的注意力。如果你注意禮拜一晚上的足球賽,光是一暫停時間,你會看到精采鏡頭重播、三個廣告節目,以及一段新聞剪輯——電視台絕不會讓你無聊的!MTV甚至把新生一代的注意更加縮短了。在一個三分鐘的影帶,你可能已經被幾千個影像轟炸過了。

而與之成對比的是,大部分的教會禮拜,都以蝸牛爬行般的節奏移動。在節目與節目當中,有太多空檔。領唱者領完一首歌,走下來,坐下。十五秒以後,牧師想到要上去。終於,慢慢地,他移到講台上,歡迎出席者。這時,非信徒已經開始打瞌睡了。要緊縮傳統的聚會時間,一個節目結束必須立刻接上另一個節目。

要找出方法來節省聚會的時間。我們定期地為每一個節目

計時：禱告、詩歌、宣佈、信息、結束、以及節目與節目之間的轉換。然後我們自問：「哪一項花太多時間，哪一項需要多一點時間？」

我們的禮拜一般是七十分鐘，如果你計畫得夠聰明，七十分鐘可以完成很多事情。比方說，收奉獻的時間，若多一些招待人員及奉獻袋，就可以省一半的時間。

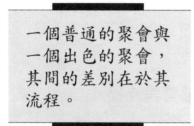

一個普通的聚會與一個出色的聚會，其間的差別在於其流程。

在慕道者聚會，牧禱宜減短。這不是為傅姊妹的趾甲往內長代禱的時刻。未加入教會者無法負擔長時間的禱告，他們會分心，打瞌睡。牧師應該機敏地在安靜的時刻作牧禱！

除了加快聚會節奏，還得改善聚會流程。一個普通的聚會與一個出色的聚會，其間的差別在於其流程。

馬鞍峰教會使用 " IMPACT "，來提醒我們想要達到的流程，並以此來設計我們的音樂。

Inspire Movement（啟發活動）：聚會開始的詩歌就是為這個目的。我們用一首輕快活潑的歌，使人想要踏步、拍手、或至少會微笑。我們想要幫助訪客放鬆緊張的神經。當身體放鬆，態度也比較不具防衛性。

聚會一開始，我們以喚醒自己的身體，來喚醒基督的身體，當人們來參加早晨的聚會時，往往覺得身體僵硬，想睡覺，羞怯。在我們的「啟發活動」詩歌之後，氣氛總是變得愉

悅而有精神。這首開會詩歌所造成的不同，真令人驚訝。

Praise（讚美）：我們繼續移到有關神的愉悅詩歌。

Adoration（敬拜）：聚會的流程移到默想神、效法神的詩歌。在此，節奏放慢。

Commitment（委身）：這首詩歌讓人們有機會委身或重新委身於主。這首歌常常是第一人稱的詩歌，例如，「我願更像袮。」

Tie it all together（連結起來）：最後一件事便是以一首簡短輕快的歌來結束聚會。

讓訪客覺得自在

訪客們總是在到達後的前十分鐘，就形成對你教會的印象。如我在十二章裏所述，訪客早在牧師開始講道之前，已經決定要不要再來了。第一印象很難改，所以你一定要想一想，你要給訪客們甚麼樣的第一印象。真如俗話所說：「第一印象絕沒有第二次的機會。」

在與訪客接觸時，最重要的是要瞭解他們的第一個情緒反應之一是畏懼。如果他們是純粹的未加入教會者，心裏很可能自忖道：「我在這裏，再來會怎樣？」他們感覺畏懼，就好像你第一次被邀請進回教的清真寺一般：「他們會不會把門鎖起來？」「我必須說甚麼嗎？」「我會不會很丟臉？」

訪客總是充滿掛慮，你首先要確定他們是否能放鬆。當一個人害怕時，傳達的管道就不通。如果能減低訪客懼怕的程度，對福音的接收程度便會大大的提高。有許多實際的方式可

以做到這一點。

保留最好的停車位給訪客。當你進入馬鞍峰教會的範圍內，你會看到一個牌子，請第一次來的訪客打開車燈，他們便能停在靠近敬拜中心的位置。如果有固定的停車位保留給訪客，就能請招待人員站在那裏，以微笑來歡迎他們，並且在他們一走出車子，立刻為他們指明方向。在馬鞍峰教會，所有的牧師以及教會同工的車都停在泥土地上，只有訪客能得到優先的停車空間。

有招待人員停駐在教堂外面。我們相信歡迎訪客極為重要，因此我們有四種不同的歡迎人員：停車指揮人員（parking attendants），招待員（ushers），招呼員（greeters），以及禮賓人員（hosts）。停車指揮人員指揮交通，他們是訪客所遇到對他們微笑的人。招呼員站在停車場，庭園地帶，隨和地與人打招呼。禮賓人員站在我們的詢問台。他們不只是給新來的人提供方向，他們還親自護送人們到要去的地方。招待人員則在聚會場所裏面招呼人，分發節目單，提供特殊情況的協助，以及收奉獻。

在一個機構裏面，最重要的人是那些直接與顧客接觸的人。對我而言，三角洲航空公司（Delta Airlines）裏，最重要的人是票務員以及空中服務員。三角洲航空公司的董事長對我來說不重要。為甚麼？因為我不必與他接觸。在你的教會，歡迎人員對訪客而言，是最重要的人，因為他們與訪客在最重要的前十分鐘直接接觸。務必用態度親切溫暖的人來作歡迎人員。

選用符合你目標的人來作招呼員與招待員也很重要。如果

你的目標是要接觸年輕夫婦，那你就要用年輕夫婦作招呼員；如果是要接觸青少年，那就要用青少年；如果是要接觸退休的人，那就要用退休的。很多教會，招呼員都是最年長的會友。如果一個訪客在最先的十分鐘遇見的人，都比他大四十歲以上，他就會開始懷疑他是否適合這個教會。

最後一點：在教堂外面的招呼員不要戴名牌。招呼員戴名牌，會使訪客覺得是被「教會官方」的人所歡迎。（有一次我們的一位牧師不正確地說：「我們只是讓我們的身上甚麼都沒有的招呼員，站在外面。」）告訴招呼人員，他們只要作他們自己——一位友善的教會會友，就好了。

在教堂外面設置詢問台。在詢問台的人員戴名牌是恰當的；這樣訪客才知道能在哪裏詢問問題。

在各處豎立方向指標。清楚指明進口處，育嬰室，特別是洗手間。不應該讓訪客問洗手間在那裏。

當人們走進教堂時，播放音樂。大部分的公共建築都在周圍播放音樂。不論是超級市場、醫生診所、專業辦公大樓、以及一些電梯內，都能聽到音樂。一些航空公司甚至在飛機上跑道時播放音樂。爲甚麼？因爲音樂能使人放鬆。

沉默寂靜會使未加入教會的訪客害怕。如果你走進一個坐上兩百人的房間，裏面靜無聲息，你難道不會懷疑到底怎麼了？但是，如果你走進一個房間，每個人都在彼此講話，你就不會覺得忸怩不安。

在敬拜時，會有肅靜沉默的時刻，但在慕道者聚會的開始，卻非如此。你可曾看過教堂的牆上有牌子寫道：「進入請

保持肅靜」？這是在慕道者的聚會中最不需要的。你要的是聚會前的氣氛保持生動愉快，彌漫著一股會感染人的喜樂氣息。

我們注意到一個很有趣的現象：背景音樂聲音越大，人們說話越生動。音樂越安靜柔和，人們越是輕聲說話。當訪客走進一棟建築物，人們如常的談話，又有生動的音樂飄揚，他們便開始輕鬆下來。他們會注意到人們很享受彼此的相交，也很高興來到這裏，他們也會注意到教會裏充滿生命。

允許訪客在聚會當中隱姓埋名。一旦訪客入座，我們絕不會去打擾他，或將他分別出來。我們容讓他們不被公眾指認的觀看聚會。我們要他們覺得受歡迎，被需要，但是不被監視。

令人遺憾的是，很多教會歡迎訪客的方式，比起不去理睬他們，更叫他們覺得不自在。訪客不喜歡被當眾指認出來。（唯一的例外是教派裏的長執們！）大教會能吸引許多訪客的原因之一是，新來的人可以躲在人群當中。在小教會裏，每個人都知道誰是訪客──而訪客也瞭解他們知道他是訪客！

在美國，人們普遍害怕的三件事是：去參加一個全部都不認識的人的派對；在眾人面前說話；在眾人面前被問及私事。

許多教會歡迎訪客的方式，正好讓訪客一次就經驗到這三件最害怕的事。牧師自以為友善地說：「請站起來，告訴我們您的大名，並稍微向我們談談您自己。」我們往往不瞭解，這樣做，訪客已經被嚇得半死了。

> 許多教會歡迎訪客的方式，正好讓訪客一次就經驗到三件他們最害怕的事。

當我住在華斯堡（Fort Worth）時，我們所屬的教會採用的方式正好與一般教會相反。每個禮拜，他們會要求會友全部起立，只留下訪客坐著，然後，他們就環繞著訪客唱歡迎歌。你能想像嗎？我們第一次去，會友們全都繞著我們站立。我能看到的便是一堆胖胖的屁股，對著我們唱「我們真高興有你在這裏，有你在身旁真好……」我真恨不得在地上挖個洞鑽進去！你曾經讓陌生人對著你唱歌嗎？就是我太太對我唱歌，都會覺得不好意思呢！這個故事的教訓是，要從訪客的觀點來檢討每一件事情。

雖然我以「訪客」來稱呼新來的人，但是，在馬鞍峰教會我們卻不這樣稱呼。我們稱他們為「客人（guests）」。「訪客」意味著他們只是來看一下，不會留下來。但是「客人」卻意味著，他是你盡心招待，使他舒適自在的人。

如果使用登記卡，務必讓每一個人都填寫一張。如果每個人都填，訪客就不會被孤立出來，他們會看到那是每個人都在做的事。

馬鞍峰教會的歡迎卡是一個多用途的通信工具，至少有一打以上的功用：用來登記出席、記錄屬靈決志、收集代禱事項、作調查、登記要參加的活動、徵召領導者、作聚會評估、更新會籍資料、收集講章資料、開創新事工，以及其他許多事情。這幫助我能為我們這增長中的教會把脈。

在我們教會達到三千人之前，我一向每週都親自看過每一張卡片。如此可以幫助我記住人名。現在，我只讀那些署名要給我的卡片。但是，這些卡片仍舊是我最直接的接觸工具。大

歡 迎！

日期：_____

姓名：_____　先生／太太／小姐　☐ 新地址

地址：_____

　　　_____　郵遞區號：_____

電話：(___)_____　公司電話：(___)_____

您這次來是：☐ 第一次　☐ 第二次　☐ 第三次　我是：☐ 拜訪者 ☐ 會員

您是_____的客人。

目前就讀　或　您的年齡

小學___年級　國中___年級　　　18-22　23-30　31-35　36-40

高中___年級　大學／專科___年級　41-45　46-50　51-60　61-70　71+

請註明：☐ 單身　☐ 已婚

子女姓名與生日：

_____　_____

_____　_____

我今天的決定是：

☐ 我要歸向基督
☐ 我要受洗
☐ 我要重新委身於基督
☐ 我要報名參加：
　☐ 發現馬鞍峰教會會員課程 #101
　☐ 發現靈命成熟課程 #201
　☐ 發現我的事工課程 #301
☐ 我願意在需要幫助的地方服事
☐ 我想和教會的同工牧師談談

我想要關於以下的資料：

☐ 如何與基督建立關係
☐ 如何加入教會家庭
☐ 建立新節目
☐ 成人小組

建議、請求或代禱事項：☐ 禱告團隊　☐ 保密

我想要關於以下的資料 (續)：

☐ 企業和專業活動
☐ 單身活動
☐ 單親活動
☐ 女士活動
☐ 男士活動
☐ 婚談介紹
☐ 休閒活動
☐ 音樂活動
☐ 青年活動 (18-30)
☐ 高中生活動
☐ 國中生活動
☐ 兒童活動
☐ 兒童事工的志工

_____

_____

_____

家都知道任何人都能藉著歡迎卡傳達信息給我。我發現人們會用寫的來告訴我一些他們絕不會當面向我說的事情。

在卡片上，有一處地方，讓訪客註明，這是他們的第一、第二，或第三次來訪。我們便寄上我準備的不同的謝卡給他們。

我奉勸大家不要用登記簿，傳來傳去的讓大家填。這會侵害別人的隱私權，同一排的人都會看到訪客填些甚麼。此外，從登記簿讀取名單也比使用歡迎卡困難。我們的卡片都是收奉獻時一起收。這也讓每個人至少都有個東西可以放進奉獻袋。一旦奉獻收完，一個資料輸入團隊便開始將之分類，並將各種資料輸入電腦，以便同工們使用。

提供一個能使人放輕鬆的公開歡迎式。講台的第一句話便決定了聚會的風格。每個禮拜，我們的一位牧師會說一些諸如：「歡迎你禮拜天來馬鞍峰教會！我們很高興你來。如果你是第一次來，我們希望你能舒適地享受我們所為你預備的聚會。」這樣的話。

讓人們知道他們可以期待著好好享受聚會。告訴他們，他們不必開口說話，也沒有人會令他們難為情。並清楚說明奉獻：「如果你是來訪，請務必瞭解，我們不期望你奉獻。這只是為我們教會大家庭的一份子而設。作為我們的客人，我們希望你能在聚會當中有所得著，我們不期待你給予。」

讓人們互相招呼問候來開始並結束聚會。在新約聖經，一共有五次教導我們彼此問安，表達親切的問候。因此，在我們教會聚會的前後，我們讓每個人向四周至少三個人握手問候。

這些年來，這項簡單的傳統已經營造出一種有如一家的溫

馨情誼，縱使人們彼此並不認識。有時候，我會在聚會結束時，要求人們彼此說一些如「今天能坐在你旁邊真好！」之類的話。對於一些人來說，這種友善的肯定，是他們一個禮拜以來，唯一得到的。

在馬鞍峰教會早期，會友們練習一種我們稱之為「三分鐘規矩」的習慣。「三分鐘規矩」意指，在聚會結束後的三分鐘裏，我們只能與自己不認識的人談話。這一點是根據一個事實而定的，就是，聚會結束，最先離開的都是訪客。所以我們就決定，要先確定每個訪客都有人對他們談話。

如果使用名牌，務必讓每個人都有名牌。不要只讓訪客戴名牌，也不要只讓會友戴名牌。

每場聚會都提供點心桌。如果能夠讓訪客喝杯咖啡吃個小點心，訪客便會多待一會兒。如此便提供會友有機會認識他們。飲食一向能使人放鬆。我實在不懂為什麼，但是，若能讓一個三百磅重的大塊頭「躲」在一杯小咖啡後面，他在不認識的人群裏，便會覺得比較有安全感。

令我驚訝的是，耶穌常常是在與人行走或吃飯時教導人。我相信這是有意的，因為這兩樣事都會使人放鬆，降低關係阻力。人們輕鬆時，聆聽的能力較好，也比較願意改變。

使環境明亮快活

硬體的設備和環境與聚會的情況息息相關。建築物的形狀會影響你聚會的型態。當你走進某些建築物時，心情會不由自主的快樂起來，而走進另一些建築，卻會感覺沮喪沉悶。房間

的形狀、溫度、照明也會立刻影響情緒。要瞭解並利用這些因素。找出你想要的聚會氣氛，並加以營造。

在馬鞍峰教會，我們以**歡喜慶祝**一詞扼要地說明了我們想要的慕道者聚會的氣氛。在馬鞍峰教會，每個禮拜天都是復活節，於是，我們狂熱地營造一個明亮快活的環境。訪客一踏進來便能立刻感受到。

試著從訪客的眼光來看硬體設備，並決定你的建築物到底要傳達甚麼信息。想想看，若進口處是一扇暗色厚重的木門，與一扇玻璃門會有甚麼不同。

甚至在聚會開始之前，訪客已經在對這個教會進行價值判斷了。在他們停好車

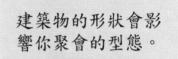

建築物的形狀會影響你聚會的型態。

踏出停車場時，便開始觀察建築物四周的環境。庭園景觀維持得如何？草地與圍牆有沒有修剪整理？有沒有垃圾堆積？教會的標誌需要重新油漆嗎？乾淨會吸引人，污穢、髒亂的設施則令人卻步。

有時候，建築設施傳送的信息會與你教會刻意要傳達的信息相牴觸。你可能要說：「我們很友善！」但是你的建築物可能正在說：「我們很冷淡！」你可以宣稱：「我們很切合時代。」而你的建築物可能正在叫嚷著：「我們已經落後五十年了。」如果你的教會建築分崩離析，你很難營造出「我們很團結」的印象。

教會維護的一個問題是，大約在四個禮拜以後，你就可能會忽略一些缺陷。你一旦習慣了教會建築，就不太會去注意教

會有甚麼不妥的地方。你會視而不見褪色的油漆，破爛的地毯，剝落的講台，放在前廳的那一大疊過期的福音單張，被遺留在詩歌本裏的舊節目單，在鋼琴上的一疊譜，在高高的天花板上燒壞的聚光燈泡。遺憾的是，這些事都毫不遺漏地映入訪客的眼簾。

對付這種傾向的方法就是做一個教會環境影響報告。請一位攝影師在教會四周繞一下，並請他就一位訪客的眼光照相。然後，將這些照片給教會領袖們看，以決定有哪些必須改變。大部分的牧師不曾坐在後排來觀看他的聽眾。你需要密切注意的環境因素包括燈光、音效、座位、空間、溫度、植物、育嬰室、以及洗手間。

燈光。燈光對於人們的情緒影響深遠，不恰當的燈光會減弱聚會的生氣。講員臉上的陰影，會減低信息的衝擊力。

大部分的教會都太暗了。或許是因爲基督徒曾經在地室墓窖聚會許多年的後遺症吧！就是教會有許多窗戶，也往往把它們掩蓋住。教會似乎有一種觀念，以爲陰陰暗暗才能營造比較「屬靈」的氣氛。我完全不同意。

我相信教會建築應該明亮充滿光線。神的屬性乃是以「光」來表徵。約翰壹書一章5節說：「神就是光，在祂毫無黑暗。」光是神創造的第一件（創一：3）。今天，我相信神會對成千上萬的教會說：「要有光。」

你如果要聚會保持清醒，首要之事就是讓環境保持明亮。拿掉窗簾，打開門窗，點亮所有的電燈，在這一週裏，悄悄地把燈泡換新，然後好好研究下個禮拜聚會的氣氛，看是否有所

改變。教會的復興可能正掌握在你手中！

音效。投資你們所能負擔的最好的音響系統。如果要削減花費，請削減在別處——別削在這裏。馬鞍峰教會持續增長了十五年，沒有自己的建築物，但是我們卻一直都有最棒的音響系統。

不管信息有多折服人，如果人們無法愉悅地聽清楚，是沒有用的。一個窸窸窣窣的音響系統，會不知不覺的損害最有天分的音樂家，並使得最有能力的傳道人無能為力。再沒有甚麼能比吵雜的回聲更能將神聖的一刻破壞無遺的了。如果你是牧師，堅持要求教會買一個無線麥克風，才不會像是被銬在講壇一般地無法移動。

座位。座位的舒適與否，與座位擺放的位置都能立即影響任何聚會。心靈的吸收，只等同座位所能支持的時間長度。不舒服的座位是那惡者最喜歡用來讓人分心的工具。

如果能夠更換教會的座位，我絕對支持。在今天的文化裏，人們唯一被迫坐長板凳的地方，就是教會以及球賽便宜的露天看台座位。人們喜歡有自己的座位，在我們的社會，個人空間是大家所珍視的。這就是為甚麼，包廂座總是賣得高價。如果人們迫不得已，坐得太靠近，會很不舒服。如果使用椅子，人與人之間至少要十八吋，如果是用長條椅，則至少要二十一吋。

如果是使用可移動的椅子，就要排成能讓人可以看到其他人的臉，這能立即影響人們對聚會的反應。如果你是成立新教會，那麼買椅子時，就買比所需要的少一點，因為如此，當需

要多買椅子時，會令人很受激勵。在一個四周滿是空椅子的地方敬拜，是叫人洩氣的事。

空間。對於空間的規則是：不要太多也不要太少！任何一個極端都會限制成長。當聚會坐到八成滿時，就必須再開始另一堂聚會。很多教會停頓在高峰階段，就是因爲他們覺得反正還有一些位子，所以不需要再開一堂聚會。當座位坐滿時，你便會經歷到魏彼得（Peter Wagner）所說的：「社會學性的扼殺（sociological strangulation）」。一個建築物會扼殺一個教會的增長。

也可能空間太多。很多教會的建築實在大得他們無法填滿。如果大廳可以容納750人，就是已經坐了200人，感覺上還是覺得寥若無人！有太多比人還多的空椅子排在四周時，很難形成一種溫暖親密的感覺。教會的空間太大時，便失去教會增長很重要的動力。

群眾越少，講員與群眾的距離應該越近。群眾增長時，講台便應跟著往後往上移。如果只有五十人，那麼就把講壇擺在離前排數尺的地方。不必站上講台了。

溫度。身爲一個曾在沒有空調的體育館，以及沒有暖氣的帳篷講道數年的牧師，我滿有自信的說：溫度會在數分鐘以內毀掉一個精心規畫的聚會！當人們太冷或太熱，就停止參與。他們的心裏只是一直在審察外界，並盼望快快結束。

在溫度方面，教會最常犯的錯誤是讓室內溫度太暖。招待員往往早在聚會開始前就設定一個適當的溫度，但是卻沒有想到，當人們陸續來填滿屋子時，身上的溫度會使室內溫度上升

很多。當空調漸漸發生效用,降低溫度時,聚會已經接近尾聲。

在聚會開始前,應該把溫度設定得比舒適的溫度低幾度。等人們來了以後,聚會開始時,溫度便上升到適度的情況。讓溫度保持涼爽會使人保持清醒。

植物。我鼓勵你們使用盆栽、樹木等青翠植物來裝飾建築物。我們曾經有許多年,每週末把盆栽、小樹自租來的建築物之間,拖進拖出。植物傳達:「至少這個地方有些有生命的東西!」

我相信你聽過人們說:「在大自然中間,讓我覺得比較接近神。」這是能瞭解的。當神創造亞當夏娃,祂並不是把他們放在水泥牆中的摩天大樓裏,祂乃是把他們安置在一個花園裏。神創造的美妙大自然能激勵、放鬆、恢復人們的精神。詩篇廿三篇成為人們的最愛,不是偶然的;人們很容易想像青草地上與可安歇的水邊,那種令人舒暢的景象。

附注一點,室內別用太多神秘的宗教象徵。每個人都知道十字架,但是未加入教會者會困惑於聖餐杯、冠冕、以及尾部帶著火焰的鴿子。

乾淨、安全的育嬰室。絕不能有拖把水桶放在牆角,玩具也應該每個禮拜清洗乾淨。

乾淨的洗手間。訪客可能會忘掉講道內容,但是卻對一個味道噁心的洗手間久難忘懷。你可以從檢查一間教會的洗手間看出這個教會的士氣如何。

可悲的事實是,很多教會都需要一個全新的建築物。他們絕不可能以目前使用的建築物吸引他們社區裏的人。有一位牧

師很喪氣的對我說，他禱告神：「神啊，降把火下來吧！」

當我的朋友狄拉瑞（Larry DeWitt）奉召去牧養在南加州的一個教會時，他發現一個小小的，用三夾板蓋的禮拜堂，坐落在一個高科技的郊區。狄拉瑞心知這種年紀與款式的教會建築是接觸社區人群的阻礙。於是，他要求教會的領袖們，除非他們願意搬出那個教會建築，開始到附近一個餓虎餐廳（Hungry Tiger）舉行禮拜，否則他就不願意接受聘任。教會會友同意這樣做。

在遷移過種種不同地點之後的今天，那個教會已經增長到幾千人之多。如果當初他們留在那個原來的教會建築裏，絕不可能增長到這麼大。正如我在第一章裡所說的，鞋子絕不應該對腳說它該長多大。馬鞍峰教會借高中校園舉行慕道者聚會十三年之久。為了讓我們能盡所能的得到好效果，我們組織了兩個品管隊。第一隊在早上六點以前到達，佈置四十二間教室與體育館。架設組會在移動任何東西前，將每個房間的布置圖畫在黑板上，如此，下午一點，當收拾組在下午一點進來時，才能照著圖，把東西歸還原位。每個禮拜天，每一間教室都吸塵兩次，第一次是在早上開始前，第二次是在下午結束後。非常辛苦，但卻是教會增長所必須付的代價。

在使環境明亮的目標上，我們所做的正如保羅在提多書二章10節所說：「好在所做的一切事上，使我們的救主神的教訓更受尊重」（現代中文譯本）。

營造吸引人的氣氛

氣氛是當你走進一個聚會，你很難確認但卻清楚明白的感覺。它往往被稱爲聚會的「精神」、「氣息」、「風格」。不管你怎麼稱呼它，氣氛確實深深地影響聚會所發生的一切。它可以成就你的目標，或相反的，也可以阻礙你所想要做的。

如果你不刻意決定聚會裡所要形成的風格，它就會隨意而行。馬鞍峰教會使用五個詞來描寫我們每個禮拜尋求要達到的氣氛。

期待。訪客常常給我們的評語是，他們有一種期待的感覺。每次聚會前，都蔓延著一種熱切的氣氛，似乎說道：「美妙的事將要發生！」人們感到興奮，滿有活力，並對於聚在一起有一種參與感。會友們感到神的同在，生命將要被改變。訪客常常描述這種氣氛爲「觸電的感覺」。

是甚麼因素導致這種期待感？有幾個原因：會友們整個禮拜爲聚會禱告，會友們在聚會當中一直在禱告，熱切的會友帶未得救的朋友來教會，教會一直有生命被改變的經歷，以及大量的群眾、歡慶風格的音樂、帶領敬拜團隊的信心。

聚會開始的禱告一定要表達出期待神在聚會當中，期待人們的需要會被填滿。期待只是信心的另一個說法。耶穌說：「照著你們的信給你們成全了吧」（太九：29）。

歡慶。詩篇一〇〇篇2節說：「要歡歡喜喜地敬拜祂！要唱讚美詩歌，到祂面前」（現代中文譯本）。因爲神要我們的敬拜成爲一場歡慶，所以我們便努力營造快樂歡喜的氣氛。太多教會的敬拜，像是追思禮拜，而不像節慶。主要的原因在於帶領敬拜的人的態度問題。我曾參加過一些聚會，覺得非常想問

問敬拜的領會者：「你會微笑嗎？」

敬拜是一件愉悅的事，不是一個責任。我們從神的臨在當中經驗到喜樂（詩廿一：6）。在詩篇四二篇4節說：「我從前與眾人同往，用歡呼稱讚的聲音，領他們到神的殿裏，大家守節。」這樣的描述是否也描述你教會的聚會？

肯定。希伯來書十章25節說：「要彼此勸勉；既知道那日子臨近，就更當如此。」這世上有太多的壞消息，人們需要有個地方可以聽到好消息。

我們願意我們的聚會能給人鼓勵，而不是喪氣灰心。甚至當信息是面對人們的罪時，我們仍是以正面開始，也以正面結束。以肯定的態度會比批評的態度更快改變人。研究主耶穌的事工，會發現祂多麼有技巧地引出人們最好的一些特質來。

凝聚。儘管我們的人數這麼多，我們仍是努力將我們的聚會營造出家庭的氣氛。我們在每場會前與會後與人招呼的方式，以及台上的人彼此交接的方式，牧師們與群眾們說話的方式，都在傳達：「我們是一個大家庭，我們彼此相聚，你屬於這裏。」

我喜愛彼得前書三章8節所說：「你們要都同心，彼此體恤，相愛如弟兄，存慈憐謙卑的心。」在一個越來越沒有人性的世界，人們在尋找一個他們能有所歸屬的地方。

復原。人生是艱困的，我看到成千上萬的人，一個禮拜以來，明顯地被這個世界所打擊，帶著耗竭的心靈與精神來到教會。我的工作就是幫助人重新與基督的充電線接上。耶穌說：「凡勞苦擔重擔的人，可以到我這裏來，我就使你們得安息。

我心裏柔和謙卑，你們當負我的軛，學我的樣式；這樣，你們心裏就必得享安息」（太十一：28-29）。

　　每週敬拜的目的之一是要使靈命得以恢復，並重新調整情緒以面對新的一個禮拜。耶穌堅持：「安息日是為人設立的，人不是為安息日設立的」（可二：27）。每次我準備講章時，我都禱告：「天父，幫助我在禮拜天所說的能預備人面對禮拜一。」

　　我能看到教會是一片焦枯的沙漠中的屬靈綠洲。我們被召，提供我們周圍飢渴將亡的人們滋潤生命的活水。

　　特別在南加州，人們需要從瘋狂奔忙當中喘一口氣。為此，我們在聚會中，有些幽默。「喜樂的心乃是良藥」（箴十七：22）。使人有舒服的感覺不是罪。教導人們對自己以及自己的問題輕鬆看待，不僅會使他們的擔子輕省一點，也能幫助他們改變。

　　我相信福音派的一個大問題是：我們把自己看得太認真，而把神看得不夠認真！祂是完美的——我們卻不是。幽默（humor）與謙卑（humility）出自同一字根絕不是偶然的。如果你能學會嘲笑自己，你就永遠有夠多的材料去享受生活。

　　釋放。聖經說：「主的靈在那裏，那裏就得以自由」（林後三：17）。在我們的聚會當中，我們避免沉悶、正式、以及任何自負、虛偽。反之，我們營造一種非正式的、輕鬆友善的氣氛。我們發現非正式的、真誠無偽的敬拜，能夠化解未加入教會者害怕、防禦的心理。

　　人們在正式場合往往比在非式場合覺得緊張。如果你對於

改變人的生命真的有興趣，那麼記得這一點是很重要的。正式的、儀典式的聚會使未加入教會者擔心他們可能會犯甚麼錯誤，因而手足無措。我相信如果你不知道在一個陌生公開的場合如何舉止，也會有同樣的感覺。

當人們忐忑不安時，情緒的防衛性會升高。為了要向未加入教會者傳揚福音，我們的第一要務就是要減低他們的焦慮，解除他們的防衛心理。他們一旦放鬆，才能不再專注於自己，轉而專注我們所傳遞的信息。

對於許多未加入教會者而言，**非正式**是**真實**的同義詞，而**正式**意即**不真誠、虛偽**。戰後嬰兒潮這一代人對於華麗虛飾以及禮儀更是不加理睬。為此，在馬鞍峰教會，我們的牧師不使用神職人員的稱呼。沒有人稱呼我「華博士」，大家都叫我「理克」。

我們也沒有特定服裝，牧師都隨意穿著，如同一般會眾。最近一份根據GQ雜誌的調查報告顯示只有25%的美國人穿西裝打領帶。我已經許多年，講道不穿西裝打領帶了。（當然，這可能跟我在燠熱的帳篷與體育館講道有關！）

人們穿甚麼到教會，是文化問題，不是神學問題，所以我們不願意把它看成一件大事。有一件事我們確知：耶穌從不曾穿西裝打領帶，所以效法基督，這一點絕不是要求之一。

印一份簡單的聚會節目程序單

未加入教會者來教會時，並不知道要期待些甚麼，這會使他們慌張。一份聚會程序單等於向他們說：「這裏沒甚麼令你

意外的事。」事先告訴未加入教會者即將進行的事，會令他們放鬆，減低他們的防衛心理。

不要以術語來寫程序單。如果訪客無法瞭解聚會程序，那麼印這份程序單就失去它的意義了。一份典型的節目程序單，會有一些像「祈願（invocation）」、「奉獻詩歌（offertory anthem）」、「邀請詩歌（invitational hymn）」、「祝禱（benediction）」、「殿樂（postlude）」等等，對於未加入教會者，這些話聽起來就像拉丁文一般。

在馬鞍峰教會，我們以「開會禱告」代替「祈願」，「閉會禱告」代替「祝禱」，以「唱詩」代替「宣召」，以「回報神恩」代替「奉獻」。如此人們一看即懂。我們聚會使用今日聖經的聖經譯本。我們比較重視讓未加入教會者聽得明白，勝於使用正式名詞來使那些懂的人印象深刻。

程序單應加以註解。當你去聽歌劇或看一齣戲時，往往會有一份解說幫助你明白節目的內容。同樣的，我們也應該告訴人們，聚會裏我們在做甚麼，爲甚麼這樣做。我們的節目程序單包括對於歡迎卡、奉獻、委身時刻、以及其他部分的解釋。

減少教會內部的報告事項

教會越大，報告事項越多。若沒有訂立一套政策來決定甚麼事情必須公開報告，甚麼事情不用，其結果會變成花一大段可觀的聚會時間在教會內部的報告事項上。你要如何處理呢？

訓練會友自己閱讀節目單。向大家宣佈：「這個禮拜，我們有些爲男士、單身人士、以及高中生舉辦的特別活動。請一

定要讀您的節目單，找出特別為您設計的節目。」

只宣佈有關每一個人的事項。如果每次，你宣佈的事情都只關係一部分人，很快你會發現沒有人在聽宣佈事項了。不要只為了一小部分人的事情，浪費每個人的時間。

避免在講壇請求任何幫助。在慕道者聚會當中，應該儘量減少在講壇徵求志願者支援。親自去徵召人支援會比講壇徵召有效。

不要在慕道者聚會裏，舉行教會內部事項的討論。把事項留待會友的聚會再談。我知道有教會要求所有的訪客在會後一起留下來，討論事情。這是對訪客不友善的作法！

持續不斷地評估改進

在每一場球賽之後的禮拜一上午，美國足球聯盟（NFL）足球選手就會觀看前一個禮拜天的球賽錄影帶，研究下個禮拜如何能打得更好。我們對於每個禮拜天的敬拜，應該比他們更關心才對。美國足球聯盟只是打一場球賽，而我們卻不是。

要使教會增長，必須不斷地問：「我們要怎樣做得更好？」必須毫不留情地評估聚會與事工。評估是卓越之鑰。必須不停地檢查聚會的每個部分，以及它的效果。

馬鞍峰教會有三種工具用來幫助作評估，第一印象卡、歡迎卡、以及敬拜評估單。這三樣提供我們寶貴的迴響，是不斷改進的秘訣。

第一印象卡提供給我們首次訪客們的意見，幫助我們從他們的角度來看聚會。歡迎卡提供我們經常性參加者以及自己會

友的意見。敬拜評估單則提供從自己同工來的意見。這些意見包括從停車場到節目單，到點心桌，到音樂以及信息的意見。

在哥林多前書十四章40節，保羅為有關慕道者聚會的指示作結論道：「凡事都要規規矩矩地按著次序行。」這節經文暗示，計畫、評估與改進是適當的作法。敬拜神與傳福音，兩者都值得我們盡最大最好的努力。

記得你在服事誰

在聽完我對慕道者聚會的建議之後，你可能會覺得灰心。請記得，這些是重要的想法，但卻不是絕對必要的。我早先提到，慕道者聚會唯一必要的條件是以愛心與尊重來對待非信徒，以他們的需要為前提，以實際易懂的方式來傳達信息。

對慕道者敏銳的聚會是很辛苦的工作！需要大量的精力、創作力、委身、時間、金錢、以及準備，週復一週地做。為甚麼要這麼辛苦？為甚麼要這麼麻煩去建立起教會與未加入教會者之間文化深溝的橋樑？因為，正如保羅，我們所做的一切是為耶穌的緣故（林後四：5）。

你必須知道你為甚麼做你所做的一切，否則你會被灰心所擊倒。我記得幾年前的一個禮拜天早晨，我們正在高中進行我們的週末聚會的佈置，為了某些原因，有大概一半的架設組人員沒有出現。當我正從拖車搬運一批育嬰室器材，穿過校園到其中一間教室時，忽然覺得一股灰心喪志迎面擊來。

撒旦開始向我投擲自憐的矛：你為甚麼要這麼辛苦地架設，然後又要收拾？別的牧師都只需要出現在講台就好了！他

們只需要走到教堂。大部分的牧師不需要搞這些，而你已經做
了許多年了！

　　當我正耽溺在自憐的當中，聖靈拍拍我的肩膀，對我說：
「嗨，理克，你做這一切到底是爲誰？」我忽然就在高中校園
裏，停下來，哭起來，並且提醒我自己，我這樣做是爲了耶穌
的緣故，我所做的完全無法與祂爲我所做的來比。

　　「無論做甚麼，都要從心裏做，像是給主做的，不是給人
做的，因你們知道從主那裏必得著基業爲賞賜；你們所事奉的
乃是主基督」（西三：23-24）。

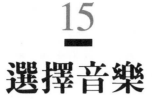

15

選擇音樂

祂使我口唱新歌…許多人必看見而敬拜祂，並要信靠祂。
詩篇四十：3（英文新世紀版本直譯）

常常有人問我，如果讓我重新開始馬鞍峰教會，我會改變那些作法？我的答案是：從新教會的第一天開始，我會投入更多的精力與金錢在能配合我們目標的第一流音樂事工上。在馬鞍峰教會的第一年，我犯了一個錯誤，我低估了音樂的效力，因此，我沒有在我們的聚會當中好好使用音樂。現在我為此很後悔。

音樂是我們生命中的不可或缺的一部分。我們吃喝、開車、購物、鬆弛神經，甚至一些非浸信會會友跳舞，都少不了它！美國人最大的消遣不是棒球，而是音樂，並且彼此分享對音樂的意見。

歌曲常常能夠以某種講道無法辦到的方法感動人。音樂能越過智能的阻礙，將信息直接傳送到心裏。音樂是傳福音強而有力的工具。詩篇四十章3節大衛說：「祂使我口唱新歌…許多人必看見而敬拜祂，並要信靠祂」（英文新世紀版本直譯）。請注意此處音樂與傳福音清楚的連結──「並要信靠祂」

　　亞理斯多德說：「音樂有塑造品格的能力。」撒旦明顯地正使用音樂達到這個目標。一九六〇及七〇年代的搖滾樂歌詞塑造了目前大部分三十、四十、五十歲美國人的價值觀。今天，MTV 塑造了大部分的十幾、二十歲的青少年的價值觀。音樂是年輕一代價值觀念最主要的傳遞媒介。如果我們不使用現代音樂來傳遞屬神的價值觀，撒旦將肆無忌憚、勢如破竹地影響整個世代的人。音樂是不容忽視的有力工具。

　　當我們開始馬鞍峰教會時，我不只低估音樂的功能，我還犯了一個錯誤：我想要符合每個人的喜好。於是，我們的音樂風格廣泛，往往一場聚會涵蓋從巴哈到搖滾式音樂。我們交替著唱傳統聖詩，讚美合唱，現代基督徒詩歌。我們使用古典音樂、鄉村音樂、爵士樂、搖滾樂、輕音樂、甚至饒舌歌。群眾完全搞不清再來會是甚麼。結果：我們討不到任何人的喜歡，反而令人喪氣！我們正如我在第九章提到的電台，想要以各種不同風格的音樂來吸引人，結果卻適得其反。

　　要得到每個人對音樂的歡心是不可能的。音樂是區隔年代、地域、個性、甚至家庭成員的要件。所以我們不用訝異於教會裏對音樂會有分歧的意見。你必須決定所要接觸的對象是誰，確認出他們喜好的音樂型態，並牢牢守住。如果你嘗試找出一種教會裏每個人都喜歡的音樂型態，你是在浪費時間。

選擇音樂格調

　　你所選擇在聚會中使用的音樂格調，將會是你教會生涯一個最重要的（也是最多爭議的）決定之一。這個選擇也很可能

決定你的教會所要接觸的對象，以及你的教會增長與否。選擇的音樂必須能與教會所要接觸的對象配合。

你所使用的音樂將定位你的教會在社區裏的角色，它會定義你是誰。一旦你決定敬拜所要使用的音樂風格，你便是定下教會的方向了。這會決定你將吸引哪一種人，留住甚麼人，流失哪些人。

如果你告訴我你的聚會目前使用哪一種音樂，不用去訪問你的教會，我便能對你目前嘗試接觸的人加以形容。我也可以告訴你，哪些人是你的教會絕無法接觸的。

> 音樂的格調要能配合神所要你接觸的人。

我否定音樂的風格有所謂「好音樂」與「壞音樂」的想法。這種評斷是誰決定的？一個人所喜愛的音樂，往往是由一個人的背景與文化決定的。某種音調對亞洲人的耳朵比較順耳；另一種音樂則中東的人聽來順耳；而非洲人卻享受另一種與南美洲人不同節奏的音樂。

堅持「好」音樂都是兩百年前，在歐洲所作的音樂，是一種文化優越感。這種看法一點也沒有聖經根據。你可能喜愛肯塔基草原音樂，或是南方爵士樂，芝加哥藍調音樂，密爾瓦基波卡，或納許維爾的鄉村音樂，或西部音樂；全憑你在那裏長大而定。沒有一種風格比其他的「好」這回事。

教會還必須承認，沒有某種風格是「神聖」的。使一首歌神聖，是在於它的信息。音樂只是樂譜的安排與節奏，是它的歌詞使歌曲變得屬靈。沒有所謂的「基督教音樂」，只有基督

教歌詞。如果讓我彈一個沒有歌詞的曲調給你聽，你不一定能知道它是不是一首基督教詩歌。

一首詩歌的神聖信息，能以許多種不同風格的音樂來傳達。兩千年來，聖靈使用各種不同的音樂來榮耀神。接觸各種不同的人，需要各種教會，以及各種不同的音樂風格。堅持某種音樂才是神聖的，實在是一種偶像崇拜。

每次我聽到基督徒反對現代音樂，說：「我們需要回到我們音樂的根本。」我都不覺莞爾。真不知道他們要回到多久以前，是回到葛利果吟唱音樂呢？還是回到耶路撒冷教會時期的猶太曲調？通常他們只是要回到五十到一百年前罷了。

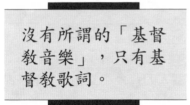

沒有所謂的「基督教音樂」，只有基督教歌詞。

有些人以為歌羅西書三章16節提到的「詩」就是與我們今日成為「詩歌」的同樣型態。其實，我們並不知道他們的詩聽起來像甚麼。但是我們確實知道新約時代的教會是使用當時文化普遍使用的樂曲與音樂風格。既然他們當時沒有鋼琴或風琴，他們的音樂聽起來絕不會像我們今天教會裏的音樂一般。

在詩篇裏，我們看到合乎聖經的敬拜也使用鼓與鈸、喇叭、鈴鼓、以及弦樂。我覺得聽起來反而與今天的現代音樂比較近似！

唱一首新歌

整個教會歷史，偉大的神學家總是把神的真理配上他們當

代的音樂形式。馬丁路德的「神是我們堅固保障」這首聖詩，是借用當時流行的歌曲調子（若在今天，路德可能從附近卡拉OK館子裏借用一個調子來配）。查爾斯・衛斯理（Charles Wesley）也曾使用幾首當時英國酒館與歌劇院流行的曲調。加爾文曾雇用兩個當時的世俗作曲家, 幫他把他的神學思想放進音樂裏。英國女王曾被這些「粗鄙的調子」激怒，而嘲諷地稱之為加爾文的「日內瓦踢踏舞」！

我們今天視之為古典聖詩的歌曲，也曾經如同今天的現代音樂般被批評。當「平安夜」出版時，曼斯大教堂的音樂指揮，喬治・韋伯（George Weber）稱「平安夜」這首歌為「低俗鄙陋，欠缺所有的宗教與基督徒的情操。」偉大的英國牧師司布真，瞧不起他當時的當代崇拜音樂——同樣的詩歌，我們現在卻尊崇不已。

最叫人難以置信的是，韓德爾的彌賽亞被他當時的教會界批評為「粗鄙的戲院作品」。就如同人們批評現代的合唱曲一般，彌賽亞也被批評為重複太多，缺乏足夠的信息——它重複了大約一百次的「哈利路亞」！

甚至神聖的唱聖詩傳統，也曾一度被浸信會看作是「屬世的」。柯便雅憫（Benjamin Keach）是十七世紀的一位浸信會牧師，是他把唱詩歌引介給英國的浸信會。他首先是從教導孩童唱詩開始，因為兒童們喜歡唱。他們的父母卻不喜歡唱詩，他們認為唱歌是與福音派敬拜相違的。

當柯牧師嘗試向他牧養的荷斯理丘陵（Horsley Down）教會的會眾引介唱詩時，嚴重的爭議開始。在1673年，他終於取

得會眾的同意，至少在守聖餐之後，以馬可十四章26節為根據，唱一首詩歌；但是，柯牧師還是容許反對這樣做的人可以在唱詩前離開。六年之後，1679年，教會同意在「公眾感恩」的日子唱一首詩歌。

又過了十四年，教會才通過同意敬拜當中唱詩歌是合宜的。這段爭議的代價是二十二個信徒離開柯牧師的教會，加入「沒有唱詩歌」的教會。無論如何，別的教會也開始喜愛唱詩歌，並群起仿效。那個「沒有唱詩歌」的教會，不久之後聘了一位牧師，牧師以必須唱詩歌為接受聘任與否的條件，情況漸漸改變。你可能可以減慢進步的速度，但無法阻擋進步。

在這件事上令我驚異的是柯牧師的耐心。他花了整整二十年，來改變會眾的敬拜型態。一般的教會，要改變其神學觀念可能還比改變它的聚會程序來得容易。

我們福音派的一個弱點是我們不懂教會歷史。因此，我們把目前的傳統與正統加以混淆。很多今天的教會使用的方法與工具，例如唱詩歌、鋼琴、管風琴、講壇呼召，以及主日學，都曾經一度被視為屬世甚至是異端。現在，這些工具都被廣泛地接受為從神而來的禮物，為要幫助我們敬拜。現在反對改革者有一份新的「黑名單」，包括使用合成樂器、鼓、戲劇、以及錄影帶等等。

敬拜用甚麼音樂，將是未來幾年一般教會的主要爭議。每個教會都將面對這件事。對於熱烈的爭辯要有心理準備。杜布森（James Dobson）博士曾在他的「家庭焦點」（Focus on the Family）節目承認：「從墮胎到色情書刊到任何一個話題，最

具爭議性的議題就是音樂。音樂比任何其他的東西都更快挑起人們的怒氣。」對於音樂的爭論曾經使許多教會分裂或分派。我猜想這也是爲甚麼司布真稱他的音樂事工是「戰爭部」！

爲甚麼人們將敬拜的方式看得如此切身相關？因爲你敬拜的方式，與神造你的方式緊密地相連。敬拜是你對神表達個人的愛。當有人批評你敬拜的方式時，你自然把它當作對個人的攻擊。

馬鞍峰教會不辭其咎地自稱是一個現代音樂的教會。我們常常被傳播界評爲「愛搖滾的一群」（the flock that like to rock）。 我們使用教會裏大多數人收聽的電台音樂的風格。幾年前，在我們倦於取悅每個人之後，我決定對我們教會作一個調查，我傳下去一張小卡片給每個人，要求他們寫下他們所聽電台的調頻號碼。

我們發現在我們當中有 96% 的人說他們收聽「途中」成人現代音樂。 大部分四十歲以下的人不懂 1965 年以前的音樂。對他們來說，貓王（Elvis）的調子就是古典樂！他們喜愛輕快愉悅，節奏強烈的音樂。他們的耳朵已經習慣聽強烈的低音配樂及節奏的音樂。

有史以來，第一次存在一種全世界性，不管到哪個國家哪個地方都能聽到的音樂，稱之爲現代熱門音樂。同樣一首歌，能在奈洛比、東京、以及莫斯科的電台聽到。大部分的電視廣告都使用現代熱門音樂。甚至鄉村音樂與西部音樂也被它影響。馬鞍峰教會便是選擇使用這種音樂風格。

在調查過我們所接觸的是甚麼樣的人之後，我們作了一個

策略性的決定，停止在慕道者聚會唱聖詩。在決定「我們的音樂」後的一年之內，馬鞍峰教會呈現爆炸性的增長。我承認由於我們的音樂風格，我們失去數百位可能的會友。但是，另一方面，我們卻爲此吸引了數千人。

選擇音樂風格的規則

由於我瞭解我正走進一個佈滿地雷的地區，我願意提供幾點關於音樂的建議。不管你的教會選擇使用的音樂風格爲何，我相信有幾項規則需要遵循。

事先試聽所有你要使用的音樂

聚會中不要有任何意外。這是我從慘痛經驗中學到的教訓。我可以講許多令你掉淚的故事，例如有一次，有一位外來的獻唱者決定唱二十分鐘有關反核武器的歌！如果你不管制音樂，音樂就會管制你的聚會。建立一些規則，讓音樂能幫助達成聚會的目標，而不是破壞目標。

當你事先聽過要使用的音樂，要注意它的曲調與歌詞。要看看歌詞是否合乎教義，未加入教會者是否能瞭解，是否使用一些非信徒聽不懂的術語或暗喻。每首音樂都要確認出它的目標，是爲教導，還是敬拜，或是團契相交，或爲傳福音？

馬鞍峰教會將音樂以目標來分類。群眾曲目上的歌對於有非信徒在場的聚會（慕道者聚會）是恰當的。會眾曲目上的歌，對於信徒深具意義，但卻對未加入教會者甚無意義（我們便在週間敬拜聚會唱）。核心曲目上的歌是有關服事與牧養，

我們便在我們的SALT聚會時唱。

　　試聽要用的音樂時，要問：「曲調讓我感覺如何？」音樂對人的情緒有很大的影響。錯誤的音樂會毀掉聚會的屬靈氣氛。每位牧師都知道，在大家唱過一首令人灰心自棄的歌曲之後，要重新振作起聚會的精神，是多麼令人挫折的事。先決定你所要的聚會氣氛，然後依此創作出風格。馬鞍峰教會相信敬拜應該是一種慶祝，所以我們使用的風格是明亮、愉悅的。我們很少唱小調的歌。

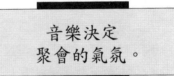

音樂決定
聚會的氣氛。

　　即使我們邀請的是流行的基督徒藝人來馬鞍峰教會演唱，我們也堅持事先聽過他們預備的每一首歌曲。我們在慕道者聚會中所要維持的氣氛是遠比任何歌者的自尊心重要得多了。

加快節奏

　　如我在十四章所指出，聖經上說：「要歡歡喜喜地敬拜祂！要唱讚美詩歌到祂面前來！」但是許多敬拜的聲調卻像是追思禮拜多於節慶。畢約翰牧師（John Bisango）是德州休士頓擁有一萬五千人的第一浸信會牧師。他說：「追悼輓歌與穿著僵硬領子的領唱者比世界上任何東西對教會的殺傷力都大！」

　　我們戲稱馬鞍峰教會的唱詩歌是有氧運動，非常生動！我最近收到一張第一印象卡，是一位八十一歲的訪客和他太太寫的：「謝謝你們幫助我們攪動一下衰老的血液。」馬鞍峰教會唱詩歌時，絕不可能睡著。我們要求我們的音樂既屬靈又能激

發情緒。在上一章，我分享我們使用IMPACT當中的I，M，P，以及 T，這幾項所唱的歌都是輕快的節奏。A和C項唱的歌都是比較緩慢，多點默想的詩歌。非信徒一般都喜歡歡喜快樂的歌過於沉思默想的歌，因爲他們還沒有與基督建立關係。

將歌詞更新

　　有許多很好的詩歌，只要改一兩個字，讓非信徒能瞭解，便能使用在慕道者的聚會當中。詩歌裏有關聖經當中的隱喻或神學用詞，可能需要重新修辭。如果聖經都必須爲慕道者將十八世紀的譯本翻成現代英文，更何況那些顯得奇怪的老詩歌的歌詞。

　　如果你要使用聖詩，有些便需要大幅度的修改。例如：「以便以謝歌」，「嗼囉咟與撒拉弗」，「天使墜下」，「洗淨在羔羊的血」等等，都是些令未加入教會者困惑的句子。他們不懂你在唱些甚麼。未加入教會者說不定會把「在基利的香膏」想成一首廣告歌！

　　　　　　　　　　　　　　　　一些會友會堅持，老聖

> 每一次眞正的復興都伴隨著新歌。

詩裏包含著一些好的神學信息。我同意。爲甚麼不把那些古式的名詞重新編譯，將歌詞放到現代的曲調裡呢？請記得，音樂本身並沒有俗聖之分。我們只是幫老朋友穿上新裝。

　　但是，有些現代讚美合唱曲的歌詞與一些老聖詩同樣令人困惑。非信徒不懂甚麼叫「耶和華以勒」，你還不如唱「嘰嘰

咕咕」。

鼓勵會眾創作新歌

我們應該鼓勵所有的會眾創作敬拜的詩歌。你如果研究教會歷史，會發現每一個真正的復興，都有新的音樂伴隨著。新歌傳遞這樣的信息：「神**現在**，不只是一百年前，正在這裏行大事。」每一代的人都需要新歌來表達他們的信仰。

詩篇九六篇1節說：「你們要向耶和華唱**新歌**」。可悲的是，大部分的教會都仍然只是在唱那些**老詩歌**。哥倫比亞唱片公司曾作過一個研究，一首歌唱了五十次以後，人們就不再想歌詞的意義了——只是機械性地唱罷了。

我們喜愛老歌，因為老歌會激起我們懷舊的情緒。有些歌，例如：「靠耶穌得勝」（Victory in Jesus），「完全降服」（I Surrender All），以及「差遣我」（So Send I You），每次唱都令我立刻感動地掉淚，因為它們提醒我人生旅途中的幾個轉捩點。但是，同樣這些歌並不會對非信徒，或甚至是其他的信徒造成同樣的衝擊，因為他們無法分享我過去的回憶。

許多教會因為牧師或領唱者個人的喜好，而過度使用某些歌。詩歌曲目好似領唱者手中的俘虜一般，牧師或音樂事工部主任的喜好，不應該成為決定教會音樂風格的因素。應該用教會的目標，來決定音樂的風格。

如果你真想要知道你的聚會是否總是使用一些老掉牙的詩歌，我提議下個禮拜天，你做一個試驗：把你的會眾唱詩歌時

的表情，錄影下來。當人們一直唱著同樣的老詩歌，冷漠麻木的表情盡都寫在臉上。「千篇一律」比任何因素所扼殺的聚會都多。

如果人們不思索他們所唱的，一首詩歌便失去它見證的能力。但是，如果人們唱歌時能有深刻的感動，詩歌對於非信徒是一個很有力的見證。

這個世紀前半葉的福音詩歌，都比較高舉基督徒的經歷，而非榮耀耶穌。與此對比的是，今天最有效果的敬拜詩歌，都是直接向神表達愛的情歌，這是合乎聖經的敬拜。聖經至少告訴我們十七次，要向神歌唱；而大多數老聖詩所唱的只是有關於神。現代敬拜詩歌的強處是，以神為中心，而非以人為中心。

以電子合成樂隊代替風琴

以今天的科技，任何教會都能夠有專業唱片的音效水準。只需要一部電子合成音樂鍵盤，以及一些電子合成音樂磁碟。使用電子合成音樂的好處是，它能補足任何樂器的欠缺。比方說，如果你有一個鍵盤手，一個喇叭手，一個吉他手，但是缺了一個低音琴手，以及一個鼓手，你只需要以電子合成鍵盤來加上這兩樣就成了。如果教會裏面沒有人熟悉電子合成音樂技術，幾乎所有的樂器行都有授課。

以馬鞍峰教會現在的規模，我們有一個完整的搖滾樂團，但是大部分的教會沒有大到能組一個樂團。如果我今天要開始一個新教會，我會找一個懂得電子合成音樂的人，給他一部鍵盤。當我開始馬鞍峰教會時，還沒有電子合成音樂，我常想，

如果當時我們的聚會有像電子合成音樂這樣品質的音樂的話，在早先的那幾年，我們會達到多少人？

當我做音樂喜好調查時，我沒有發現任何人說：「我收聽風琴音樂。」你還能聽到管風琴的唯一地方大概是教堂。想想看：我們要求未加入教會者來教會，坐十七世紀的座位（我們稱之為教會長椅——pews），唱十八世紀的歌（我們稱之為聖詩——Hymns），聽十九世紀的樂器（管風琴），然後我們奇怪為甚麼人家說我們落伍！我恐怕在大家進入二十一世紀之際，我們才開始使用二十世紀的樂器。

你必須決定你的教會是要成為一個擁有優秀音樂的音樂學院，或是一個普通人可以帶未信的朋友來，聽他們懂得、也能享受的音樂。馬鞍峰教會使用的音樂是為心靈而不是為藝術。

別強迫非信徒唱歌

在慕道者的聚會中，多使用表演的音樂，少使用會眾唱歌。訪客對於唱他們不熟悉、不懂的歌，會覺得不自在。期望未加入教會者在成為基督徒之前，唱讚美耶穌以及委身耶穌的歌，就有如馬車拉馬一般的不合理。

在會眾唱歌時，未加入教會的訪客常常覺得手足無措。由於他們不懂這些歌，這些歌又都是關於讚美與委身基督的歌，他們被迫在別人唱歌時站立。特別是在小教會，每個人都注意到你沒有在唱。另一方面，如果音樂的型態是他們能瞭解的，未加入教會者樂於欣賞別人演奏演唱。因此，在慕道者聚會宜多注意演奏性的音樂，把冗長的讚美詩歌時段移到信徒的聚

會。（在我們的信徒聚會，我們經常花三十到四十分鐘沒有間斷的讚美與敬拜。）

　　要瞭解教會越大，在慕道者的聚會裏，會眾的歌唱便可以越多。因為，當一個未加入教會的訪客被上千人包圍時，就沒有人會注意他有沒有在唱歌了。他可以躲在群眾裏不覺得被監視地聆聽別人唱，並被這個時刻的情緒所吸引住。

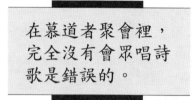

在慕道者聚會裡，完全沒有會眾唱詩歌是錯誤的。

雖然，最好不要在慕道者的聚會有冗長的會眾唱歌，但是，我相信完全不唱歌是一個錯誤；因為唱歌是一個很有力的、很情緒性的要素。當信徒們和諧地一起唱歌，會產生一種親密的感覺。這種親密感很令非信徒感動，雖然他們無法加以解釋，但是他們能感受到這當中有些美好的事在發生。

　　「使之和諧」意即「帶來合一」。當信徒們和諧在一起唱歌，也就是用聲音表達主裏身體的合一與團契相交。每個人都各自唱自己的部分，但卻也在聽別人唱，好讓聲音能調和。信徒一起誠摯專心地讚美是非常吸引人的事。這是一個見證，見證這些普通人，與基督，與彼此，真的都有很好的關係。

讓音樂發揮影響力

　　雖然，音樂是慕道者聚會裏，最引人爭議的問題，但它卻是不容我們忽視、最重要的事情。我們必須瞭解音樂令人難以置信的力量，並將自己個人的喜好放在一邊，讓音樂發揮效

力，使音樂能達到為基督接觸未加入教會者最大的效果。

16

向未加入教會者傳講信息

你們跟非基督徒來往要有智慧，要把握機會，講話要溫和
風趣，要知道怎樣回答每一個人所提出的問題。

歌羅西書四：5-6（現代中文譯本）

只要隨事說造就人的好話，叫聽見的人得益處。

以弗所書四：29

當我們開始馬鞍峰教會時，我從過去作為佈道家的十年當中
，保留了一大批的講章。我想大概不用花許多時間準備講
章，就夠我用上幾年了。但是，當我做過社區調查之後，我就放
棄了這個想法。

當我發現在我的地區未加入教會者的最大抱怨是「無
聊」、「無關痛癢」的講道時，我決定我最好認真地重新檢討
我的講道。我重新看了我十年來的講章，並且對自己問一個問
題：這個信息對於完全沒有進過教會的人，有沒有意義？

我喜歡這個信息與否並不重要，教義正確與否或演講是否
高明，也都不是最重要的。如果我要吸引強硬派的未信者來開
始一個新教會，所傳講的信息就一定要跟他們有關聯。結果，
我丟棄了過去十年來所寫的絕大多數講章，只保留了兩篇。

我必須從頭開始發展出一套新的講道技巧。在第十二章，「耶穌如何吸引群眾」，我已經提到我對於講道的看法與作法。如果你對於我的講道風格，以及我如何準備講章、如何傳遞信息有興趣的話，可以訂購「改變生命的傳播方法（Communicating to Change Lives）」錄音帶。請向在加州的 The Encouraging Word Tape Ministry訂購，電話：（714）587 -9534，傳真：（714）587-0392。

你的型態要配合聽眾

我在慕道者聚會裏使用的型態，與我用來教導信徒的型態很不一樣。使用大部分教會信徒習慣的傳達方式，來接觸未加入教會者，是反效果的作法。

當我向信徒講道時，我喜歡照著聖經的書卷，逐節地教導。在馬鞍峰教會，我曾經花兩年半的時間，在我們的信徒聚會中，將羅馬書逐節的教導過一遍。逐節的、逐卷的，解經式講道能建立起基督的身體。當你對那些接受神話語權威的信徒傳講時，是很有功效的。但是，對於那些沒有動機要讀聖經的未信者來說，又怎樣呢？我不認為逐節地將聖經從頭教到尾是向未加入教會者傳福音最有效的方法。相反地，你必須從與他的共同點開始，就如同保羅在雅典的亞略巴古，向外邦人所做的一樣。他不從舊約聖經講起，他用了一首當地人的詩來引起他們的注意，並建立與他們的共同點。

在英文裏**溝通**（communication）一詞，是出自拉丁文的 "communis"，意思是「相同」。除非你找到一些與人相同之

處，否則你無法與人溝通。對未加入教會者，你無法憑著說：「讓我們翻開聖經到以賽亞書十四章，繼續研究這本奧妙的書。」來與他建立共同點。

我們與未信者的共同點不是聖經，而是我們相同的需要、傷害、以及人類共同的興趣。你無法以一句經文開始，並期望他被吸引。你必須先抓住他的興趣，然後再將注意力轉移到神的話語上面。必須藉著一個能引起未加入教會者興趣的話題，然後再向他們指出來聖經怎麼說，如此，你才能夠抓住他們的注意力，解除他們的抗拒，並形成他們對聖經的興趣。

每個禮拜我都以一個需要或傷害，或是興趣來切入，然後再移到神的話怎麼說。而不是專注在單一的一段話語上。我會使用許多談到這個題目的經節。我稱這種型態的講道是「以經解經」的解經講道，或說是主題解經。（在神學院裏，這種以經節解經節的主題解經方式稱之為系統神學！）

我真的認為神一點也不在乎你是逐本的教導聖經，或是以主題教導聖經，只要你是在教導聖經。祂也不在乎你是先以經文切入，再轉而應用在人的需要上，或是先以人的需要開始，再移到經文上。

今天，「針對人們的需要傳講信息」，被一些圈子貶抑批評為出賣廉價的福音。我要盡可能清楚地說明：以人們的需要來切入信息，不僅是一種行銷技巧！這是根據一個神學事實，就是神選擇依我們的需要來啟示祂自己！舊約與新約都充滿這樣的例子。

甚至神的名字也啟示出神要如何滿足我們的需要。整個歷

史裏，每當人們問神：「你的名字是甚麼？」神的回答總是依照他們當時的需要來啟示他們：對那些需要神蹟的，神啟示祂自己是耶和華以勒（我是你的供應者）；對那些需要安慰的，神啟示祂自己為耶和華沙龍（我是你的平安）；對那些需要救恩的人，神啟示祂自己為耶和華 "Tsidkenu"（我是你的公義），還有許許多多這樣的例子。神在我們的處境，在我們的需要之處與我們相遇。根據需要來傳講信息是一個合乎神學的方式，能夠介紹人認識神。

逐節（卷）的釋經講道
和以經解經（主題）的釋經講道，
二者都是教會健康增長的必要方法。

改變人生命的講道透過「應用」把神話語的真理，以及人們真正的需要結合在一起。你要從那一端開始，全依聽眾而決定。但最重要的是，最終你要把神話語的真理，以及人們真正的需要經由「應用」而結合在一起，不管信息是從那裏開始的。

神的話語────→　←────人們的需要

應用

逐節（卷）解經或是以經解經（主題），兩者都是教會健康增長的必要方法。逐卷釋經講道是教導最好的方法，主題釋經則是佈道最有果效的方法。

幫助非信徒能輕鬆自如地讀聖經

非信徒常常畏於讀聖經。因為聖經充滿許多奇怪的名字與標題，聽起來跟任何他們以前讀過的書都不同。英皇欽定譯本更是令未加入教會者困惑。此外，聖經更是唯一一本他們所見過每一句前面有號碼，而且是皮革裝訂的書。這又往往使許多非信徒對於讀聖經或拿聖經，有一種出於迷信的害怕。

讀較新譯本的聖經。今天有這麼多非常好的譯本，沒有必要使好消息因為四百年前的古英文而變得複雜。使用英皇欽定譯本只會徒然產生不必要的文化阻礙。請記得，當雅各王下令從事這個聖經譯本時，是為了要有當代的譯本。我曾經看過一則廣告，說如果雅各王今天還在的話，他會要讀新國際版聖經！這說不定是真的。明確比詩意更重要。

使用公眾聖經。馬鞍峰教會的早期，我們買了許多便宜的精裝聖經，放在每張椅子上。由於未加入教會者不瞭解聖經，所以在讀聖經時，我們便宣佈第幾頁。這樣可以使訪客不至於因為找不到經節而覺得不好意思。當你隔壁那個人早已經翻到經節，而你卻才找到目錄，實在令人感到心慌！

當選擇要讀的經文時，要把未加入教會者放在心上。雖然所有的經文都是神所默示的，但卻並不是所有的經文都同樣的能應用在非信徒身上。有些章節顯然比另一些章節對於慕道者的聚會更恰當。例如，你大概不會唸詩篇五十八篇：「神啊，求祢敲碎他們口中的牙，……願他們像蝸牛消化過去，又像婦人墜落未見天日的胎……義人見仇敵遭報就歡喜，要在惡人的血中洗腳。……」保留這一段在個人的靈修時間，或當地的牧者早餐會吧！

　　某些經文會比別的經文需要更多的解釋。在馬鞍峰教會，我們喜歡用一些不需事先理解的經文。我們也喜歡用那些講到認識基督的好處的經文。

提供一份附有經文的大綱

　　我總是提供一份附有聖經章節的信息大綱，這樣做有幾個理由：

- 未加入教會者沒有聖經。
- 不會因為找不到章節而令人羞赧。
- 在較短的時間內，能包含更多的內容。我曾經計算過一位有名的牧師在某次講道中翻聖經所花的時間，當他說：「請翻到……」，我算了他每次翻聖經所花去的時間，一共是七分鐘。
- 每個人都能夠大聲整齊地讀聖經，因為每個人都讀同樣譯本的聖經。
- 如此作，讓你能參考比較不同譯本的聖經經文。
- 聽眾能將重點圈出、劃線或加上註解。
- 幫助人們記住信息的內容。在72小時以內，我們會忘掉所聽到的90～95％的內容。意即，如果聽眾沒有做筆記，那麼，到禮拜三，他們已經忘了大部分的信息，只記得其中的5％。
- 人們能把大綱貼在冰箱上，複習禮拜天的經文。
- 能夠用來做小組聚會的基本討論材料。
- 會友能夠把大綱教授給別人。我們教會有幾位生意人，

他們使用上週的講道大綱來帶領辦公室的查經。

有經文在上面的信息大綱，它所發揮的長久影響力令我驚訝。最近，有一位高中生物老師告訴我，神如何使用一份大綱在他的生命中。有一天，他接到一通電話，是他十幾歲的女兒發生車禍，人沒事，但車子全毀，而且是她的錯。於是，他去接他女兒。當他們坐在路邊等拖吊車來把車拖走時，想到他女兒的粗心大意，越想越生氣。正當那時，忽然在路邊排水溝撿到一張紙，拿起來一看，正好是我的講道大綱。信息和聖經經文是關於「消掉怒氣」。現在，他把那張大綱收在皮夾裏。

這個方法的好處實在太多，因此，我每次講道一定發大綱。已經有幾千位牧師使用馬鞍峰教會的大綱格式，如果你想要一個樣本，請寫信給我們。

設計能吸引未加入教會者的講題

如果你瀏覽過週六報紙的教會版，你會發現大部分的牧師沒有嘗試以講題來吸引未加入教會者。看看洛杉磯時報的一些有趣的講題，如：「風起雲湧」，「去耶利哥的路上」，「彼得去捕魚」，「堅固保障」，「行走指引」，「成為一個提多」，「沒有所謂的橡膠鐘」，「血流成河」，「補破鍋的事工」。

以上哪一個講題會令你想要跳下床，趕著去教會的？有哪一個講題會令一個未加入教會者瀏覽報紙時，覺得被吸引？傳道人是怎麼想的？為甚麼浪費錢財登這樣講題的廣告？

我因為使用讀者文摘式的文章標題作為慕道者聚會的主

題，而遭受批評。這是刻意做的，讀者文摘在美國仍然是爲人閱讀最多的雜誌之一，因爲它的文章能引起人類需要、傷害、以及興趣的共鳴。

耶穌說：「的確，世上的人在世事上比屬靈的人聰明」（路十六：8英文新世紀版直譯）。他們知道甚麼能夠吸引注意。耶穌期待我們在傳福音的事上，也能如此敏銳有策略：「我差你們去，如同羊進入狼群，所以你們要靈巧像蛇，馴良像鴿子」（太十：16）。

我的講題並不打算吸引別教會的會友。如果你光從講題來判斷馬鞍峰教會，你可能會認爲我們相當膚淺。但是，既然基督徒不是我們的目標，我們便不算膚淺，我們只是有策略。在那些「感覺需要」的講題之下是紮紮實實的聖經信息。其他基督徒對我們的誤解，只是爲引導成千上萬的人歸向基督所付的一點代價罷了。

系列的傳講

很少牧者瞭解動力的能力。傳講一系列的信息便是使用動力的好例子。每個信息都緊接著建立在前一個信息上，產生出一種期待感。一系列的講道也能得到廣告的效果。人們知道這個系列是甚麼，如果能在事前先宣佈講題，便能計畫帶朋友來聽最適合他們需要的講道。

我總是在我們預期會有很多人來的那些日子，宣佈一個新的系列，例如復活節。如此作能產生出餌的效果，下個禮拜便會有許多第一次的訪客再次回來。系列講道最好的長度是四到

八個禮拜。任何長過於八個禮拜的系列，都會失去會眾的興趣。他們會開始懷疑你除此以外還懂甚麼。我曾經聽過一個女人抱怨道：「我們的牧師講但以理，已經講得比但以理還長了七十個禮拜！」

講道風格要一貫

在同一性質的聚會裏，不可以一直在慕道者與信徒之間轉換目標。比如說，絕不要在「處理壓力」的系列之後講「利未記註解」，或是在講「神對性的看法」的系列之後講「揭開啓示錄裏的野獸之謎」。這樣做會使會友精神分裂，而且沒有人知道甚麼時候可以帶未加入教會的朋友來。

我並不是說你不能在慕道者聚會傳講基督徒成長的主題，我相信可以，而且我也這樣做。正如我在前章講過的，我喜歡不使用那些宗教名詞，來教導未加入教會者神學教義。換言之，當你傳講一系列有關靈命成熟的講章時，你必須設法將所講的與非信徒的需要結合起來。

謹慎選擇外來講員

現在我們已經不再聘請很多外來講員，因爲我在我們的牧師團中組織了一個講道團隊來分擔我的擔子。使用自己同工的好處是，他們認識教會的人、愛他們，最重要的是，他們會使用與你牧會哲學一致的講道風格。

外來的講員只要稍微走板就會令你流失數月來耐心經營的人。未加入教會者只要有一次不好的經驗，就很難再叫他們回

來。如果在他們開始覺得自在，可以減低他們的防衛心理時，忽然一個外來講員把他們轟出水面，他們對教會最壞的疑點便得到證實。

我們曾經因外來講員第一次的講道不能配合我們的信仰或風格，而取消他下面幾次的講道。有一次，我去度假，有一位很有名的基督徒講員來講道。很不幸地，他的信息是神願意每個基督徒致富。那次之後，我們的副牧師向他說：「謝謝你，但是下面三堂禮拜的聚會我們不能再用你！」我的青少年部牧師以舊的講章代替了他。牧者必須保護羊群不受異端的傷害。

傳講委身

在慕道者聚會，我們應該要讓非信徒有機會回應基督。他們可能選擇不回應，我們應該尊重他們，不要強迫他們，但是我們必須提供他們機會。很多牧師去釣魚卻不收線也沒有收網。

收網有許多方法，在設計馬鞍峰的第一次聚會時，我便計畫用傳統的「走到台前」的講壇呼召。身為美南浸信會的牧師，這是我一直使用的方法。

但是當我在拉古那高中劇場正要結束我第一次的講道時，我忽然發現有兩個問題。第一，裏面沒有中央走道，椅子都是焊在一起的，建築物的設計是由兩旁疏散。第二，我瞭解到，即使他們能夠到前面來，講壇前正是管弦樂隊的低凹區。我差一點要說：

> 很多牧師去釣魚
> 卻不收線
> 也沒有收網。

「我要邀請你們走上前來，為耶穌的緣故跳下去！」我真的不知道接下來要怎樣做。如果不走上前來，怎麼讓他們表示接受基督？

接下來的幾個禮拜，我們試驗了幾個不同的方法，來得知人們是否委身基督。我們嘗試設立協談室，人們可以在會後到那裏去。但是我們發現人們一旦走出去，他們便繼續往他們的車子走。如果你決定使用另一個房間，不要稱作「協談室」。對於未加入教會者，應該使用像「訪客中心」或「接待區」之類的名稱。

經過幾次試驗以後，我們產生了登記／委身卡的想法。我們把歡迎卡背後設計成決志卡。在聚會前，我們鼓勵每個人都填上前面，在聚會結束前，我要求所有的人都低下頭來，我帶領結束禱告，就在那一刻，我給非信徒一個機會決志接受基督。然後，我作一個決志的示範禱告，並要求他們，使用決志卡讓我知道他們的決定。聚會的最後一件事是特別音樂，並同時收奉獻與卡片。然後，立刻處理卡片做跟進工作。當下一場聚會在進行時，前一次聚會所收集的卡片便立刻被輸入電腦。

這個方法對我們實在很有效，因此，在我們搬進自己的建築物之後，雖然我們有中央走道，能做壇前呼召，我們還是使用這個方法。有些聚會，一場會有100、200、300，甚至曾經有將近400人使用卡片決志信主。

有人可能會問：「人們在哪裏作公開的信仰宣告呢？」那就是洗禮的意義——一個公開宣告基督的場合。有些教會，太過分強調壇前呼召，以致於洗禮幾乎變得無甚要緊。

　　提供委身的時刻是慕道者聚會的要素。對於帶領人委身，我有一些建議。

　　清楚解釋如何回應基督。很多決志接受救恩的邀請都被人誤解，未加入教會者往往不知何去何從。

　　計畫出委身的時刻。詳細的思考你期待會發生的情況。邀請人來接受基督實在太重要了，絕不能未經計畫地到時候才在信息的尾巴提示一下。人們永恆的歸宿維繫於此。

　　邀請人接受基督要富創造力。如果你每個禮拜都說同樣的話，人們很快就麻木厭倦了。最好的方法是強迫自己把每個禮拜的呼召跟著信息一起寫下來。

　　帶領非信徒作一個示範性的決志禱告。未加入教會者往往不知道跟神說甚麼，所以要給他們一個例子：「你可以這樣禱告……」要求他們照這樣，在他們心裏跟著禱告一次。這樣做可以幫助人說出他們的信仰。

　　絕不要強迫非信徒做決定。信任聖靈正在做工。如我在第十章所說，如果果子成熟了，你就不用猛拉。一個做得過火的邀請是反效果，只會使心變得更硬，而不是幫助心軟下來。我們告訴人們，他們可以好好地想想這個決定。我相信如果他們對自己誠實，他們會做正確的決定。

　　請記得，你正在要求人們做一個他們一生中最重要的決定。佈道經常是一個重複向人顯示好消息的過程。期待一個四十歲的人，在聽了一篇三十分鐘的信息之後，完全改變他人生的方向，實在是不合理。如果你每次去一個雜貨店買牛奶，那個伙計都催你買牛排，你還會繼續去那個雜貨店嗎？想像一個

伙計說：「今天是買牛排的日子！現在是買牛排的時候！你今天必須買牛排，因為明天你可能買不到牛排！」人們往往沒有我們所想的那麼封閉。他們只是需要時間想一想我們要他們作的決定。

提供多種方法來表達委身。如果你目前使用傳統的講壇呼召，你並不需要更換這種方法，你可以加上卡片的方法。只是放進另一個餌在水裏。卡片可以做為那些害羞到前面來的人委身的方法。耶穌從未曾說，一個人必須從教堂的A點走到B點才算承認信仰。

講壇呼召事實上是一種現代的發明。奈禮頓（Asahael Nettleton）在1817年開始使用這個方法，芬尼（Charles Finney）使之流行起來。在新約聖經裏並沒有講壇呼召，因為教會歷史的前三百年並沒有教堂建築，意即，當時並沒有走道能走到台前，也沒有講壇可以走向前。

我所使用過最有效的邀請方法之一是在聚會結束前作「靈命調查」。在介紹過救贖的計畫，並帶領做過決志委身禱告後，我會這樣說：「你們知道，我最想做的一件事是與你們每個人有一次個人的談話，談關於你們的屬靈生命。我很希望能一一邀請你們一起去喝個咖啡，吃塊蛋糕，讓你談談你的生命裏的事。可惜，我們教會這麼大，不可能這樣做。所以，我請你們幫我一個忙，參與一個個人的調查。我要你們把剛剛填過的歡迎卡翻過來，根據我所解釋的寫上A，B，C，或D。」

「如果你已經把你的生命委身給基督，請寫下A；如果今天是你第一次決定相信基督，請寫下B；如果你說：『理克，我

還沒有做這樣的決定，但是我正在考慮，我要你知道我正在考慮。』請你寫下C；如果你覺得你不想要委身基督，我珍惜你的坦誠，請寫下D。」

結果總是令我驚訝。有一個禮拜天我們有將近400人填 B ——決志相信基督，有將近800人填C——這給了我們一份代禱名單。未曾有超過十七個人填D。

期待人們回應。我不知道我的信心如何影響得人靈魂的屬靈爭戰，但我確知：當我期待非信徒回應基督時，會比當我沒有期待人們得救時，有更多人決志。

曾有一個神學生向司布真抱怨道：「我不懂——我講道時沒有人決志，你講道時，人們總是歸向基督！」司布真回答道：「每次你講道時，你期待人們歸向基督嗎？」年輕人回答說：「當然沒有！」司布真說：「那就是你的問題。」

我常常這樣禱告：「父，祢說：『照著你們的信心為你們成就。』我知道我講道時如果沒有期待祢使用它，那是浪費時間，所以我先為要得到改變的生命感謝祢。」

講道最首要的

這一章並沒有打算解釋我的講道哲學，那需要另一本書。我在此是要強調一些實際的建議，不管你的講道風格如何，它們能使你在向未加入教會者傳講時，產生大不相同的效果。

講道在許多教派中間，似乎已經過時。在我們這個高科技的世界裏，講道往往被批評為過時無趣的溝通方式。我同意許多過去有效的講道形式，現在已經無法再使用來與非信徒作有

效的溝通了。然而看到許多個人生命完全的改變，我還是相信沒有甚麼能取代有聖靈恩膏的講道。信息仍然是慕道者聚會最重要的成分。馬鞍峰教會十五年來，儘管是在燠熱的體育館，或是漏雨的帳篷、擁擠的停車場、以及種種不方便的限制之下，仍然繼續成長，如果不是因為信息滿足他們的需要，是不可能達到的。

第五部

建立教會

17

將出席者改變成
教會會員

這樣，你們不再作外人和客旅，是與聖徒同國，

是神家裏的人了。

以弗所書二：19

我們這許多人，在基督裏成為一身，互相聯絡作肢體。

羅馬書十二：5

你一旦聚集了一群參加聚會的人，接下來必須開始一個重要的任務，就是將他們形成一個教會的會眾。群眾必須成為教會。在我們的「生命建造程序圖」裏，我們稱之為「幫助人上一壘」，我們以同化的方法來達成目標。同化的任務是，把人從「知道教會」移到「參加教會」，再移到成為活躍於教會的會員。社區說「那個」教會，群眾說「這個」教會，會眾卻說「我們的」教會；教會會員對教會有一種擁有者的感覺。他們是貢獻者，而不只是消費者。

很多美國基督徒是我所謂的「漂浮信徒」。全世界的其他地方，作為一個信徒意即與當地的基督身體有關聯，其他國家

很少看到這種獨行俠的基督徒。但是許多美國基督徒卻從一個教會跳到另一個教會，既沒有身分，也無需負任何責任，更談不上委身。這是美國猖獗的個人主義最直接的表現。沒有人教導他們基督徒不只是**相信**——也包括**歸屬**。我們藉著與其他基督徒建立關係，而在基督裏成長。羅馬書十二章10節說：「愛弟兄，要彼此親熱。」

路易師（C. S. Lewis）曾經寫過一篇關於教會會籍的文章，他提醒我們**會籍**（membership）這個字是基督徒的起源，但是卻已經被一般世俗所取用，而失卻了它裏面的含意。今天，大部分的人把「會籍」與交會費、無意義的典禮、可笑的規矩及握手、名單上的名字等等聯在一起。保羅對會籍卻有非常不同的看法。對他來說，成為教會的會員並不是指加入一個冷淡的機構，而是指成為一個活生生的身體的一個重要器官（羅十二：4-5；林前六：15；十二：12-27）。我們需要重新宣示這樣的形象。任何器官離開身體就失去了它創造的本意，會很快消耗死亡。對於沒有委身於某個教會的基督徒來說也一樣。

新會員加入教會的團契並不是自動發生的，如果沒有一個系統結構來同化並**保持**你所帶領的人，他們不會留在你的教會。從前門進來的人，很快會從後門走出去。

很多教會錯誤地假設一個人一旦接受基督，交易便完畢，再來就看新信徒願不願意繼續委身加入教會了。這是胡說，新生兒基督徒根本不知道他們需要甚麼！將新信徒同化，讓他加入會眾，是**教會**的責任。

我相信當神要生產一些嬰兒基督徒時，祂會先找看看哪一個保育器最溫暖。一個把同化新信徒當作第一優先、又有一套計畫來實行的教會，總是受賜福，有增長。反之，教會不在乎新會員，或隨意而行的教會，多半**沒有增長**。在這一章裏，我要分享馬鞍峰教會同化與留住新會員的策略。

建立一套同化新會員的計畫

由於你的堂會有它獨特的歷史、文化、增長率，你需要問一些重要的問題。問題的答案會決定怎樣的同化計畫最適合你的處境。箴言廿章18節說：「計謀都憑籌算立定。」以下十二個問題是我們在馬鞍峰所問的：

1.神對祂教會會員的期望是甚麼？

2.我們現在對我們教會會員的期望是甚麼？

3.我們目前的會眾是甚麼樣的人組成的？

4.再來的五年或十年裏，我們會眾的組成會有甚麼改變？

5.我們的會員看重甚麼？

6.新會員最大的需要是甚麼？

7.我們的長期會員最大的需要是甚麼？

8.我們如何使會籍更具意義？

9.我們如何能保證會員覺得被愛和被關懷？

10.我們虧欠我們的會員甚麼？

11.我們能提供我們的會員甚麼資源或服務？

12.我們如何使我們目前所提供的產生附加價值？

下一步，你必須瞭解準會員有他們的一套問題。這些問題

也會影響你擬定你的同化計畫。在人們委身加入教會之前，他們會想要知道以下這五個問題的答案，雖然他們沒有開口問。

我適合這裏嗎？這是一個有關**接納**的問題。這個問題最好的解決辦法是在教會裏面組織小組，好讓有相似年紀，或相似興趣、問題、背景的人能夠找到合得來的人。每個人都需要安頓的地方，小組在滿足這個需要上扮演一個很重要的角色。你必須讓人們看到你有地方可以容納他。

有人願意認識我嗎？這是一個有關**友誼**的問題。解決這個問題的辦法就是製造在會眾中交朋友的機會。有許多方法可以做到這一點，但是需要有計畫。請記得人們找**朋友**比找友善的**教會**還熱衷。每個人都值得受到注意。

我被需要嗎？這是一個**價值**的問題。人們願意生命有所貢獻，他們需要覺得自己重要。如果你能夠讓人看到他們能以自己的恩賜與才幹，使教會有所不同，他們便願意參與其中。把教會定位成一個具創造力的地方，需要各種恩賜與才幹，而不只需要唱歌的、招待員、以及主日學老師。

加入教會的好處是甚麼？這是有關**利益**的問題。你必須能夠清楚精確地解釋加入教會的理由與好處。從聖經上的、實際的、以及個人的理由加以剖析。

會員的條件有那些？這是一個有關**期待**的問題。你必須能清楚地解釋會員的責任、義務、以及利益。人們有權利在加入**之前**知道教會對他的期待。

宣傳會籍的價值

加入教會在我們的社會曾經是一個順應社會的舉動，你加入教會，因為每個人都加入教會。現在規矩變了，順應不再是加入教會的動機因素了。喬治‧蓋洛普（George Gallup）已經發現大多數的美國人相信做一個「好基督徒」不一定要加入（或甚至只是參加）教會。

取而代之的，會籍成為一個委身的行動。現在，激勵人加入教會，乃是帶領他們看到委身的結果能為他們帶來等值的利益。在馬鞍峰教會，我們發現當人們瞭解會籍的意義與價值時，他們開始為加入教會感到興奮。

加入會籍有許多利益：

1.確認一個人是真信徒（弗二：19；羅十二：5）。

2.在與基督同行的路上，提供一個屬靈的家來扶持鼓勵他們（加六：1-2；來十二：24-25）。

3.給人一個在事工上發掘並使用個人恩賜的地方（林前十二：4-27）。

4.能使人在敬虔的領導者之下，受到屬靈的保守（來十三：17；徒廿：28-29）。

5.提供人成長所需要的幫助（弗五：21）。

在第六章，我建議你將目標個人化，在勸服群眾加入教會會眾時，這一點尤其重要。你必須強調一個事實，就是教會能夠提供他們在世界別的地方絕對得不到的利益：

● 敬拜幫助你專注於神，使你在屬靈上與情緒上準備好面對未來的一個禮拜。

● 團契相交提供你從別的基督徒而來的扶持與鼓勵，以面

對生命裏的問題。

- 門徒訓練幫助你藉著神的話語強化信心，並將聖經的原則應用在你的生活型態上。

- 教會的牧養事工幫助你發現並建立你的才幹，並且使用在服事別人上。

- 傳福音幫助你完成帶領朋友與家人來信耶穌的使命。

有許多事情能用來比喻一個不加入教會的基督徒，例如：一個沒有球隊的足球員；一個不屬管弦樂團的低音喇叭手；一個不屬軍團的士兵；一隻沒有在羊群裏的羊。但是最讓人瞭解（也最合聖經）的比喻，就是一個沒有家的孩子。

提摩太前書三章15節把教會比為「這家就是永生神的教會，真理的柱石和根基。」神並沒有打算讓祂的子女各自離群索居，所以祂在地上為他們設立了一個屬靈的家庭。保羅在以弗所二章19節提醒我們說：「這樣，你們……是與聖徒同國，是神家裏的人了。」一個不在教會大家庭的基督徒是一個孤兒。

把教會定位為家庭而不是機構非常重要。自從1960年以來，美國人便越來越排斥機構。「宗教組織」一詞成為一個輕蔑的字彙。然而人們仍然渴望有家庭與社區的歸屬感。

在今天的文化裏面，有幾個因素使核心家庭支離破碎：高離婚率、晚婚、強調個人主義、多種生活型態的「選擇」、女性外出工作等等。流動性高也是一個原因，在一個流動性高的社會，人們失去「根」的感覺，身邊不再常有伯叔姑嬸、祖父母、兄弟姊妹等親人，來提供自己一個安全網。

今天的美國，已到達有史以來最高的單身率。范派克

（Vance Packard）稱今天的美國社會為一個「陌生人的國家」。結果，美國社會正經歷一種孤獨流行病。蓋洛普調查報告，十個美國人中有四個人，經常感到「極度的孤獨」。事實上，美國人是世界上最孤獨的人。

到處都可以看到人們渴望交往、社區、家庭的徵兆。啤酒廣告不是在賣啤酒，而是在賣友誼。沒有一張圖片是孤獨一人在飲酒的；總是有一群人彼此享受交誼的畫面。伴著這個畫面的句子是：「絕不會比這更好！」廣告商已經發現那些心志獨立的戰後嬰兒潮的人們在他們步入中年之際，忽然渴望與人相關聯。

這種「渴望有所歸屬」提供教會一個大好時機。把教會定位為一個擴大的家庭，一個「你能被照顧」的地方，能撥動許多孤獨的心弦。

建立一套會籍必修課程

一些研究顯示，人們加入一個組織的方式，會大大影響他們加入以後在組織裏的功能。加入教會也是一樣。他們加入教會的**方式**，會影響往後許多年他們在教會裏，作為會員的效果。

我相信教會裏面最重要的一個課程是會籍課程，因為它會影響日後所有的一切。激發強烈委身最好的時機就是當一個人加入會籍時。如果加入會籍的要求很少，那麼以後你對會友也只能有非常小的期待。

正如一個軟弱的會籍課程塑造出一個軟弱的會眾，一個強而有力的會籍課程，會建立起一個強而有力的會眾。所謂強而

有力的會籍課程並不需要很長，馬鞍峰教會的會籍課程（101課程）只有四個小時，一天之內就教授完畢，但卻能產生很高層次的委身，因為上這個課的人確切地知道對於會員的期待是甚麼。會籍課程的強度是由課程內容和委身的呼召來決定，而不是由課程的長度來決定。

有許多理由，我相信主任牧師應該教這個課程，或至少教其中的一部分。對於新會員，能夠看到他們的牧師對教會的異象，感覺他對教會會友的愛，聽到他願意委身去愛、去關懷、餵養、領導他們，是一件非常重要的事情。以下這封新會員寫的信，表達出馬鞍峰教會會籍班所教授的內容：

親愛的華牧師：

謝謝您親自教會籍班（101課程）。聽到您表達對羊群的愛與委身、以及您對我們將來的異象，真是令人感動。我們真後悔沒有早一點來上這個課。在我們瞭解了這個教會的異象、哲理、策略之後，我們剛來時所作的建議實在微不足道。能夠在您的帶領下，接受您的照顧真是榮幸。現在我們真是高興我們能在馬鞍峰教會服事。

一些教會的會籍課程包括了屬靈成長，或是基要真理，這是不對的。這些主題都極為重要，但是它們若是在新信徒課程或是基督教教義課程裏會更合適，這兩個基本的課程應該與會籍課程分開。會籍課程應該回答下面這些問題：

● 教會是甚麼？

- 教會的目的是甚麼？
- 成爲教會會員的利益有那些？
- 對教會會員的要求有那些？
- 教會會員的責任是甚麼？
- 這個教會的異象與策略是甚麼？
- 教會的組織如何？
- 我怎樣參與服事？
- 作爲一個會員，我該做甚麼？

如果你教會的目標是未加入教會者，你必須把救恩清楚的解釋放在會籍課程當中，因爲會有很多還不是信徒的人想要加入教會！我們總是解釋，信靠基督是成爲會員的第一個條件，而我們的每一班會籍課程班都有人決志接受基督。

會籍課程班可以使用許多教材、教法來使課程生動有趣：錄影帶、可自己填空的課程筆記本、小組討論、以及美味的餐會。要記得使用許多有關教會歷史、價值觀、教會方向的個人化的故事。馬鞍峰教會的課程最後還包括一個測驗，看看準會員們能不能說出教會的目標，以及其他重要的觀念。

完成會籍課程是加入會員的必要條件。人們若是對於學習有關教會目標、策略、以及會籍的意義沒有興趣，也不願意學，就表示他並沒有委身教會的意願。如果他們不在乎是否瞭解會員的責任，就無法期待他們負起會員的責任，也就不應該容許他們加入教會。他們可以加入許多其他對會籍掉以輕心的教會。

會籍課程還必須考慮到不同的年齡群。馬鞍峰教會提供三

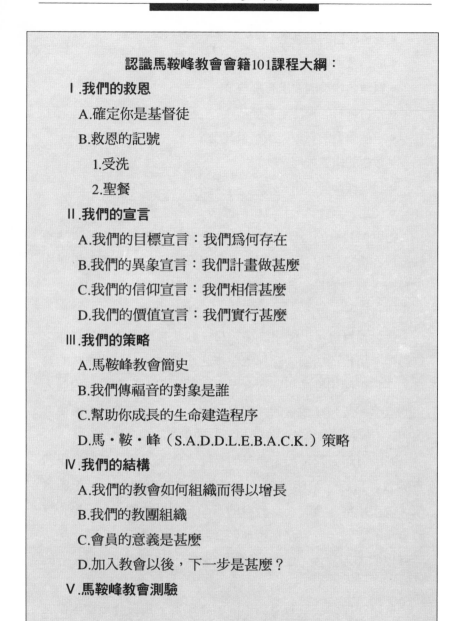

認識馬鞍峰教會會籍101課程大綱：

Ⅰ.我們的救恩

　A.確定你是基督徒

　B.救恩的記號

　　1.受洗

　　2.聖餐

Ⅱ.我們的宣言

　A.我們的目標宣言：我們爲何存在

　B.我們的異象宣言：我們計畫做甚麼

　C.我們的信仰宣言：我們相信甚麼

　D.我們的價值宣言：我們實行甚麼

Ⅲ.我們的策略

　A.馬鞍峰教會簡史

　B.我們傳福音的對象是誰

　C.幫助你成長的生命建造程序

　D.馬·鞍·峰（S.A.D.D.L.E.B.A.C.K.）策略

Ⅳ.我們的結構

　A.我們的教會如何組織而得以增長

　B.我們的教團組織

　C.會員的意義是甚麼

　D.加入教會以後，下一步是甚麼？

Ⅴ.馬鞍峰教會測驗

種版本的會員課程：爲較大的小學生準備的兒童課程（由我們的兒童牧師教授），爲初中以及高中生準備的青少年課程（由青少年牧師教授），以及成人課程。

設計一份會員誓約

爲甚麼這麼多擁有教會會籍的人，會只有一點點或完全沒有基督徒的表現，或甚至沒有重生？爲甚麼許多教會發現很難激勵信徒奉獻、服事、禱告、以及分享他們的信仰？因爲，教會對他們沒有提出任何期待便容許他們加入教會。教會要求甚麼，當然就得到甚麼。

保羅在哥林多後書八章5節提到兩種委身：「首先，他們把自己奉獻給神，然後又按照神的旨意幫助我們。」（現代中文譯本）。馬鞍峰教會將這個稱之爲**「第一疊委身」**。先是藉著決志得救委身給基督，然後藉著加入教會家庭委身給其他的基督徒。我們的教會將 " koinonia "（團契）定義爲「如同委身於基督般地彼此委身。」

耶穌說我們彼此相愛便是門徒的記號了（約十三：34-35）。大部分的信徒都會背約翰福音三章16節，但是大部分的信徒不會背約翰壹書三章16節：「主爲我們捨命，我們從此就知道何爲愛；我們也當爲弟兄捨命。」你上次聽到關於這段經文的信息是甚麼時候？大部分的教會對於建立彼此的委身，保持沉默。

「彼此」或「互相」在新約出現超過五十次。我們被命令要彼此相愛、彼此勉勵、彼此勸慰、彼此勸戒、彼此問安、彼

此服事、彼此教導、彼此接納、彼此尊重、分擔彼此的重擔、彼此饒恕、互相唱和、彼此順服。這些命令便是一個屬主的身體所應有的內涵。這些是會員的責任，馬鞍峰教會只不過期待教會會員遵行聖經對所有的基督徒清楚的命令與期待吧了。我們將這些期待歸納成會員誓約。

婚禮當中最重要的部分是新郎與新娘互換誓約，彼此在神的面前立誓，這個誓約便成為他們婚姻的基礎。同樣的，教會會員的要素包含於承擔會員誓約的意願。這是我們的會籍課程最重要的成分。

在整個聖經與教會歷史中，人們設立屬靈誓約都是為了彼此勸化，互相負責。馬鞍峰教會的會員資格有四點要求：(1)個人承認基督是主，是救主；(2)在眾人面前接受浸禮，作為個人信仰的宣告；(3)完成會籍課程；(4)簽署馬鞍峰教會會員的委身誓約。

如果你的教會沒有會員誓約，我奉勸你以禱告的心，為你的會眾準備一份誓約。它能革新你的教會。你可能擔心：「如果我們開始使用會員誓約，可能會有些人為此離開教會。」沒錯，會有些人離開教會。但是**反正不管你怎麼做**，總是會有人離開教會。別害怕人們離開教會，人們甚至離棄耶穌呢！當會眾願意使用會員誓約以後，你至少能夠選擇留下來的人。

讓會員覺得自己獨特

完成會籍課程，人們不會就自然有歸屬感，一旦加入教會，他們需要覺得受歡迎、被需要。他們需要會眾對他們的加

馬鞍峰會員誓約

我已經接受基督為我生命的主以及個人的救主，並受洗，接受馬鞍峰教會的宣言、策略、組織，我感到聖靈帶領我加入馬鞍峰教會的大家庭。藉此，我將自己委身給神以及教會其他的成員，並遵照以下所述而行：

1.我願意保守教會的合一

…與教會成員以愛相交

…不傳閒話

…服從領導

「所以我們務要追求和睦的事，與彼此建立德行的事」（羅十四：19）。

「你們既因順從真理，潔淨了自己的心，以致愛弟兄沒有虛假，就當從心裏彼此切實相愛」（彼前一：22）。

「污穢的言語，一句不可出口，只要隨事說造就人的好話，叫聽見的人得益」（弗四：29）。

「你們要依從那些引導你們的，且要順服；因他們為你們的靈魂時刻警醒，好像那將來交帳的人；你們要使他們交的時候有快樂，不至憂愁；若憂愁就與你們無益了」（來十三：17）。

2.我願意同擔教會的責任

…禱告祈求教會得以增長

…邀請未加入教會者來參加

…親切地歡迎訪客

「給…在父神和主耶穌裏的教會，…我們為你們眾人常常感謝神，禱告的時候題到你們」（帖前一：1-2）。

「主人對僕人說：『你出去到路上和籬笆那裏，勉強人進來，坐滿我的屋子』」（路十四：23）。

「所以你們要彼此接納，如同基督接納你們一樣，使榮耀歸與神」（羅十五：7）。

3.我願意參與教會事工

…發掘我的恩賜與才幹

…讓我的牧師裝備我以便服事

…培養僕人心志

「各人要照所得的恩賜彼此服事」（彼前四：10）。

「他所賜的有使徒、有先知、有傳福音的、有牧師和教師；為要成全聖徒，各盡其職，建立基督的身體」（弗四：11-12）。

「凡事不可結黨，不可貪圖虛浮的榮耀；只要存心謙卑，各人看別人比自己強。各人不要單顧自己的事，也要顧別人的事。…基督耶穌反倒虛己，取了奴僕的形象」（腓二：3-4，7）。

4.我願意支持我教會的見證

…忠實地參加聚會

…過一個敬虔的生活

…固定奉獻

「你們不可停止聚會，…要彼此勸勉」（來十：25）。

「只要你們行事為人與基督的福音相稱」（腓一：27）。

「每逢七日的第一日，各人要照自己的進項抽出來留著」（林前十六：2）。

「十分之一是耶和華的，是歸給耶和華為聖的」（利廿七：30）。

入教會予以認可、肯定與慶賀。他們需要覺得**獨特**。小教會可能可以非正式地做到這一點。但是當教會在增長時，就必須設立一套能夠公開表達「你已經是我們的一份子」的典禮。

當然，洗禮對一個信徒正是一件類似的事情。我們每月的洗禮都是一個大慶祝活動，充滿笑聲、掌聲、歡呼聲。我們有專業攝影師，在正要受洗前為每一個人拍照。之後，我們送每一個受洗者一份皮面精裝附受洗照片的受洗證書，人人都引以為榮地擺出來公諸親友。

當馬鞍峰教會規模還小的時候，我們每三個月一次租下維友鄉村俱樂部（Mission Viejo Country Club），舉行新會員餐會。老會員為新會員付餐費。每個新會員都會被介紹，並在所有參加者面前作兩分鐘的見證。我每一次聽這些生命改變的見證都感動得哭出來。

有好幾年，內人凱和我在每個月第四個禮拜天晚上，在我們家舉行一個「與牧師聊天」的非正式茶會，讓上個月的新會員與訪客能與我們見見面，問任何想問的問題。我們會準備一張登記表，禮拜天早上聚會前放在外面，前三十位簽名的人便可以來參加。這個聊天會從晚上七點到十點。這個簡單的行動，帶進了好幾百位新會友，並且建立起很多凱和我到今天都還非常珍惜的關係。親切待客能幫助教會健康成長。

還有許多方式能夠讓教會會友覺得自己是獨特的一位，例如在他們生日時寄生日卡，記得他們加入教會的第一個週年紀念日，在通訊裏登出一些特別的日子（生日，結婚週年，畢業，特殊成就），在每一個聚會裏有特別見證，舉行全職同工

招待會，以「我們已經爲你禱告」的短信，回覆每一個代禱要
求。重點是：人不能只靠聚會後一次親切溫暖的握手，就感到
他們真正歸屬於這個教會。

製造機會建立關係

在教會裏鼓勵會友彼此建立關係絕不嫌多。關係是使教會
連結在一起的粘膠，友誼是留住會友的鑰匙。

有個朋友告訴我他在某教會所做的調查。當他問：「你爲
甚麼加入這個教會？」時，93％的會員回答：「我加入這個教
會是因爲牧師的緣故。」他再問：「如果牧師離開怎麼辦？你
會離開教會嗎？」93％的人說：「不會。」當他再問爲甚麼
時，他們的回答是：「因爲我有朋友在這裏！」你注意到忠誠
關係的轉移嗎？它從牧師轉移到教會其他的會友身上。這是正
常健康的。

謝樂（Lyle Schaller）做過一個周全的研究，發現一個人
在教會裏的友誼愈深刻，就愈不可能離開教會或冷淡不來。另
外，我讀到一份調查，詢問400位離開教會的人爲甚麼離開，超
過75％的回答是：「我覺得我在或不在那裏，對他們都沒有甚
麼關係。」

並不是說，你必須認識教會裏的每一個人，才能讓人覺得
他是教會的一份子。平均一個教會會友認識教會裏六十七個
人，不管這個教會是200人或是2,000人。一個會員並不需要認
識所有的人，才能讓他們覺得這是他們的教會，但是他們一定
要認識一些人。

　　有一些關係是偶然建立的，但是友誼在同化的過程中實在太重要了，不能任由它隨機發生。你不能只是「希望」會友們能互相成爲朋友，你必須加以鼓勵、計畫、組織、營造。

　　運用關聯性的思考，儘量製造機會讓大家能彼此見面，互相認識。由於許多教會聚會主要都只是聽講道（「安靜坐著聽我說」），會友很可能進出教會一整年，而沒有建立任何友誼。嘗試在每一個會眾聚會裏安排一些建立關係的活動。可能只是簡單地說一聲：「轉過身去，向一個人介紹你自己，並找出另一個人的某件有趣的事。」

　　雖然我們已經使用過各種活動來建立教會大家庭裏的關係（晚餐、運動、遊戲之夜、郊遊等等），我們的週末退修會仍然是建立新友誼最有效的工具。在退修會的四十八小時裏，一個人與另一個人相處的時間，多過於他們單靠禮拜天在一起一年的總和。如果你正在開拓教會，想要很快地建立起教會裏的關係，那就安排一次退修會吧！

　　由於大部分的人都對記人名感到困難，就應該儘量用名牌，尤其是在大教會裏。沒有甚麼比不知道某個已經在教會出入好幾年的人的名字，更叫人難爲情的了。

鼓勵每個會友加入一個小組

　　每個教會會友對於教會增長最感到害怕的事是，在教會增長當中，如何能維持「小教會」的團契感覺。其解決辦法就是在教會裏發展小組。具親和力的小組能夠提供個人關懷給每個人，不管教會有多大。

建立一個具有不同的目標、功能、興趣、年齡群、地域性，以及任何其他因素的小組網路。老實說，以哪個理論開始一個小組並沒有關係——只要繼續開拓小組就是了。許多新出爐的會員不可能加入現有的小組，新會員最能在新小組接受同化。你甚至能從會籍班建立一個新的小組，新會員彼此都有「新」的共同點。

有一句我常常向我們的全職同工與平信徒領袖說的話是：「我們的教會一定要同時向更大與更小增長。」我的意思是，要在大型的歡慶聚會與細胞小組之間取得平衡。兩者對於教會的健康都很重要。

> 教會一定要同時向更大與更小增長。

大型歡慶聚會讓人感受到他們是一個大群體的一份子。這會使非信徒印象深刻，也能激勵教會成員。但是你無法在這樣大型聚會裏，分享代禱事項。另一方面，小組最能製造親密感與緊密的團契。在小組裏，每個人都知道你的名字。當你缺席時，每個人都會注意到。

由於馬鞍峰教會有許多年都沒有自己的建築物，我們便必須倚重小組來從事成人教育以及團契相交。甚至我們現在擁有一個七十二英畝的地方，我們仍然繼續使用家庭作我們小組聚會的場所。

使用家庭有四個好處：

- 小組絕對能擴展（到處都有家庭）。
- 不受地域限制（能夠牧養更大地區的會友）。
- 他們是好管家的見證（使用由信徒付錢的地方，留下更

多金錢來發展教會事工）。

●能建立親密的關係（人在家庭裏比較容易放輕鬆）。

教會愈大，小組在教牧關懷的功能上就愈重要。小組提供每個人都需要的個人接觸，特別是面臨危機時。馬鞍峰教會喜歡自稱整個教會像條船，小組是救生艇。

我沒有足夠的篇幅解釋我們小組的策略與結構，所以讓我就這麼說：「**小組是關閉教會後門最有效的方法。**」我們從來不用擔心會失去那些加入小組的人，因爲我們知道那些人已經被有效地同化了。

維持暢通的溝通管道

建立一個暢通的溝通管道非常重要。人們往往在他們沒有被告知的事上，覺得氣餒。消息靈通的會員才是有效率的會員，消息不靈通的會員，不管他多有才幹，都沒辦法做多少事。要以多重管道的方式，來建立溝通系統，幫助散布消息。

馬鞍峰教會使用任何能夠傳達重要消息給會眾的孔道：傳真機、電話答錄機、錄影帶、通訊、錄音帶、禱告網、電話關懷員、報紙文章、明信片——甚至電腦網路！（如果你能上線，你可以進來瞧瞧我們：http：//www.saddleback.com）。

會眾對全職同工與全職同工對會眾的溝通管道同等重要，必須能雙向溝通。箴言廿七章23節說：「你要詳細知道你羊群的景況，留心料理你的牛群。」最重要的羊群是神的羊群，所以我們特別注意牠的情況。我們使用歡迎卡、電話關懷員、平信徒牧者報告等等，來爲教會大家庭把脈。

歡迎卡。我已經討論過我們如何在慕道者聚會中使用歡迎卡。這是非常好的溝通工具，非常簡單，任何人在任何時刻都能寫便條給我。我們的會員明白我們會讀這些便條，所以他們把寫便條看得很認真，因此我們便有一條繼續不斷流進來的溝通管道。我們需要兩位全時間秘書，以及一打的義工來處理這些卡片。這樣作，讓我們的牧師和同工能「貼近我們的顧客」。

電話關懷員（CARE Caller）。CARE代表接觸（Contact）、協助（Assist）、關聯（Relate）、勉勵（Encourage）。這個平信徒的事工，能有系統地打電話給全教會電話名單上的人，以覺察出我們教會會員的生活情形。他們在晚上打電話，並且問三個問題：(1)你過得怎樣？(2)你有沒有需要代禱的事情？(3)有沒有甚麼事情要我們報告給華牧師或其他同工？每一位關懷員都照著一定的格式記下筆記，以確定記下重要的事情。然後他們會將最新活動或教會消息，再以電話告知給這些人。這只是另一個方法，讓我們與會友保持聯繫，並且讓他們知道我們真的關心。

平信徒牧者報告。這些紙上報告是帶領小組的平信徒牧者的報告。這些報告讓我們知道小組的健康狀況，以及每個人的情形如何。

我們結合在一起

在結束這一章時，我要再重申向會友強調教會群體生活的重要性。你必須不斷地重複、教導、並個別的向他們提起：我們是彼此相屬，我們彼此需要，我們連結在一起，如同一個身

體。我們是一個家庭！

　　幾乎每天我都會收到新加入教會，或經歷團契生活而得到
醫治者所寫來的信。我以最近的一封信來結束這一章：

親愛的華牧師：

　　我帶著肉體被虐待的痛苦，默默地過了許多年。一年
前，經過一個重大的損失，我搬到南加州的這裏。與從前
所有的一切完全失去聯繫，我非常孤單，足足哭了三個禮
拜。

　　我終於決定也許我應該試試教會。從我第一次踏入馬
鞍峰教會的那一刻起，我就覺得我屬於這裏。

　　長話短說，基督對我變得真實，我加入我們的教會，
也參與了服事，覺得非常充實滿足。我真高興能成為這裏
的一份子。

　　我知道每一個人的痛苦都不一樣，但是我們都需要
神。如果沒有教會大家庭，我的痛苦簡直無法忍受。當我
上會籍班時，您討論到為何馬鞍峰教會是一個家庭時，我
必須強忍住我歡喜高興的眼淚。正如您所說的，我真是為
我的弟兄姊妹感恩，也為能擁有一個我稱之為家的教會感
謝神！

18

培養成熟的教會會友

為要成全聖徒,各盡其職,建立基督的身體。

以弗所書四:12

我們最深的期望與祈求,就是你們成為成熟的基督徒。

哥林多後書十三:9(英文版今日聖經直譯)

新約聖經非常清楚地告訴我們,神的旨意是要每一個信徒在靈裏成熟。祂要我們長大。保羅在以弗所書四章14-15節說:「我們不再作小孩子,受異端的教導所欺騙…,乃是要在愛中說真理的話,在我們的元首,基督裏凡事長進。」(英文腓立版直譯)。

屬靈成長的終極目標是要成為耶穌的樣式。神從最起初對我們的計畫,就是要我們像祂的兒子。「因為祂預先所知道的人,就預先定下效法祂兒子的模樣,使祂兒子在許多弟兄中作長子」(羅八:29)。神願意每一個信徒都培養出基督的德行。

現在,最大的問題是:屬靈的生命如何發生?我們如何在基督裏成熟?

關於靈命成熟的迷思

在我分享馬鞍峰教會建立信徒臻於成熟的策略之前，我要破除一些關於靈命長進與成熟的錯誤觀念。策略奠基於正確的資訊上是很重要的。

成熟迷思之一：一旦你重生靈命就會自動成長

許多教會都沒有一套有組織的計畫來跟進新信徒，也沒有一套完整的策略幫助會友發展成熟。都任由他們，認定基督徒若參加聚會就會自動地自己成長成熟。他們以爲他們所要做的只是鼓勵他們來參加聚會。

顯然這並不正確。靈命的成長不會因爲你得救，或甚至規律地參加聚會就自動發生。教會裏滿是參加聚會一輩子的人，

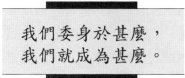

我們委身於甚麼，我們就成爲甚麼。

卻仍然是屬靈的嬰兒。一個被同化的會友不同於一個成熟的會友。在我們的生命建造程序圖裏，裝備人們養成靈命成熟所需習慣的任務，我們稱之爲「幫助人們上二壘」。

靈命成長也不會隨著時間而自然成長。希伯來書的作者悲傷地說：「你們早就應該爲人師表了，可是你們竟還需要別人用神信息的第一課來教你們」（來五：12；現代中文譯本）。

事實是：靈命成長必須刻意栽培的。靈命成長需要委身與努力。一個人必須願意長大，決意長大，努力長大。門徒訓練是以決意開始的——並不需要一個複雜的決志，但卻一定要是一個誠心的決志。當門徒決定跟隨耶穌時，他們當然並不全盤瞭解他們所作的決定意味著甚麼，他們只是表達出一個跟隨祂

的意願。耶穌就根據那個簡單誠懇的決定，在其上加以建造。

腓立比書二章12-13節說：「當恐懼戰兢，作成你們得救的工夫；因為你們立志行事都是神在你們心裏運行，為要成就祂的美意。」注意此處說「作成」，而非「繼續作」你們得救的工夫。你不能夠再在基督的救贖上添加甚麼了。保羅在此乃是說到這些已經得救的人靈命的成熟。重要的是，神與我們自己在我們靈命的成長上都有分。

成為基督的樣式是我們委身的結果。我們委身於甚麼，我們就成為甚麼！正如委身於最大的命令以及大使命能建立一個偉大的教會，個人委身於此，也會成長為一個偉大的基督徒。若不委身於成長，任何成長都得靠機運，而不是刻意培養的。靈命成長實在太重要了，不能任由它自然憑機運發生。

指向成熟的靈命成長過程始於羅馬書六章13節所述的那種委身：「你們要把自己奉獻給神，像一個從死裏被救活起來的人，把整個自己奉獻給祂，作為公義的器皿」（現代中文譯本）。後面我會解釋如何帶領人們作這樣的委身。

成熟迷思之二：靈命成長是一個奧秘，只有少數被揀選的人能臻於成熟

今天若提到「靈」這個名詞，很多人就會想到某人身穿白袍，像瑜伽一般的坐姿、燒著香、雙眼緊閉，嘴裏哼著「歐嗡」的聲調。另有些人會想到神秘派基督徒以及修士，把自己與世隔絕，過著嚴格遵守貧困、貞節、以及孤獨的生活。

可悲的是，很多基督徒覺得靈命的成熟是如此遙遠，非他

們所能及，甚至也不需嘗試去達到。他們對於成熟的基督徒，有一種神秘理想的印象。他們相信「成熟」只有「超級聖人」才能達到。一些基督徒傳記書籍也要爲此錯誤印象負一點責任，他們把這些敬虔的人神格化，並且暗示如果沒有一天禱告十個鐘頭，並且搬到叢林裏去住，預備著爲主殉道，就不用想要成爲成熟完全的人。這種論調對於一般信徒真是打擊，他們覺得必須滿足於作一個「二等」基督徒。

事實是：靈命成長是很實際的。如果願意培養成長所需的習慣，任何信徒都能長進成熟。我們必須藉著把靈命成長的因素分解成每天實際的習慣，以袪除靈命成長的神秘感。

保羅常常將基督徒的生活訓練比喻爲運動員的保持良好狀態。我很喜歡腓立版的提摩太前書四章7節「操練自己，使自己靈命健壯」（英文直譯）。靈命健壯之道是與身體健壯之道同樣地實際。

如果一個人能規律地鍛鍊身體，養成好習慣，就能有健壯的體魄。同樣地，靈命的健壯也是靠學習一些**靈命**操練，並練習養成習慣。一個人的人格是由其習慣形成的。

> 人格是從我們養成的習慣所建立的。

馬鞍峰教會非常強調建立屬靈習慣。自從我們將靈命成長分解爲實際的步驟與每天的習慣之後，我們看到弟兄姊妹的靈命有令人難以置信的成長。

成熟迷思之三：如果能找到「要訣」，靈命成熟能立即發生

這是一個非常流行的誤解。明顯地，這是從一些最賣座的基督徒書籍的書名來的，而許多基督徒希望這些的確是事實。一些承諾「邁向成熟的四個簡單的步驟」或「立即成聖的要訣」之類的書強化了基督徒的品格能夠在一夜之間臻於成熟的誤解。

> 如果提供一個成長的軌道，信徒便能快些成長。

許多真誠的基督徒花費一生，努力尋找一個經驗、一個訓練會、一個復興聚會、一本書、一卷錄音帶、或一個真理，能夠立刻將他們變成一個成熟的信徒。他們的尋找徒勞無功。雖然我們有即溶咖啡、即食洋芋、甚至立即減肥法，但是卻沒有所謂的立即靈命成熟這回事。

事實是：靈命成長是一個耗時費事的過程。就如同神允許約書亞和以色列人「漸漸」地取得那地（申七：22），祂也使用一個漸進的改變過程來培養我們成為具有基督的形像。臻於成熟沒有捷徑，只有緩慢的過程。以弗所書四章13節說：「直等到我們眾人在真道上同歸於一，認識神的兒子，得以長大成人，滿有基督長成的身量。」這裏提到成熟是一個目標，是一個旅程。儘管我們想要加速整個過程，但是，靈命的成長是一生的旅程。

我花了很多時間嘗試去瞭解這個過程的要素，並且找出一個方法，能以簡單的方式來傳達給我們的會友，使他們能掌握並記得。我相信如果提供一個成長的軌道，信徒便能成長得快些。其結果便是馬鞍峰教會的教導哲學，我們稱之為「生命建

造程序」。

　　生命建造程序使用鑽石形棒球場作爲靈命成長的圖解說明，因爲它是一般美國人能夠明白的圖形。我們把每一壘當作屬靈成長的目標，人們便能明白他們成熟的里程碑是甚麼。我們向我們的會友解釋，這些目標是爲了幫助他們在生命的壘上向前移。我們期望馬鞍峰的老馬能**得分**！

　　正如我在第八章提到的，留在壘上是不會得分的！爲此，我們在每一壘：會籍，成熟，事工，以及宣教上指派一位牧師。每位牧師是那一壘的「教練」——幫助球員能安全到達下一壘的人。

　　如果能說服人們得分的重要，並且在每一壘給他們一個教練，人們跑回本壘就容易多了。同理，如果你能帶領人委身於屬靈的成長，教他們一些基本習慣，就能期待他們成長。

成熟迷思之四：靈命成熟是以知識來衡量的

　　很多教會評估屬靈的成熟度是靠你認識多少聖經人物，能解多少經文，能背多少經節，能解釋多少聖經神學而決定。教義辯護的能力被一些人用來作爲屬靈的證明，其實，聖經知識只是靈命成熟的基礎，不是衡量一切的準則。

　　事實是：衡量靈命成熟與否，靠活出來的行爲，多過於信仰。基督徒的生活不只是信念與信條；還包括行爲與品格。信仰一定要有行爲的表現，行爲必須與所信的相稱。

　　新約一再地教導我們，行動與態度比宣告自己的信仰更能顯示出我們是否成熟。雅各書二章18節直截了當地說：「你有

信心，我有行為。你將你沒
有行為的信心指給我看，我
便藉著我的行為，將我的信
心指給你看。」雅各又說：
「你們中間誰是有智慧有見

> 衡量靈命成熟與
> 否，靠活出來的行
> 為多過於信仰。

識的呢？他就當在他智慧的溫柔上，顯出他的善行來」（雅三：
13）。如果你的信仰還沒能改變你的生活型態，你的信仰就沒
有甚麼價值。

保羅也認為信仰該與行為結合。在他的每一封信裏都強調
活出所信的重要性。以弗所書五章8節說：「從前你們是暗昧
的，但如今在主裏面是光明的，行事為人就當像光明的子女！」

耶穌說得最簡潔：「憑著他們的果子，就可以認出他們
來」（太七：16）。是果子，不是知識，顯示出一個人的成熟
度。我們如果不將所信的實行出來，我們是「把房子建在沙土
上」（太七：24-27）。

我前面說過，聖經知識只是衡量靈命成長的其中一個標
準。除此以外，我們還可以透過一個人的透視、確信、技巧、
以及品格來衡量。這「五個學習層次」是馬鞍峰教會使用的靈
命成長的建造根本。在下一個部分，我會分享我們如何建立一
套在這五方面都堅固的門徒訓練。

只有知識，而缺乏其他四種要素的危險就是驕傲。哥林多
前書八章1節說：「知識是叫人自高自大，惟有愛心能造就
人。」知識必須以品格來調和。我認識一些最屬肉體的基督
徒，他們真是聖經知識的倉庫。他們能夠解釋聖經任何段落，

辯論任何教義，但卻沒有愛心、自以爲是、又好論斷。靈命成熟與驕傲是不可能同時發生的。

學習的五個層次
（成熟的標準）

知　　識
透　　視
確　　信
技　　巧
品　　格

只有知識的另一個危險是，會加增責任。「人若知道行善，卻不去行，這就是他的罪了」（雅四：17）。在話語上有更深的知識，若沒有實行，便有更大的審判。這也就是爲甚麼必須有確信與品格來行出我們所知道的。你的教會造就信徒的策略一定不僅要能幫助他們學習話語，還要幫助他們能愛慕話語、活出話語。

成熟迷思之五：靈命成長是個人的私事

美國文化崇拜個人主義，甚至影響我們對於靈命成長的想法。大部分靈命造就的教導都傾向自我中心，以及自我關注，而沒有理會我們與其他基督徒的關係。這完全不合聖經，也忽略大部分新約的教導。

　　事實是：基督徒需要靠關係來成長。我們無法與人疏離來成長，我們必須在團契的環境當中成長。在新約裏，我們可以一次又一次的發現這一點。希伯來書十章24-25節說：「又要彼此相顧，激發愛心，勉勵行善。你們不可停止聚會，好像那些停止慣了的人，倒要彼此勸勉。」神本意是要我們在教會大家庭中長大。

　　在上一章裏，我指出關係是維持人們與教會連結的「粘膠」。但關係在使人進到成熟上，其實扮演著一個更重要的角色，是靈命成長不可或缺的要素。聖經教導我們，基督徒的團契相交不是隨便我們要或不要的；而是必要的。基督徒若沒有與其他的信徒有愛的關係，就是不順服主「彼此」相愛的命令。

　　約翰告訴我們，證明我們走在光明中的證據是「彼此相交」（約壹一：7），如果你沒有與其他信徒有規律性的團契相交，就必須嚴肅地自問你是否行在光明中。

　　約翰更進一步建議，如果我們不愛其他的信徒，我們應該自問有沒有得救。「沒有愛心的，仍住在死中」（約壹三：14）。如果

> 基督徒需要靠關係來成長。我們無法與人疏離而成長，我們是在團契的環境中成長。

與其他信徒的關係這麼重要，教會為甚麼不多強調呢？

　　你與基督的關係品質如何，能夠從你與其他信徒的關係品質看出來。「不愛他所看見的弟兄，就不能愛沒有看見的神」（約壹四：20）。注意約翰說「不能」，如果不愛神的兒女，

是不可能愛神的。

耶穌也教導我們，如果與一個弟兄不和，你的敬拜便徒然（太五：23-24）。一個基督徒不可能與神相交，卻不與其他的信徒相交。

很多基督徒從來沒向人見證過主，是因為他們不知道怎樣跟人建立關係。因為他們從來沒有參加過小組，或建立過友誼，他們沒有甚麼營造關係的技巧。他們不能與非信徒建立關係，因為他們也沒有跟信徒建立關係。我們必須教導人如何建立關係，其理甚明。但是，很少教會花時間教導他們的會友如何與人建立關係。

成熟迷思之六：成長只要靠查經就行了

許多福音派教會都建立在這樣的迷思上面。我稱他們為「課室型教會」。課室型教會傾向於左腦導向，專注在知識上。他們強調教導聖經經文以及教義，但只稍微（如果有的話）提到信徒的情緒、經驗、以及關係的建立。一個著名的課室型教會聲稱，靈命成熟所需的就是「將教義戴在額頭上」。

事實是：靈命成熟的產生，需要靠各種與神的屬靈經歷。真正的靈命成熟包括一顆敬拜讚美神的心，建立並且享受愛的關係，使用你的恩賜與才幹來服事別人，以及與失迷的人分享你的信仰。任何教會帶領人臻於成熟的策略都必須包括以下這些經歷：敬拜、團契相交、查考聖經、傳福音、以及事奉。換句話說，靈命成長的發生，要靠參與教會的五個目標。成熟的基督徒絕不僅止於研究基督徒的生命——他們還親身*經歷*。

由於有些基督徒過分強調情緒經驗，而忽略了正統合乎聖經的教義，許多福音派教會因此就不願重視「經歷」在靈命成長過程的重要角色。他們對於別的群體的高舉經歷，過度反應，以致規避**任何**對經歷的強調，並且將每一個經歷都看成可疑的，特別是會引發情緒反應的經歷。

可悲的是，這樣的作法否定了神同時創造人的意志與情緒的事實。神給我們感

> 靈命成長的發生，是藉由參與教會的五個目標。

覺有祂的目的。若從基督徒成長的過程當中，將所有的經歷除去，那麼僅只剩下貧乏的、屬知識層面的信條可供研究，而非享受與實行。

申命記十一章2節說：「因為你們親自體驗上主而認識祂」（現代中文譯本）。體驗是偉大的教師。事實上，有些功課是只能從我們的經驗去學的。我喜愛箴言二十章30節：「痛苦的經驗往往會改正人生的方向」（現代中文譯本）。

我曾經聽過著名的聖經教師蓋茲真（Gene Getz）說過：「查考聖經本身無法產生靈命，事實上，如果不去實行的話，只能產生肉體的情慾。」我發現這是真的。研讀而**沒有服事**，會製造出論斷心態，以及靈裡驕傲的基督徒。

如果基督信仰是一種哲學的話，我們的基本活動就應該是研讀。但是，基督信仰是一種關係、是生命。用來描述基督徒生命最多的字眼是**愛**、**給予**、**信**、以及**服事**。耶穌沒有說：「我來是為叫你們研讀。」事實上，「讀」這個字在新約聖經

只出現幾次而已。但是如果你看許多教會的每週行事曆，你會得到一個印象，就是參加查經好像是基督徒的唯一責任。

許多信徒**最不需要**作的一件事就是去參加另一個查經班。他們知道的已經比他們所做到的多太多了。他們所需要的是傳福音與事奉的經歷，將他們已經知道的**付諸實行**；關係經歷（例如小組），讓他們將所知道的**負起責任**來帶領；以及有意義的敬拜經歷，讓他們**表達**他們對神的認識和愛慕。

雅各曾經警告初代基督徒：「只是你們要行道，不要單單聽道，自己欺哄自己」（雅一：22）。有一個比喻是用一潭池水，只進不出，最後就變得沉滯腐敗。任何基督徒的時間表若只是充滿著查經，吸取聖經教導，卻不事奉，也不傳福音，他的靈命成長一定會停滯。感動之餘若不表達，就變成沮喪。

教會對會友所造成的大傷害，就是讓人們忙著參加接連不斷的查經，而沒有時間實行他們查經學來的。在人們能夠將查經所學得的變成自己的價值思考模式、並付諸實行以前，便已經把學來的功課忘掉了，然而他們卻還一直以為自己正在成長，因為筆記本越來越厚。這真是愚昧。

沒有人認為我不重視查經。事實上，我非常重視查經。我寫過一本有關查經法的教材，叫做「動態研經法」。我們必須持續不斷在話語上努力才能成為基督的門徒。我所說的是，不要以為單單查經就能讓人靈命成熟。這只是臻於成熟過程中的一個要素。在研讀之外還需要去經歷，才能成長。教會必須有一套平衡的策略來建立門徒。

設計策略

馬鞍峰教會建立門徒的策略，是根據我以上提到的六個迷思的反面真理來設計的。我們相信靈命成長以委身開始，是一個漸進的過程，包括養成屬靈習慣，用五個因素為標準來衡量，以關係加以激勵，要求他們參與教會的五個目標。

提高委身層次

我一直很喜歡儲艾頓（Elton Trueblood）為教會取的名字：「委身者公司」。如果每個教會都以他們會友的委身而著稱，那就真是太好了。不幸地，教會往往是由委員會（Committees）所組成，而不是委身（Commitment）。

有一個衡量你教會是否靈命成熟的方法是，隨著時間的過去，做教會領導者們的標準是否有以對基督的委身程度，以及靈命的成長有更深的層次來訂定。例如：當馬鞍峰教會剛成立時，兒童主日學校老師的條件是只要你有熱誠就可以了。經過這些年來，我們已經把要求訂得越來越嚴格了！對於我們的平信徒牧者，我們的音樂事工人員、以及其他事工人員也一樣。

每一次，你提升領導者的標準，你就把教會裏每一個人都跟著提升一點。如同俗話說：「水漲船高」。把重心放在提升你領導團隊成員的委身層次上，而不要放在那些最沒有委身的人身上，也不要放在那些半委身的會眾身上。你會發現每當你提升那些最顯著的領導團隊成員的委身標準時，也同時提升對每一個人的期望。

如何讓人委身於靈命成長呢？

你必須要求人委身。如果你不要求人委身，就沒有人委身。如果你不要求你的會友委身，別的群體會要求他們的委身：文化團體、社區服務團體、政治團體、超教派事工團體。問題不在於人要不要委身，而在於他們要委身於誰。如果你的教會不要求也

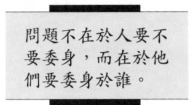

問題不在於人要不要委身，而在於他們要委身於誰。

不期待人委身，他們便會下結論：教會所做的不如其他活動重要。

令我驚訝的是，很多社區組織對於參加者的要求比當地教會的要求還多。如果你曾經參加兒童球隊聯盟，當你的小孩登記參加之後，**你**就被要求除了參加練習以外，還要承諾供應點心、提供交通工具、獎牌、慶功宴等等。沒有所謂**志願**參加！

教會對於人最能提供的協助就是幫助他們認清應該做甚麼承諾，應該撤回甚麼承諾。我們有許多軟弱基督徒的原因之一是，他們都是對許多事情半委身的，而不是全心投入到最重要的事情上。對許多人而言，阻礙他們靈命成長的原因不是缺乏委身，而是過度委身於錯誤的事情上。必須教導人們作聰明的委身。

要滿懷信心地要求大委身。耶穌一向清楚自信地要求委身。祂不是一副可有可無的模樣，祂要求人放下一切跟從祂。非常有趣的現象是，你要求的委身愈大，你得到的回應也愈大。

人們願意委身於對他們的生命有重大意義的事情。他們對

於能賦予生命意義的事情，願意負責任，也被具有挑戰性的異象所吸引。相反的，人們對於軟弱無力或可憐兮兮的請求幫助，往往無動於衷。耶穌明白這一點，在路加福音十四章33節說：「你們無論甚麼人，若不撇下一切所有的，就不能做我的門徒。」祂要求完全的委身。

有一個禮拜天，在我將要結束信息時，我分發一張特別的生命委身卡，並且要求人們將他們的一生完全委身於基督：他們的時間、金錢、雄心、習慣、關係、職業、家庭、精力。令人驚訝的不是我們收回幾千張卡片，而是有177張卡片，是由從來沒有填過登記卡，卻表示已經來教會幾年了的人交回來的。他們只是從來不覺得值得花他們的時間去填寫每個禮拜的登記卡。有時候，一個大的委身比一個小小承諾來得還容易。

有些牧師不敢要求重大的委身，擔心人們會離開。其實，如果在委身的背後有重大的目標，人不會怨恨被要求。一個重要的分別是，人們回應熱切的異象，而不是回應需要。這就是為甚麼許多募款活動不成功的原因：因為他們著重於教會的需要，而不是教會的異象。

> 如果在委身的背後有重大的目標，人們不會怨恨被要求。

要求委身要明確。建立委身的另一個要訣是明確。明確地告訴人，對他們的期待是甚麼。在馬鞍峰教會，我們不說：「委身於基督」，我們詳細地解釋委身包括甚麼。我們要求人接受基督成為主、受洗、加入會員、養成靈命成熟的習慣、從

事事工，最後便是成就他們的生命宣教事工。如我前面所述，我們設計了四個誓約，清楚明確地敘述了每一項委身所包括的事情。

解釋委身的利益。幫助人們委身的另一個要訣是確認出其利益。神在聖經裏，一再地這樣做。聖經裏的許多命令，都附有非常美好的應許。當我們順服時，我們最後總是受到賜福。

一定要解釋個人的利益、家庭的利益、基督身體的利益、社會的利益、以及委身於靈命成長的永恆利益。人們的確有一種內在的慾望想要學習、成長、改進；但是，有時候你必須以他們的價值觀與利益來講述學習的目標和成長的目的，以喚醒那個慾望。

有時候，我真是很驚訝於一些商品廣告的方式，它們能夠把一些最平凡的商品，例如：除臭劑、清潔劑、洗潔精，介紹得聽起來好像它們能夠賦予你人生的新意義、精神、歡樂似的。廣告商真是包裝大師。多麼諷刺！教會有讓人生有意義、滿足的**真正**秘訣，但是，我們卻常常以如此平淡無奇的方式來介紹給人。把教會的廣告品質，和其他東西的廣告品質一比較，你就能立刻看出相異之處。

在101，201，301，401課程開始之時，我們會先對上課的人說：「這個課程能夠幫助你……」。我們也清楚的解釋每一個委身的利益。

在委身上面建造，而不要朝委身建造。意即告訴人們要帶領他們到那裏去（以一個大委身來向他們挑戰），重要的是，從他們所承諾能給的來開始，不管這個承諾有多微不足道。

　　我們向人挑戰，要求委身，然後在其上慢慢成長。這就像選擇作父母。在有第一個小孩以前，很少有夫妻覺得自己能勝任。但不知怎麼地，在作了決定，生下小孩後，這對夫妻就能成長，扮演好父母的角色。

　　不妨把一個大委身，化整為零，分成許多小步驟，讓人們慢慢進步。就如你已經看到的，生命建造程序（菱型棒球場）正是如此。我們不期望人能夠一夜之間從新信徒成長到葛理翰或泰瑞莎修女級的委身——我們讓他們踏出嬰兒的一小步。以菱型棒球場作為靈命進步的示範圖，人們能夠看到他們走多遠了，還有多遠要走。

　　每一次有人委身要跑到下一壘，一定要記得加以慶祝。能夠委身、以及保持委身是成熟的表現，值得肯定。創造慶祝活動，公開肯定成長。每年年底我們都舉行一次慶祝會，向那些簽署成熟誓約，以及重新委身的人道賀。

　　慶祝活動給人們一種成就感，並能激勵他們繼續進步。有一個人曾對我說：「我上了三十年的主日學，有沒有畢業的時候？」人們能在慶祝會當中分享更深的委身如何帶給他們生命更大祝福的見證。

　　我讀過一些文章和書籍，說到戰後嬰兒潮這一代人不願意委身於任何事情。這一點並不確實！他們的確期待他們的委身能帶來相同價值的回報。他們只是對於他們所做的委身更挑剔，因為今天有太多的選擇了。戰後嬰兒潮這一代人正急切地在尋求值得他們委身去做的事情。

幫助人們建立靈命成長的習慣

　　幫助信徒朝向靈命成熟而行，最實際、最有效的就是讓他們養成可以幫助靈命成長的屬靈習慣，一般稱作**屬靈操練**。我們使用**習慣**這個名詞，因為這個名詞對新信徒較不具威脅性。我們教導信徒，作為一個門徒當然需要有一些訓練，我們相信這些習慣應該是一種享受，而不是成為一種忍受。我們不願意人們對於能夠幫助造就他們的屬靈操練感到害怕。

　　杜斯妥也夫斯基曾說：「人們後半部的生命是由其前半部的習慣而來的。」巴斯噶也說：「一個人的品格如何，是靠他的習慣來衡量的。」人類是習慣的動物。我們如果不養成好習慣，就會養成壞習慣。

> 談到品格就不能不談到習慣。

　　當我們走在靈命成熟的路上時，有許多好習慣我們必須養成。在設計201課程時，我花很多時間思想關於成長必須學習的基本習慣。哪些是至少的必要條件？哪些是能夠衍生其他習慣的主要習慣？當我研究這個問題時，我不時地想起那些能影響我們的時間、金錢、關係的習慣。如果基督的主權在這三個方面都被認定，祂才能真正地管理我們。

　　201課程，「邁向靈命成熟」，專注在如何建立四個基本的門徒訓練習慣：保留時間讀神話語的習慣，禱告的習慣，十一奉獻的習慣，團契相交的習慣。這些乃是根據耶穌對門徒的訓練：門徒會跟隨神的話語（約八：31-32）；門徒會禱告並結果

子（約十五：7-8）；門徒不爲他所擁有的捆綁（路十四：33）；門徒會向其他的信徒表達愛（約十三：34-35）。

在教導這四個習慣的「是甚麼」、「爲甚麼」、「何時」、「如何」之後，這個課程便更進一步涵蓋了開始並維持其他習慣的實際步驟。在尼希米九章38節，整個國家一起做了一個屬靈的誓約，將它寫下來，然後要求他們的領袖們在上面簽名作證。在201課程結束時，我們要每個人都簽一紙成熟誓約。我們把簽署的誓約卡收集起來，由我簽名作證，把它們套上膠膜，再送還給每個人，讓他們把它放在皮夾裏，帶在身邊。每一年我們都重新委身，並發給新卡。我們發現每一年重新委身，能夠幫助灰心或停止這些屬靈習慣的人們重新開始。

人們經過201課程便成爲成熟的基督徒嗎？當然不是，這就是爲甚麼我們稱之爲「邁向靈命成熟」，其目的便是要幫助人們開始這個旅程。他們經過委身開始這個程序，並且開始實行成長所需的基本習慣。雖然，一路他們都會有掙扎，但是人們在完成這個課程之後，便永遠地改變了。每一班的人在將他們的時間、金錢、關係委身給基督時，都是非常令人感動的一刻。他們的臉上充滿對成長的期待——而其結果也是如此！

建立一個均衡的基督徒教育課程

我在前面提過，我相信靈命成長有五個衡量標準：知識、透視、確信、技巧、品格。這五個學習層次是靈命成熟的基石。

馬鞍峰教會的基督徒教育課程是根據這五個層次設立的。在此，我們沒有足夠的篇幅來詳細說明生命建造講座的各種訓

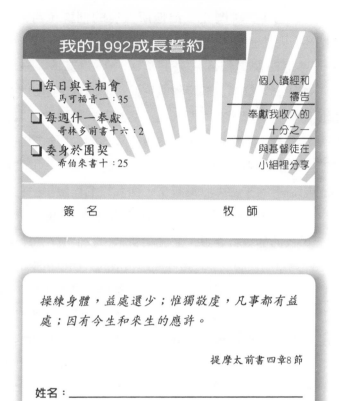

練課程，但是，我要解釋我們如何建立主要的課程，並根據這個課程設立了每個層次的學習內容。

話語的知識（Knowledge of the Word）。要開始建立靈命成長課程，必須問兩個問題：「人們已經知道些甚麼？」以

及「他們需要知道些甚麼？」有些教會，其主要增長是來自自然生長（會友的孩子），或是從轉會籍而來，會員們已經有一般的聖經知識了。但是，那些爲未加入教會者而設計的教會，卻不是這種情形。你無法假設新會員有**任何**聖經知識，一切必須從零開始。

在最近的一次每月浸禮，我們爲六十三位新信徒施洗，其中包括一位前佛教徒，一位前摩門教徒，一位前猶太教徒，一位前天主教修女。如果再加上曾爲新紀元運動背景者，以及非基督徒背景者，真是要應付林林總總各式各樣的人。聖經文盲在非信徒中間是很普遍的情形。他們甚至不知道最爲人所熟知的聖經故事或聖經人物。

侯牧師（Tom Holladay）是我們教會帶領成熟團隊的牧師，告訴我他所帶領的一位生命裏有許多掙扎的新信徒的事情。當侯牧師翻到雅各書一章，並且解釋試煉的目的，這個人對侯牧師的解釋似乎很滿意。當他要離開侯牧師的辦公室時，他說：「我以爲我的試煉是前世犯罪的結果。」侯牧師立刻看出他需要，向他解釋了聖經裏對生命的看法。

在知識層面上，教會必須定期有條理地提供持續不斷的「新信徒」查經，以及新舊約聖經導讀。我們曾經以二十七個週三晚上涵蓋新約二十七本書。有許多非常好的聖經導讀材料可資使用，著名的「走過聖經 (Walk Thru the Bible)」即是一例。

馬鞍峰教會建立對話語知識的課程，是一套長達九個月的歸納查經課程，由我們的平信徒教師準備並教導，稱作「話語

（WORD）研經」。WORD是由查經的四個活動的第一個字母組成：想要知道（Wonder about it）（提出對經節的問題），加以觀察（Observe it），思想（Reflect on it），實行（Do it）！這個方法在我的另一本書「動態查經法」有詳細說明。每一課都附有作業，可以做為自我發掘、講解、小組討論以及家庭作業之用。這個課程從九月開始，隔年六月結束。婦女查經（WORD for Women）每週有兩次，弟兄查經（WORD for Men）每週一次。

　　由於聖經裏每一卷書都很重要，馬鞍峰教會要求每一位會友在他們自己選擇其他經卷前，都要讀五卷「核心」書卷。這五卷書是創世記、約翰福音、羅馬書、以弗所書、以及雅各書。

　　透視（Perspective）。透視是你從一個比較大的角度看事情而有的一種瞭解。這是一種能夠瞭解事情的相關性，從而判斷它們的相對重要性的能力。在屬靈上意即從神的角度看事情。在聖經裏，**瞭解**（understanding），**智慧**（wisdom），以及**分辨**（discernment），都與透視有關。透視的反面是**硬心**、**盲目**、以及**愚鈍**。

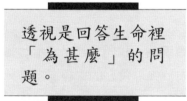

透視是回答生命裡「為甚麼」的問題。

　　詩篇一〇三篇7節說：「祂使摩西知道祂的法則，叫以色列人曉得祂的作為。」以色列人曉得神的作為，但是摩西瞭解神為甚麼如此作。這就是知識與透視的差異。知識是知道神所作所說的，透視是瞭解神為甚麼這樣說這樣做。透視是回答生命裏「為甚麼」的問題。

　　聖經教導我們，非信徒沒有屬靈的眼界，而缺乏透視正是屬靈不成熟的證據。神對以色列一再的責備就是他們缺乏透視，許多先知們斥責人的也正是這一點。相反的，能透視代表靈命成熟的特徵。希伯來書五章14節說：「惟獨長大成人的，才能吃乾糧，他們的心竅，習練得通達，就能分辨好歹了。」學習從神的角度看每一件事有許多好處，但是在此我僅提四件。

　　第一，透視使我們能更愛神。我們愈瞭解神的本性與法則，我們便愈愛祂。保羅禱告說：「能以和眾聖徒一同明白基督的愛，是何等長闊高深」（弗三：18）。

　　第二，透視幫助我們抵禦試探。當我們從神的觀點看情況時，我們便能瞭解最長遠的結果，比短暫的樂趣來得重要。如果沒有透視，我們就往往隨從自己本性的傾向。「有一條路人以為正，至終成為死亡之路」（箴十四：12）。

　　第三，透視幫助我們面對試煉。當我們對於生命有神的透視時，我們能瞭解「萬事互相效力，叫愛神的人得益處」（羅八：28），以及「信心經過試驗，就生忍耐」（雅一：3）。透視是耶穌能夠忍受十字架的其中一個原因（來十二：2）。他能夠看穿擺在他面前痛苦之後的喜樂。

　　第四，透視保守我們避免錯誤。今天是有史以來，基督徒最需要定根於真理的時刻。我們活在拒絕絕對真理，相信所有的意見都等同真理的時代。多元論產生一個混淆的文化。問題不在我們的文化甚麼也不信，而在甚麼都信。合一論，而非懷疑論，是我們最大的敵人。

　　今天最需要的是牧師及教師他們能夠清楚教導對神的透視

生命透視 I

教義	基本透視
神	神比我所能想像的更偉大且美好。
耶穌	耶穌即是神向我們彰顯。
聖靈	神現在完全地住在我的裏面。
啓示	聖經是神給人生無誤的指南手冊。
創造	沒有所謂「碰巧」發生，全都是神所創造。
救贖	恩典是與神發生關係的惟一途徑。
成聖	神的旨意是要我們長成像基督的樣式。
善與惡	神允許惡成為一個選擇，神甚至能夠從惡中得出善來。
死後的生命	死亡不是終點，而是起點。天堂地獄乃眞實的。
教會	惟一眞正的世界「超級能力」是教會，教會將持續到永遠。
禱告	禱告能作任何神能作的事。
基督再臨	耶穌要再來，審判這個世界，並聚集祂的子女。

——關於工作、金錢、樂趣、受苦、善、惡、關係、以及其他生命中的主要事項。當我們有透視,「我們不再作小孩子,中了人的詭計,和欺騙的法術,被一切異教之風搖動,飄來飄去,就隨從各樣的異端」(弗四:14)。透視使人生安定。

馬鞍峰教會教導透視的課程稱爲「人生透視」。基本上這是一套系統神學的課程,由我的妻子凱以及我們靈命成熟部的侯牧師執筆寫成。「人生透視」包括十二項基本的基督教教義,並以每週上課兩次共二十週的課程,由凱以及我們教會的平信徒教師教導,以講授及討論小組的方式上課。

> 知道要做甚麼(知識),為甚麼要做(透視),以及如何做(技巧),卻沒有一份確信激勵你切實去實行,這些便全無價值。

確信(Conviction)。字典往往把這個字定義爲「一個強烈堅定的信仰」,其實,它的意義比這些還豐富。確信包括你的價值觀、你的委身、以及你的動機。我喜歡有一次從韓霍華(Howard Hendricks)聽來的定義:「信仰是你會爲之而爭論的事情,但確信是你會爲之而死的信念。」知道要做甚麼(知識),爲甚麼要做(透視),以及如何做(技巧),卻沒有一份確信激勵你切實去實行,這些便全無價值。」

當你一開始成爲基督徒時,你做事往往只是因爲身邊的人告訴你這樣做,或是學他們做。你可能禱告、讀聖經、參加禮

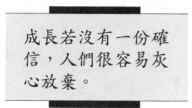

成長若沒有一份確信，人們很容易灰心放棄。

拜，因為你跟著別人做。對於一個新基督徒這樣做沒錯——小孩子也是這樣學習的。但是，當你漸漸成長，你必須建立你自己做這一切的理由。這些理由便是確信。合乎聖經的**確信**是長大成熟的基本條件。

八○年代最熱門的一首歌是 "Karma Chameleon"（羯磨變色龍），是由「喬治男孩（Boy George）」所唱的。其中一段主要的歌詞說：「我是一個沒有信念的人。」很悲哀，許多人的價值觀都很模糊，人生沒有優先次序，人生的意義散漫。葛傑姆（James Gordon）曾說：「一個沒有確信的人，軟弱得如同門只拴在一個樞紐上一般。」

一個沒有確信的人，便任憑環境的處置。如果你不決定何為重要的，以及你要怎麼過你的人生，別人就會替你作決定。沒有確信的人，往往跟著群眾走。我相信當保羅講到羅馬書十二章2節時，是指著確信講的：「不要向這世界看齊，要讓神完全改變你們的心思意念」（現代中文譯本）。

教會**必須**教導合乎聖經的立場，才能抗衡信徒們一天到晚接觸的世俗價值體系。正如老生常談：「若不堅持立場，就會敗於任何立場。」諷刺的是，人們往往對於一些無關緊要的事情堅持立場（足球、流行等等），對於重要的事情（對或錯）卻沒有堅定的立場。

「確信」能夠幫助我們不斷在屬靈上長進，成長需要時間

與努力。成長若沒有一份確信，人們很容易灰心放棄。除非有很好的理由，沒有人願意一直停留在困難的任務當中。教會能夠教導人們如何禱告、如何讀聖經、如何作見證，但是除非他們能確信，否則無法堅持下去。

那些對這個世界最有衝擊影響的人，不管是好的或壞的方面，不一定是最聰明的、最有錢的、或受過最好教育的。他們往往是有最堅強、深刻確信的人。馬克思、甘地、釋迦牟尼、哥倫布、馬丁路德只是幾個因著他們的確信，改變世界面貌的例子。

一九四三年，十萬個年輕人穿著棕色的襯衫，擠滿當時全世界最大的德國慕尼黑奧林匹克運動場。他們以身體形成一個記號，爲了一個站在指揮台後面的狂人。整個信息是「希特勒，我們屬於你。」他們的獻身使他們征服了全歐洲。幾年以後，一群年輕的中國學生獻身於背誦一本叫做「毛澤東語錄」的小紅書，並矢志以其哲學過生活。其結果是文化大革命，一直到今天，超過十億的人口活在全世界最大的共產國家裏。這就是確信的力量！

耶穌的一生完全取決於確信祂自己乃是受差遣來完成父的旨意。這樣的確信產生一種對祂人生目的的清醒，使祂免於其他事物的干擾。要洞察他的確信，只要研讀耶穌一直使用這句話：「我必須…」。當人們建立起像基督的確信時，他們也會建立起人生目標的意識。

「確信」有一種吸引人的素質，這可以解釋爲甚麼有許多邪教如此受歡迎。一個邪教可能是完全錯誤，又不合邏輯，但

卻被人以「確信」來相信。教會若沒有清楚、堅強的確信，就絕不可能引來基督應得的完全委身。我們必須燃燒著這樣的確信，相信神的國是這個世界最偉大的事。海弗那（Vance Havner）曾說：「耶穌比歷史上所有的獨裁者要求更大的忠貞，不同的是，耶穌**有權**這樣要求！」

　　馬鞍峰教會在每一個課程、每一個節目、每一個研習會都教導合乎聖經的確信。「確信」藉著關係傳播得最好，它具有傳染性：人們被有確信的人包圍，就會想要也有這份確信。這就是我們在生命建造程序裏，強調小組的主要原因。讓人與擁有堅固確信的人相處，比讓人聽一篇信息的影響力更大。

　　技巧。技巧是輕鬆準確地做某事的能力。技巧不是憑聽一場演講而來的，卻是靠練習與經驗而來。在基督徒的生命裏，有些技巧必須培養，才能夠成熟：研經技巧、服事技巧、見證技巧、時間管理技巧、以及許多其他的技巧。

> 技巧是靈命成長中「如何」的步驟。

技巧是靈命成長中「如何」的步驟。知識與透視都是有關**所知**，確信與品格是有關**所是**，技巧是關於**所做**。我們理當「行道，不要單單聽道」（雅一：22）。我們的行動證明我們是屬神的家庭。耶穌說：「聽了神之道而**遵行**的人，就是我的母親，我的弟兄了」（路八：21）。

　　今天很多信徒覺得挫折，因爲他們知道該做甚麼，但是從來沒有人教他們如何做。他們已經聽了無數的信息，說到讀經的重要，但是沒有人教他們怎麼讀。他們也爲自己有一個軟弱

的生活而覺得內疚，但是沒有人花時間解釋如何製作一份禱告事項單，如何以神的名來讚美神，如何為別人禱告。只有勸誡而沒有教導解釋，只會帶出挫折感。每次我們勸誡人做某事，我們就必須負責解釋如何做。

如果你的教會想要栽培出有果效的基督徒，就必須教導他們基督徒生活與事奉的技巧。技巧是有果效的秘訣。記得我在第二章裏分享過的經節：「鐵器鈍了，若不將刃磨快，就必多費氣力，但得智慧指教，便有益處」（傳十：10）。

馬鞍峰教會栽培技巧的課程稱為生命技巧研討會。這個系列的研討會通常是四到八小時，一天的課程。我們發覺人們比較容易排出一天來，而不能每個禮拜上一小時，連續上六個禮拜。不過，有時我們還是把研討會排成數週的課程，因為內容實在太多，無法在一天裏上完。

每一個生命技巧研討會都只集中於一個特別的技巧，例如：如何讀聖經、如何有效的禱告、如何處理試探、如何安排時間服事、如何與人相處。我們確認出九個每個基督徒所需的基本技巧，但是如果我們覺得教會裏有某種需要，我們會隨時提供課程。

品格。像基督的品格是所有的基督教教育的終極目標。少掉這一點，就錯過靈命成長的中心。我們是要「……長大成人，滿有基督長成的身量」（弗四：13）。

培養基督的品格是人生最重要的任務，因為這是惟一一樣我們可以帶往永恆的東西。耶穌在登山寶訓裏清楚地告訴我們，永恆的獎賞是根據我們在地上所培養、所實行出來的品格。

這意味著我們所有教導的目標都必須是爲了改變生命，而不只是提供知識。保羅告訴提摩太，他教導的目標是要栽培人們的品格：「這命令的目的是要激發愛；這愛是從純潔的心、清白的良知，和純真的信心所產生出來的」（提前一：5現代中文譯本）。

品格絕不可能出自課室，而是由生活的環境所建立的。

保羅也是這樣告訴提多：「但你所教導他們的，必須是出於那純正道理的品格。」（多二：1英文腓力版直譯）。

品格絕不可能出自課室，而是由生活環境所建立的。在課室裏研讀聖經只是確認出品格的價值，並且學習品格是如何建立的。當我們瞭解神如何使用環境來建立品格，那麼神把我們放在建立品格的情況當中時，我們就能正確地回應神。品格的建立總是附隨於選擇之後。當我們做了正確的選擇，我們的品格便越像基督。

每當我們選擇以神的方法而非自我的天性來回應一個處境時，便是在建立我們的品格。我曾經寫過一本書，是關於聖靈的果子，書名爲《改變你生命的能力》，對於這個觀念，這本書有清楚的解釋。

如果你想要知道像基督的品格是甚麼樣子，就該從保羅在加拉太書五章22-23節所說的九個品格特質開始：「聖靈所結的果子，就是仁愛、喜樂、和平、忍耐、恩慈、良善、信實、溫柔、節制。」聖靈的果子是基督的完美畫像；祂具有這九種特質。你如果要建立像基督的品格，你的生命就必須也要有這些

特質。

神如何在我們的生命當中結出聖靈的果子呢？憑著把我們放在完全反面的環境裏，讓我們有機會作選擇！神把我們放在不可愛的人當中，來教導我們甚麼是真愛（愛可愛的人並不需要甚麼特質）。祂在憂傷中教導我們喜樂（喜樂是內在的。快樂與否取決於所發生的事情，但喜樂卻獨立於環境之外）。祂把我們放在混亂喧嚷當中，來建立平安在我們的裏面（如果凡事順利，就不需要甚麼特質去處在平安當中了）。

神關心我們的品格，比關心我們是否舒適更甚。祂的計畫是幫助我們完全，而不是放縱我們。因此，祂允許各種建立品格的環境臨到我們：矛盾、失望、困難、試探、乾枯的時刻，以及延遲。教會基督教教育的主要責任之一，便是以知識、透視的眼界及處理這些情況的技巧，來幫助人預備好去面對問題。如果這樣做，人們便能建立品格。

一個世紀以前，史邁爾（Samuel Smiles）做了這樣的觀察：

種下思想，收成行動；

種下行動，收成習慣；

種下習慣，收成品格；

種下品格，收成命運。

建立知識、透視、確信、技巧、品格，有一個邏輯順序。必須先以知識立下根基。由於靈命的成長是基於神的話語，學習的第一階段就是先取得聖經的實用知識。透視與確信都必須根據聖經。在聖經的知識之上，加上透視。對神的話語越熟練，就越能從神的觀點看生命。「透視」自然會產生「確

信」。當你開始以神的眼光透視事情時，便開始建立合乎聖經的確信，從而開始瞭解神的目標與計畫，由此便改變你的動機。

確信於是供給你動機，去維持屬靈習慣。經過無數次的重複，最終，這些習慣便成爲技巧。當你做的時候，就不用再一直提醒自己要專注了。

當知識、眼界透視、確信、以及相關的技巧連結在一起時，其結果就產生品格！先是知道，再來是瞭解，然後是全心相信，接著是去做。這四項的結果便是品格。

對於基督教教育課程的安排，你必須問自己四個問題：

- 人們是否學到聖經的內容與意義？
- 人們是否能更清楚地從神的眼光來看他們自己、生命、以及其他的人？
- 人們的價值觀是否越來越趨近於神的價值觀？
- 人們是否越來越像基督？

在馬鞍峰教會，這些目標是我們持續不停去追求的目標。正如保羅在歌羅西書一章28節所說的：「我們傳揚祂，是用諸般的智慧，勸誡各人，教導各人；要把每個人帶到神的面前，在基督裏成爲成熟的人」（英文新世紀版直譯）。

我們對於靈命成熟的異象是，在耶穌再來以前，盡可能的多帶人成爲像基督的成熟門徒，以此來榮耀神。

馬鞍峰教會對2020年成熟教會的異象

我們夢想有一萬五千名委身於成熟誓約的會員每日與神親近，每週向神十一奉獻，每週為神參與小組。

我們夢想在教會裏建立一千個小組的網路，提供扶持，勉勵，與關懷，幫助他們成長成為基督的樣式。這些小組繼續由受過訓練的平信徒牧者與平信徒領袖以愛來領導、餵養、關懷、帶領。

我們夢想為會員們設立的生命建造講座，提供聖經研讀、專題演講、年度研習會等方面的均衡課程，來建立知識、透視、確信、技巧、以及品格。我們期待有七千五百個會員能在2020年得到LDI的基本文憑。

我們夢想我們週間的信徒聚會能有五千個不在小組團契裏的成人、小孩、以及青少年來參加。

我們夢想有兩百五十個有恩賜的平信徒教職員以異象，品格，知識，以及專業來餵養群羊。我們夢想有一個訓練教師的課程，栽培逐卷查經專家、教義專才、護教學專才，以及基督徒成長專才。我們夢想有一天能夠說：「全國最好的聖經教師，是馬鞍峰教會的平信徒教師。」

我們夢想一個分齡的生命建造程序帶領我們的兒童以及青少年愛耶穌、愛教會、靈命成長，找出他們事奉的恩賜、瞭解他們宣教的工場。

我們夢想馬鞍峰教會成為基督教教育的典範，專注在生命的改變，而不只是對屬靈知識概括性的瞭解。我們努力提供資源、工具、以及訓練，給其他的目標導向的教會。

我們夢想與神學院配搭，建立一套在教會的牧者訓練課程，我們積極訓練二十一世紀的教會領袖如何開拓、發展、以及領導目標導向的教會。

這個異象的目標是在耶穌再來以前，盡可能的多帶人成為像基督的成熟門徒，以此來榮耀神。

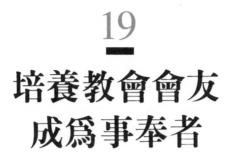

19

培養教會會友
成為事奉者

我們原是祂的工作，在基督耶穌裏造成的，為要叫
我們行善，就是神所預備叫我們行的。

以弗所書二：10

為要成全聖徒，各盡其職，建立基督的身體。

以弗所書四：12

拿破崙曾經指著中國的地圖說：「這是一隻睡獅，它一旦
醒過來，就無人能抵擋。」我相信教會正是一個熟睡的
巨人。每個禮拜天，教會的座位坐滿教會會友，他們除了「保
持」信心以外，甚麼也沒做。

大部分的教會對於「積極會員」的企望就是按時固定參加
聚會，並在財務上支持教會。但是神對於每個基督徒的期盼比
這個大得多了。祂期望每個基督徒都能使用他的恩賜與才幹來
服事。如果我們能夠清醒過來，釋放這些潛藏在各堂會裡的大
量才幹、資源、創造力和精力，基督教會將以一種驚人的、爆
炸性的速度成長。

　　福音派教會最需要的是促使會友投入事奉。蓋洛普調查發現，美國的教會裏，只有百分之十的教會會友活躍於某種個人事工，有百分之五十的會友無意服事任何事工。想想看！無論教會如何鼓勵平信徒事奉，半數的會友會處於觀望態度。這些人說：「我不覺得有『帶領』去服事。」（事實上，這是另一種的『帶領』——留在座位上！）

　　但同時蓋洛普調查也發現一個令人鼓舞的事實：百分之四十的教會會友表示有心服事，但不是從未有人要求他們服事，就是他們不知道要怎麼做。這一群人是未開發的金礦！如果我們能夠動員這百分之四十的人，再加上目前正在服事的百分之十的人，你的教會就有百分之五十的會友活躍於事工當中了。如果你的教會有一半以上的人發揮平信徒事奉的功能，你難道不高興？

　　大教會的便利之處比小教會的多得多。但是，有一件事我不喜歡，那就是在大教會裏，很多才幹容易被埋沒。除非他們自己刻意表現出他們的恩賜與才幹，否則許多有才幹的會友可能每個禮拜坐在座位上，完全不知道他們能投入甚麼服事。這一點非常讓我擔憂，因為把才幹堆放在架子上不用是會腐朽枯萎的，就像肌肉一樣，若不用，就會失去。

　　有一次聚會結束以後，我在院子裏與一些人談話，我提到實在需要有人為某個特別聚會創作一些多媒體錄影帶。正在跟我講話的那人說：「你怎麼不找她？」然後指向幾呎外的一位女士。我走向這位女士，請教她的名字，並且問她從事甚麼工作。她答道：「我是華德狄斯奈公司的影視製作總監。」她已

經參加聚會將近一年了。

另一次，我提到我們需要一位花卉設計師來爲母親節裝飾我們的帳篷。有人指向一群人裏的一位，說：「他設計過許多在玫瑰花車遊行得獎的花車。」這些經驗令我擔心，我在不經意中不知糟蹋了多少才幹。

由平信徒事奉人員從事各樣事工，組成事奉核心，這樣的教會是最堅固強壯的教會。每個教會都需要刻意、用心計畫的系統，來發掘、動員、並支持教會會友們的恩賜。你必須設計一套程序，來帶領人加深他們的委身，能更多地服事基督，這樣的委身是將教會的會友從委身圈移向平信徒事奉核心圈。在我們的生命發展程序圖，我們將之稱爲「把人們推送上三壘」。

大部分的福音派教會相信「信徒皆爲牧者」的觀念。很多教會甚至在信息與教導中加以強調。然而，大部分的會友仍然甚麼也沒做，只是奉獻金錢與參加聚會罷了。到底要如何才能使聽眾變成軍隊？要怎樣才能將旁觀者轉變爲參與者？在這一章，我要解釋我們設立來裝備、授權、以及釋放我們的會友成爲牧者的系統。

教導人人事奉的聖經基礎

這本書裏面，我一直試著強調在每一件所做的事情上，以聖經建立基礎的重要性。人們在「如何」做之前，總是想要知道「爲甚麼」這樣做。要將時間投資在教導會友關於平信徒事奉的聖經基礎，然後在課室上、在講道信息當中、在研討會裏、在家庭查經時也教導，把握任何機會強調平信徒事奉的重

要性。絕對不能停止傳講教會事奉人人有責的重要性。

我們已經在事工使命宣言裏將我們的事工信念做了摘要。根據羅馬書十二章1-8節，我們相信教會是建立在平信徒事奉的四根柱子上。我們一次又一次的傳講這四根柱子的真理，使這些真理能夠深切地銘刻在信徒的心裏。

柱子之一：每位信徒都是牧者

不是每位信徒都是牧師，但是每位信徒都被呼召進入事奉。神呼召所有的信徒服事這個世界及教會。服事基督的身體不是基督徒可以隨意選擇的。在神的軍隊裏，是沒有志願軍的——祂乃是徵召我們每一個人進入事奉。

作為基督徒便是學效耶穌。耶穌說：「因為人子來，並不是要受人的服事，乃是要服事人，並且要捨命，作多人的贖價」（可十：45）。服事人以及捨己是像基督的生活方式的特徵，是對每位信徒的期待。

馬鞍峰教會教導，每位基督徒的**被造**是為了服事（弗二：10），**被拯救**來服事（提後一：9），**被呼召**進入服事（彼前二：9-10），**恩賜**是為了服事（彼前四：10），**授權**服事（太廿八：18-20），**受裝備**為要服事（弗四：11-12），**被命令**去服事（太廿：26-28），**被需要**來服事（林前十二：27），**有義務**服事，並且根據個人的服事得**獎賞**（西三：23-24）。

柱子之二：每項事工都重要

在基督的身體裏沒有「無關緊要」的人，也沒有「無關緊

要」的事工，**每項**事工都重要。

> 但如今神隨自己的意思，把肢體俱各安排在身上了。若都是一個肢體，身子在那裏呢？但如今肢體是多的，身子卻是一個。眼不能對手說：「我用不著你。」頭也不能對腳說：「我用不著你。」不但如此，身上肢體人以為軟弱的，更是不可少的。（林前十二：18-22）

有些事工明顯可見，有些事工是在幕後，但全都同等重要。在SALT，我們每月的事工訓練會，我們強調並且認定所有的事工都同等重要。

小的事工往往能造成最大的不同。在我家，最重要的一盞燈不是餐廳裏那盞大型的裝飾燈組，而是那個小小的夜間照明燈，使我晚上起來上廁所時不至於跌跤。它雖小，但是對我來說，它比那些好看的燈更有用處。（我太太說，我最喜歡的燈是我打開冰箱時，自動亮起來的那個燈！）

柱子之三：我們彼此相依

不只每項事工都重要，它們之間更是互相依存。沒有一項事工是可以獨立存在的。既然沒有一項事工能夠成就教會裏所有被呼召成就的事情，我們就必須彼此合作。像一幅拼圖，需要每一片來完成一幅圖。拼圖若少了一片，人家總是先注意到少了的那一片。

當我們的身體有一部分功能不良，其他的部分也無法好好發揮功能。當代教會所缺少的一個要件就是對於彼此依存的瞭解。我們的文化完全被個人主義與獨立自主所佔據，這樣的觀

念必須以合乎聖經的彼此依存的觀念來代替。

柱子之四：事工是我特色（SHAPE）的表達

這一點是馬鞍峰教會對於事工的獨特教導。SHAPE是我在多年前建立的名詞，是為了要解釋五個決定個人事工方向的要素（屬靈恩賜、心、能力、個性、經驗）。

當神創造動物，祂給每種動物一種專長。有些動物會跑、有些會跳、有些會游水、有些會掘洞、有些會飛。每種動物根據神造牠們的「特色」，都有一個特殊的角色。人類也是一樣。我們每一個人都是經過神獨特的設計與造型，為要做一些特定的事情。

要成為你自己人生的一個有智慧的管家，必須從瞭解你的「特色」開始。你是一個獨特、奇妙的組合，由許多不同的要素所合成。神造你成為甚麼樣子，就決定祂所計畫要你做的。你的事工是由你的構造來決定。

如果你不瞭解你的「特色」，你最後會發覺你做著神從來無意或是不曾設計你去做的事。當你的恩賜不能配合你在生命裏所扮演的角色時，你

> **神如何塑造你來服事**
> Spiritual gifts 屬靈恩賜
> Heart 心
> Abilities 能力
> Personality 個性
> Experiences 經驗

會覺得像個方塊投在圓形洞裏。這對於你或別人都是一件沮喪的事。這不僅只能產生非常有限的效果，更是大量浪費你的才

費你的才幹、時間、以及精力。

神對於我們的人生有一貫的計畫。祂不會給我們與生俱來的能力、個性、才幹、恩賜、以及人生經驗，卻不加以使用！靠著辨識瞭解這五個特色的組成因素，我們能夠找出神對於我們人生的旨意——一個獨特的方式，是祂刻意要我們每一個人服事祂的方式。當神對你服事的旨意落實事工時，其功效就彰顯出神造你的方式。

神從你出生便一直在塑造你、形成你來服事。事實上，神從你**還未**出生，便開始在塑造你的特色了：

> 我的肺腑是祢所造的；我在母腹中，祢已覆庇我。我要稱謝祢，因我受造奇妙可畏；祢的作為奇妙，這是我心深知道的。我在暗中受造，在地的深處被聯絡；那時，我的形體並不向祢隱藏。我未成形的體質，祢的眼早已看見了；祢所定的日子，我尚未度一日，祢都寫在祢的冊上了。（詩一三九：13-16）

屬靈恩賜。聖經清楚地教導我們神給每個信徒某些屬靈恩賜，用來服事。（林前十二；羅八；弗四）但是，恩賜只是圖畫的一部分。恩賜往往被過分的強調，以至於忽略了其他同等重要的因素。與生俱來的能力也是從神而來的。經驗及與生俱來的個性特點也是一樣。屬靈恩賜啟示出神對你服事的旨意的一部分，但不是全部。

大部分的教會說：找出你的屬靈恩賜，你就會知道應該從事那方面的事工。這是開倒車。我相信這句話應該反過來：開始嘗試不同的事工，你就會發現你的恩賜！除非你實際參與服

事，否則你無法真正知道你的長處。你可以讀遍所有的書，還是對自己的恩賜模模糊糊。

我沒有儲存許多「屬靈恩賜清單」或今日很流行的恩賜測驗。首先，恩賜清單以及測驗都要求標準化，這一點便否決了神在每個生命獨特的作爲。我們教會裏那些有佈道恩賜的人，表達的方式可能與葛理翰的恩賜及方式大異其趣。第二，列在新約裏的屬靈恩賜，大部分都未加定義，因此今天的定義相當獨斷，純屬理論，通常都帶有教派的偏見。

第三個問題是，一個信徒越成熟，就越熟練於許多恩賜的特性。他可能活出僕人的心腸，她可能表現出慷慨的施捨，這些可能是出於成熟，而非恩賜。

當我十幾歲時，我做過一次屬靈恩賜清單測驗，發現我惟一有的恩賜是殉教！我心想：「這可好了，這個恩賜只能用一次。」我可以做上百次的恩賜測驗，卻沒能發現我有講道與教導的恩賜。我可能永遠無法發掘這些恩賜，因爲我從未講過道。只有在我接受講道的機會之後，我才能看到結果，並且從別人得到肯定，同時瞭解到神給我恩賜去做這些事。

心。聖經使用心這個字代表動機、欲望、興趣、喜好等等的中心。你的心決定你爲甚麼說那些話（太十二：34），爲甚麼那樣感覺（詩卅七：4），爲甚麼這樣做（箴四：23）。

生理學上，我們每個人的心跳都是獨特的，都有自己心跳的模式。同樣的，神也給我們每一個人獨特的「情緒心跳」，當我們從事各種我們有興趣的活動、主題、環境時，就會跳躍不止。另一個「心」的相關詞是「熱情」。你會對一些事情感

到熱情，卻對另一些事情不縈於心。這是發自你內心的表達。

神所給予的動機是你生命的內在導引系統。它決定甚麼會引起你的興趣，帶給你最大的滿足與成就。它也激勵你追求某些活動、主題、以及環境。不要忽視你的天然興趣。人們很少在他們沒有興趣的事情上有卓越的表現。有很高成就的人，往往很享受他們所做的。

神給你天生的興趣有祂的目的。你的情緒心跳是一支重要的鑰匙，顯示出祂對你生命的目的。神給你一顆心，但你必須自己選擇用它來行善或作惡，出於自私的理由或是服事神與人。撒母耳記上十二章20節說：「只要盡心事奉祂。」

能力。能力是你與生俱來的天然才幹。有些人對語言文字有天生的才幹，他們在母胎裏就牙牙學語！另有些人特別有運動細胞，身體協調能力很好。〔全世界所有的籃球訓練都無法讓你跟得上邁可‧喬登（Michael Jordan）的技能〕。有些人天生對數字很靈活，他們的思考方式是數學式的，無法瞭解你為甚麼學不會微積分！

出埃及記三十一章3節給我們一個例子，看到神如何使人「有智慧、有知識、有技能、能作各樣的工」來完成神的目的。在這個例子裏，是說到藝術的技能，用來建築會幕。我覺得很有趣的是，音樂的才能沒有列在「屬靈恩賜」當中，但它實在是一個天然的才能，被神使用在敬拜當中。另一件有趣的事是，神給一些人賺錢的才能：「你要記念耶和華你的神，因為得貨財的力量是祂給你的」（申八：18）。

人們不參與事工最常用的藉口是他們沒有任何才幹。再沒

有甚麼比這個更不真實的了：很多全國性的研究證明一般人擁有五百到七百種技能！真正的問題是雙重的。第一，人們需要一個程序來認定他們的技能。大部分的人使用著他們自己不知道的技能。第二，他們需要一個程序幫助他們能將其技能與正確的事工結合。

你的教會有許多人，有各式各樣的技能都還未被使用：帶領人、研究、寫作、園藝、訪問、宣傳、裝潢、企劃、休閒活動、維護修理、繪畫、烹飪。這些才幹不應該浪費。「職事也有分別，主卻是一位」（林前十二：5）。

個性。很明顯的，神並沒有用餅乾模子來造人。祂喜愛多樣性。祂造內向型的人，也造外向型的人。祂創造喜歡一成不變的人，也創造喜歡變化多端的人。祂讓一些人作為「思想家」，另一些人是「感覺家」。祂造一些人，獨立作業時表現得最好，另一些人團隊作業時做得最好。

聖經給我們許多證據，證明神使用各種不同個性的人。彼得有一種樂天的個性，保羅是脾氣暴躁型的個性，耶利米的個性則是十足的憂鬱型。當你仔細觀察耶穌所選的十二個門徒個性的差異，很容易就能瞭解為甚麼他們有時彼此之間發生衝突！

服事的個性沒有所謂「對」的或是「錯」的。我們需要各種個性來調和平衡教會。如果我們都是平淡的香草冰淇淋，這個世界將是一個很無聊的地方。好在，我們有多於三十一種口味的各式各樣的人。

你的個性會影響你如何以及在那裏使用你的屬靈恩賜和能力。比方說：兩個人都同樣有傳福音的恩賜，但是如果一個是

內向型的，一個是外向型的，恩賜的表現方式就不一樣。

從事木工的人瞭解，順著木料的紋路比逆著木料的紋路做來容易。同樣，當你強迫自己逆著本性去事奉時，會產生緊張不舒服的情緒，並且需要額外的努力與精力，但卻無法產生最好的結果。這也是為甚麼摹仿別人的事工從來無法成功的原因——因為你沒有他們的個性。神造你成為你！你可以從別人的例子學習，但是你必須將這些功課經由你自己的特色加以過濾。

當你順著神給你的個性去服事時，你能夠經歷成就、滿足、以及結果。當你做神本意要你做的事時，你會感覺舒暢。

經驗。神從來不會浪費經驗。羅馬書八章28節提醒我們：「我們曉得萬事都互相效力，叫愛神的人得益處，就是按祂旨意被召的人。」

在馬鞍峰教會，我們幫助人們考慮五方面的經驗，這些經驗會決定甚麼是最切合他們「特色」的事工：(1)教育經歷：在學校裏，你最喜歡的科目是甚麼？(2)職業經歷：你最享受且最有成就的工作是哪一個？(3)屬靈經歷：你生命當中與神之間最有意義、最具決定性的時刻為何？(4)服事經歷：過去你曾經如何服事神？(5)痛苦的經歷：哪些問題、傷害、試煉是你曾從中學到功課的？

由於你的「特色」是照著神對你人生目的的主權而決定的，你就不該懊悔或是拒絕它。「你這個人哪！你是誰，竟敢向神強嘴呢？受造之物豈能對造他的說：『你為甚麼這樣造我呢？』窯匠難道沒有權柄，從一團泥裏拿一塊作成貴重的器皿，又拿一塊作成卑賤的器皿嗎？」（羅九：20-21）。你應該

慶祝神給你的「特色」，而不是試著將自己改成跟別人一樣的「特色」。

當你使用你的屬靈恩賜與能力，在你心所渴想的地方，以能夠表達你的個性與經驗的方式來事奉時，會最有功效，最有成就。結果子是適當的事工與適當的人配合的結果。（如果你有興趣知道更多有關SHAPE的細節，可以聽我的錄音帶系列 "You Are Shaped for Significance"。

精簡組織結構

在教導聖經基礎之後，推動平信徒事奉的下一步，就是精簡組織結構。教會會友不積極投入事工的一個主要原因是他們忙於參加聚會，而沒有時間從事真正的事工。我常常想知道，如果去掉所有的聚會，基督教到底剩下甚麼。耶穌從未曾說：「我來是要叫你們有聚會。」但是，如果我們問典型的未加入教會者，他們所注意到的基督徒鄰居的生活方式，最明顯的是甚麼，他們很可能說：「他們參加許多聚會。」這是我們想要廣為人知的嗎？

我的猜測是，一般的教會如果刪除一半的聚會，留下時間來從事事工，以及建立關係傳福音，教會會健康一點。教會會友不向鄰居作見證傳福音的理由之一是因為他們不認識鄰居！他們總是在教會裏忙著參加聚會。

幾年前，洛普協會（Roper Organization）做過一個美國人休閒時間的調查。他們發現1990年，美國人自由的時間比1970年少。在1973年，美國人一週平均有26.2小時的自由時間。

1987年，掉到一週16.6小時，整整少了10小時。今天是更少了。

　　人們能夠給教會的最寶貴的資產就是他們的時間。既然人們的自由時間很少，我們就必須確定我們以最好的方法，使用他們所奉獻的時間。如果一位平信徒對我說：「牧師，我一週有四個小時能夠用於教會事工，」我最不願做的事是把他安置在某個委員會裏。我要他參與事工，而不是負責維護。

　　務必教導人瞭解維護與事工的差異。維護是「教會工作」：預算、建築、組織事項等等。事工是「教會所做的工作」。你讓越多人參與維護的決策，就浪費他們越多的時間，使他們無法從事事工，並且製造衝突的機會。維護工作也會讓人們以為他們只要投票表決教會的事情，就是盡了他們的責任。

　　許多教會最常犯的錯誤，就是將最聰明、最優秀的人，擺在官僚系統裏，讓他們參加許多會議。安排一長串的委員會，會搾乾人的生命。馬鞍峰教會沒有委員會，但是我們卻有七十九項平信徒事工。

　　委員會與平信徒事工有何不同？委員會討論問題，事工卻是去實行。委員會爭論，但事工採取行動。委員會是維護，但是事工是牧養。委員會只會談論考慮，但事工服事關懷。委員會討論需要，但是事工滿足需要。

　　委員會做了決定就期待別人去實行。而在馬鞍峰教會，實行者就是決策者。從事事工的人得自己做事工的決定。我們不把權柄與責任分開，而是將兩者交託給同一批人。我們不把決策權交給那些不牧養的人。

　　那麼，馬鞍峰教會由誰來維護呢？由全職同工來維護。這

樣做，我們就絕不浪費會友的寶貴時間。人們真心珍惜他們所奉獻的時間，因為他們可以實際從事事工。

　　我相信你瞭解這樣的方法有多激進。馬鞍峰教會的結構組織與大部分的教會**完全相反**。典型教會裏，會員處理教會的維護（行政），牧者應該做牧養工作。難怪教會不增長！牧師成為瓶頸。牧師不可能有辦法應付教會所有的牧養需要，他最後一定會累壞，或必須遷移到另一個教會去鬆懈一下。

　　這本書的原意並非要分享我所確信的合乎聖經的教會結構。（其細節包含在" Simple Structure "錄音帶裏。）但容我請求你對這個問題加以思考：**委員會、選舉、多數決議、董事會、董事、會議程序、投票、表決**，這些字有那些相同處？這些字沒有一個出現在新約裏面！我們竟然讓美國政府的形式登堂入室，移到教會裏來了。其結果是，許多教會如同我們的政府一般，陷入官僚制度的窘境而無法自拔。每件事情都需要長久的時間才能實行。人為的組織結構阻礙了許多教會健康的增長，這個現象比我們所能想像的嚴重得多。

　　這種教會的結構無法使教會增長，只會抑制教會增長的**速度**與**規模**。每個教會至終都得決定要**控制型**的結構，抑或是**增長型**的結構。這個決定是教會一定要面對的最關鍵性的決定。為了教會能夠增長，牧師與會友都必須放棄控制權：會友必須放棄**領導**控制權，牧師必須放棄**牧養**專權。否則兩者之一就會成為增長的瓶頸。

　　一旦一個教會增長到超過500人，就沒有一個人或委員能知道教會裏所發生的每一件事。我已經有好幾年不知道馬鞍峰教

會裏發生的所有事情。我也不需要知道！你可能會問：「那你怎麼控制？」我的回答是：「我不控制。我的工作不是控制教會，我的工作是**領導**教會。」領導與控制是完全不同的兩回事。我們的牧師與教會職員負責保持教會的教義純正，並朝正確的方向走，但是每天的決策則是由實際牧養教會的人來做。

> 每個教會至終都得決定要控制型的結構，抑或是增長型的結構。

如果你真的想要會友投入事奉，你一定要精簡結構來擴大事工，縮減維護。教會的組織越大，所消耗來維護的時間、精力、金錢就越多——這些寶貴的時間、精力、金錢，原本可以投資在牧養上面。

如果能釋放人們來做牧養的事工，並且解除他們維護的擔子，你會創造出一個更健康、和諧的教會，並有更高的士氣。成就感來自事工，而非來自維護工作。讓神使用你來改變生命，會改變你整個態度。

戰爭當中，最前線的軍隊總是士氣最高昂，同志關係也最親密。在忙著射擊時，你絕沒有時間爭執抱怨。而在十哩後面的士兵卻埋怨吃得不夠好、洗澡設備不好、缺乏娛樂。縱使他們的環境比前線的好，但是因為他們沒有直接參與作戰，便吹毛求疵。每次我碰到不懷好意、好爭論的基督徒，我發現他們都是沒有直接參與牧養事工的人。任何教會裏，最愛發牢騷的，往往是沒事做的教會委員。

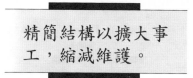

精簡結構以擴大事
工，縮減維護。

若有特別的情況，的確
需要一個特別的委員會對於
某件事加以研究，那就成立
一個特別委員會，當某項作
業結束時，這個委會員也告解散。限定一段時間讓委員會完成
作業。大部分的經常委員會浪費太多時間與腦力在定期但不必
要的會議當中。

不要以投票來決定有關事工職位

基於幾個理由，馬鞍峰教會從來不以投票來決定平信徒牧
者的職位。

避免人與人的競爭。如果以投票來選人做牧養事工，會把
害怕被拒絕的人摒除在外。那些比較羞怯、缺乏自信的人永遠
不會自願從事事工，他們擔心可能會被會眾或委員會否決。

新的事工往往需要慢慢建立。如果在新事工的早期，便把
公共的注意力全都集中在新事工上，往往會夭折。只要一個負
面聲音的影響，就足以把它連根拔起，連發芽的機會都沒有。

新會友能夠較快地參與。投票選舉對新會友不利。一個新
會友可能是一項事工最適當的人選，但是卻不爲控制選舉的委
員會所熟悉。我親眼目睹過很有恩賜的人，被摒除在事工門外
許多年，只因爲他們不是教會元老圈內的人物。

能夠避免那些只對職位的權力與聲望有興趣的人。廢除投
票選舉制度，能夠吸引那些真誠想要服事，而非那些只想要獲
得頭銜的人。曾經有人向我抱怨：「我想要離開這個教會，因

為我要當同工委員會主席，但是馬鞍峰教會沒有委員會！」至少他還算誠實。後來他找到一個小教會，能夠給他一個重要的頭銜，並且在小池塘裏作大魚。他一點也沒有興趣服事，他只對權力有興趣。

如果有人失敗，要除位也較容易。如果公開選舉，萬一那人不適任，或在道德上失敗，就得公開地除去他們的職位。在今天的社會，公開地去職往往成為政治性、關聯性、法律性的燙手山芋。一些屬肉體的人，寧可分裂教會，也不肯放棄職位。他們可能會拉關係支持他們來與教會攤牌。如果不以投票選舉來決定牧養事工的職位，這些情形便能私底下解決。

對於聖靈的引導能夠有更快的反應。當任何教會會友對事工有很好的主意時，教會不用等到下一次開會通過之後才有所行動。在我們教會，一個事工的正式開始可能是在一場聚會之後，由我信息當中的一些話所促成。一些有興趣的人在會後聚在院子裏，於是工作立刻展開。

有一次，有位女士來對我說：「我們需要一個禱告事工。」我說：「我同意！就由妳開始！」她說：「我不用被選舉或是經過某個程序嗎？」她心想她大概必須先經歷過各種政治步驟。我說：「當然不用！只要在佈告欄公布就可以正式開始了。」她真的就這樣做成了。

另有一次，一個人來找我，說：「我們需要一個癌症末期的互助小組。」我說：「好主意！就讓你開始吧！」他就開始了。另有一個人對我說：「我不會教導，也不會唱歌，但是我擅長修理東西，作木工。我想要開始一個事工，專門免費替教

會裏的寡婦修理東西，照料房子。」

不以投票選舉來決定事工職位的重點是，我們不應該以投票來決定一個人該不該使用神所賜的恩賜來服事基督的身體。任何時候，有人表示想要事奉，我們便立刻透過我們的事工安置程序來讓他們開始事奉。

建立一套事工安置程序

安置會友在適當的事工服事必須是一個持續不斷的程序，而不是一個特別強調。馬鞍峰教會的事工發展中心有三個基本部分。

每月一次的課程。每個月，我們提供301課程：「發現我的事工」，是一個四個小時的課程，幫助人們明白參與事奉的聖經基礎，「特色」的觀念，以及馬鞍峰教會的各種事工機會。每月第二個禮拜天下午上課，從下午4：00到8：30，其中三十分鐘是共進一頓免費的晚餐。這個課程與101課程（會籍班）以及201（成熟班）同時進行。我們刻意鼓勵人參加這些課程。

安置程序。我們的安置程序包括六個步驟：(1)參加301課程；(2)委身於參與事工，並簽署馬鞍峰教會事工誓約；(3)完成個人的特色塑造；(4)與事工輔導員面談，認定三到四個可能的事工；(5)與你感興趣的事工人員或監督這項事工的平信徒領導者見面；(6)在SALT同工訓練會裏，公開委任。

安置程序必須將重點放在授權有心者服事，而不是填補位置。如果能夠特別注重那些受安置者個人的「特色」，而不是注重那項事工的需要，那麼安置的成功率會高得多。要記得，

事工的重點是人，而不是節目。

管理程序的行政人員。當人們嘗試找出適合他們的事工時，他們需要個人的關懷與引導。只是叫他們上課無法做到這一點。每個會友都應該有私人顧問。

馬鞍峰教會的事工發展中心是由我們的事工牧師與在他的

在將自己委身成為教會會員和靈命成熟的基本習慣，並且同意馬鞍峰教會的事工宣言之後，我願意：

發現我獨特的服事特色，並在最能表達神創造我的用意的地方服事。

參與S.A.L.T.和C.L.A.S.S.來裝備自己參與服事。

在小事上服事基督的身體，活出僕人的心志。

與其他事工配搭服事，並將整體的好處置於自己事工的需要之上。

簽　名　　　　　　　　　　日　期

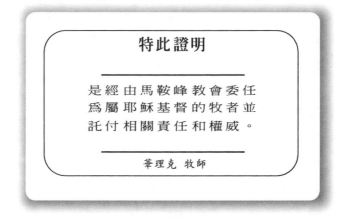

特此證明

是經由馬鞍峰教會委任為屬耶穌基督的牧者並託付相關責任和權威。

華理克　牧師

團隊裏服事的志願人員所領導。他們與完成塑造「特色」的人
面談，幫助他們找出最適合他們的服事工場。他們也協助會友
開始新事工。如果我今天要開始一個新教會，第一件事是找到
一個自願者，他的恩賜就是與人面談，然後訓練他來做這個重
要的工作。這個職位不需要是給薪的職位，但卻一定要找到個
性與技巧適合此一任務的人。

提供在職訓練

人們一旦開始參與事奉，就需要在職訓練。在職訓練比職
前訓練重要得多，也更有效。馬鞍峰教會只要求最起碼的職前
訓練，因為我們覺得人們在真正去做之前，甚至不知道要問甚
麼問題。

我們沒有使用職前訓練的另一個原因是，我們想要讓人們
儘快參與在真正的事工當中。冗長的職前訓練課程會使大部分
的人失去起初的熱忱，還沒開始就已經消耗精光了！我發現那
種肯在還沒開始服事之前先花五十二個禮拜接受訓練的人，在
他們終於開始服事之後都效果不佳。他們都有職業學生的傾
向，只享受學習服事，而不願真正服事。我們希望人們立刻潛
下水，打濕身子，只有如此，他們才能真正被激勵去學習如何
游泳。要開始最好的方法就是去開始。

我們平信徒訓練的主要課程SALT。這是一個兩小時的訓練
大會，在每月的第一個禮拜天晚上舉行，主要的對象是教會的
核心同工。SALT的議程包括長時間的敬拜、表彰所有的事工、
工場見證、委任新上任的平信徒牧者、分組禱告、教會「內

圈」消息、事工訓練、以及由我傳講關於價值觀、異象、品格品質、事工所需的技巧等「異象」信息。這些給我們平信徒領袖的每月信息被稱為「領導精神支援」，並做成錄音帶給錯過SALT聚會的人事後補聽。我們也將這些錄音帶透過「鼓勵的話語」錄音帶事工，提供給其他的教會。在SALT聚會當中，我們頒發每月的「巨人殺手」獎，給在前一個月曾經解決了重大問題的平信徒事工。

除了SALT，我們也經由生命發展講座提供各種特殊事工的訓練課程。300系列課程教導各種事工技巧，裝備人們參與教會裏各種事工。例如，課程302稱為「成為小組領袖」。另外還有為青少年事工、兒童事工、音樂事工、協談事工、平信徒牧養、以及其他許多訓練的課程。

若沒有牧者，絕對不要開始新事工

我們從來不曾先開創一個事奉職位，然後再去找人填位子，這樣沒用。新事工最重要的不是**點子**，而是**領導**。每個事工都跟著領導來起伏。沒有適當的領導，事工便只是一路跌跌撞撞，壞處多於好處。

我們要相信神的時間表。馬鞍峰教會的全職同工從來沒有開始任何新事工。我們會提出新想法，但是我們讓這個想法滲透過濾，直到神供應適當的人來領導。我在前面分享過，我們在教會到達將近五百人聚會之前，都沒有青少年事工組織；一直到我們有將近一千人參加聚會時，我們才有單身事工。為甚麼？因為神直到那時才供給我們領導人才。

絕不要勉強人進入事工，這一點很重要。如果你這樣做，事奉者的生命會產生動機問題。大部分的小教會往往太匆忙地開始太多事工。實在應該禱告等候神，直到祂供應最適合的人才。不要擔心沒有人對某項事感興趣，最重要的是，教會的領導者必須對教會長期的發展有透視的眼光。紮實的成長是需要時間的。

研讀使徒行傳，你會發現任何組織都是隨著聖靈而行。在使徒行傳裏，你會發現沒有一次是人組織一個事工，然後才禱告說：「神啊，現在求祢賜福這個念頭吧！」反而，神總是先感動一個人的心，然後一項小小的事工便自然地發生，在事工逐漸增長時，他們再加上一些組織。

這就是馬鞍峰教會事工發展的模式。比方說，我們的婦女事工是從凱在我們家裏帶領的查經班開始的。就這樣，一直增長、擴張、直到一個程度，我們才加上一些架構，以及一些同工。

建立最起碼的標準與規則

重要的是，事工必須要有最起碼的準則，依人類的本性，只憑一片好意是不能成事的。馬鞍峰教會對於每一個事奉職位都有職責說明，詳列各種要求，例如，時間多長，有甚麼資源，有甚麼限制、權限、溝通管道、期待甚麼樣的結果……等等。

準則宜清晰簡要，別讓人被一堆程序條文與委員會淹沒。儘量允許人們有自由發揮的餘地。在我們教會，任何人只要完成

301課程和「特色」的面談，並願意遵守下面三個規則，便可以立刻開始新事工。

規則之一：不要期望教會同工替你經營事工。人們往往說這樣的話：「我對我們教會有個很棒的想法」或是「我們應該做……」我總是要求他們立刻澄清他們所謂的「我們」是指誰。當人們說：「教會應該……」，他們往往意指：「牧師或同工應該……」。

有人曾經對我說：「我一直對監獄裏的人很有負擔，所以我一直都在監獄裏帶領查經。我覺得教會應該為那些人做點事！」我對他說：「聽起來，教會的確已經為他們做點事了。你就是教會！」下一個禮拜，我向全會眾說：「我授權每一個人去探訪坐監的人、餵養饑餓的、送衣服給窮苦的人、幫助無家可歸者——你們根本不用來問我。只要去做！奉耶穌的名，代表教會去做。」這樣的事工不需要任何監督者。要幫助人們瞭解他們就是教會。

規則之二：事工必須與你教會的信仰、價值觀、牧會哲學相稱。如果你容許一項與你教會的方向不符的事工開始，你是在製造矛盾。這樣的事工不能幫助教會，反而阻礙你所做的，甚至傷害教會的見證。

馬鞍峰教會對於與教會外組織的合作事工尤其小心。這些組織常常有些宗旨是與我們教會大相逕庭的，有時會分化會友對教會的忠誠。

規則之三：不可以自行募款。如果允許每一個事工自己募款，教會的院子會變成市場，到處是賣糖果餅乾或洗車的。錢

財的競爭會變得劇烈，會友會開始怨恨所有的求援信與買賣花招。合一的預算是合一的教會所必要的。每項事工必須提出他們的財務需要，讓全教會預算來列入考慮。

寬厚地容許人離開或改變事工

在某些教會，要辭掉某項事工職務，你必須死亡、離開教會，或是帶著罪惡感過日子。我們必須容許人能夠休息或是轉換事工，而不感到內疚。有時候，人們覺得對某項事工有倦怠感，或他們需要改變生活步調，或只是需要休息一下。不管甚麼理由，你必須有人可以替代。

我們從來不把人綁在事工上。決定服事哪一項特定事工並沒有刻在石頭上。如果某個人不喜歡或不適合某項事工，他們會被鼓勵轉換另一個事工，而不用覺得不好意思。

讓人有試驗的自由。讓他們試幾個地方服事看看。如我前面所說的，我們相信試幾個不同的事工，是找出恩賜最好的方法。雖然我們經常要求一年的委身，卻從來沒有嚴格實施。如果人們覺得他們不適合，我們絕對不讓他們覺得辭去有罪惡感。我們將之稱為「試驗」，然後鼓勵他們試試別的事工。每年，在我們的平信徒事工月，我們鼓勵每個對於自己目前的事工不滿意的人，試試另一個事工。

信任人：委以責任亦授予權力

激勵人能夠長期服事的一個秘訣就是給他們一種擁有感。我要盡可能地反覆重申這一點，你必須讓帶領每個事工的人，

不受教會委員會或管理委員的干預，做出他們的決策。比方說：讓那些在育嬰事工的人，決定房間應該佈置成甚麼樣子，用甚麼樣的嬰兒床，要買多少張，以及孩子們進出的查核系統。那些參與在事工當中的人，往往遠比那些經常在委員會裏，想要遠遠控制每一件事的人更能做出周詳的決定。

人們會回應責任。當你信任他們時，他們便欣欣向榮地成長。但是，如果你把他們當成無能的嬰兒對待，你就要一輩子替他們餵奶換尿布。當你委之以責任，同時授之以權力時，你會對人們的創造力感到訝異。整個結構制度容許發揮多少，人們的創造力就

> 整個結構制度容許發揮多少，人們的創造力就有多少。

有多少。在馬鞍峰教會，每一個事工都分派一個教會同工負責聯絡。但是，我們的全職同工職員盡可能不去干擾事工的做法。

要期待人做出他們最好的成績來，並信任他們，委任他們從事事工。很多教會非常害怕**野火**，所以他們把所有的時間都花在消滅那些其實能使教會溫暖起來的營火上！如果你是教會的牧師，讓別人犯點錯吧！不要堅持甚麼都要自己來。藉著給他們**挑戰**，讓他們管理**控制**，並給他們應得的**功勞**，你就能引出人們生命中最好的部分。

馬鞍峰教會剛開始時，凱和我實際參與教會每一件事情：架設設備、收拾設備、印週報、清理廁所、泡咖啡、做名牌、以及其他等等。我要將我們的器材——嬰兒床、音響系統等等收到我們的車庫。每個禮拜天早晨，我借一部卡車，把所有的

器材拖到我們租用的學校。第一年，我常常每天工作十五小時
——而我享受每一分每一秒。

　　但是當馬鞍峰教會成立幾年以後，我發現我自己已經筋疲
力盡了。教會已經增長到幾百人，我還嘗試要參與每一項工作
和每一個事工的細節。我累倒了。生理上、精神上都累倒了。

　　在一次週間聚會，我坦白向會眾承認我已經耗盡了，無法
同時參與所有的事工，又要領導教會。我繼續說到神並沒有期
待我做所有的事工。聖經清楚的提到牧者的工作是裝備信徒從
事事工。我說：「我要進行一項交易。如果你們同意從事教養
事工，我肯定你們會得到好好的餵養！」人們喜歡這個想法，
那天晚上，我們簽了一個誓約：從那天開始，他們從事事工，
我專責餵養並帶領他們。做了這個決定之後，馬鞍峰教會開始
爆炸性的增長。

　　從馬鞍峰教會的第一天開始，我的計畫就一直是要把事工
給出去。當一個教會新成立時，牧師在早期往往將所有的事情
往自己的身上攬。但是目標一定要放在將教會對牧師的依賴，
像斷奶似的，儘快地斷掉。當我們的教會逐漸增長時，我便將
責任漸漸交給平信徒牧者，以及教會的同工職員。今天，我只
有兩個基本責任：帶領和餵養——今天，甚至這些責任都有六
個其他的牧師與我一起分擔。我們的牧師管理團隊幫助我帶領
教會，我們的講道團隊分擔講道責任。為甚麼？因為我深深地
相信教會本來就不應該是一場個人的超級巨星秀！

　　我們都看過當傑出的事工建立在個人身上時，會有甚麼結
果。如果那個人去世，或遷移，或在道德上失敗，整個事工就

垮了。如果今天我死了，馬鞍峰教會將會繼續增長，因為它是一個**目標帶動**，而非個人帶動的教會。我們可能會失去一千個我所謂的「福音群眾」——那些混在群眾裏面，只喜歡聽我講道的邊緣參加者。但是還是會有好幾千個的會眾、委身者、以及核心服事者留下來。

提供必要的支持

不要期待人們沒有支持便會成功。每個平信徒事工都需要某種投資。

提供物質的支持。平信徒事工需要有影印機、紙張、各種材料與資源、電話、以及聚會的空間。在我們將來的一棟建築中，計畫要有一間大房間作為事工「保溫室」——一些隱私的小空間，能夠給平信徒事工的負責人一張桌子、電話、電腦、以及傳真機來運作他們的事工。阿基米德（Archimedes）說過：「給我一個支點，我就可以移動這個世界。」我們認為平信徒牧者與全職同工同等重要。提供空間能夠向人傳達一個信息：「你所做的很重要。」

提供溝通支持。建立一個與平信徒保持聯絡的辦法。我們使用與會友溝通的相同工具（歡迎卡、關懷電話、牧師報告）來與平信徒牧者聯絡。

提供宣傳支持。要讓事工為會眾所知曉。有許多方法可以宣傳教會的事工。以下是幾個建議：

● 讓每個事工在每個禮拜結束時，在禮堂或室外架起他們的攤位，如此，人們就有機會看到有哪些事工。如果空

間是個問題,那就讓不同的事工輪流設攤位。

- 供給每位平信徒牧者一個名牌,以便會友知道誰參與甚麼事工。
- 舉行一個事工展。至少每年兩次,我們舉行事工展,在當中,每個事工廣告它們的重點、活動、節目。
- 爲每一個事工,印一份小冊子。如果你有一份通訊,可以在上面刊登不同的事工。
- 在信息當中提到不同的事工。使用一些事工改變生命的見證。

提供精神支持。公開與私下,對那些服事教會的人,繼續不斷地表示謝意,計畫一些特別的餐會或是同工退修會來答謝核心同工。對於服事傑出者,每月頒發「巨人殺手」獎。

這一章,我一直不斷地使用「平信徒事工」,好讓讀者不至於以爲我是在講給薪同工。實際上我並不喜歡「平信徒牧者」這個名詞,因爲會有暗示它是次等公民之嫌,與給薪同工會形成競爭。你願意讓一個「業餘(lay)醫生」替你開刀,或是一位「業餘律師」爲你辯護嗎?

在合乎聖經的教會裏,絕沒有平信徒(業餘)牧者這回事,只有牧者。把基督徒分成兩級,神職人員與平信徒,是羅馬天主教開創的傳統。在神眼中,帶職牧者與給薪牧師是沒有分別的。我們必須對那些沒有拿薪水而事奉的人,與那些給薪水的事奉人員同等尊敬。

定期更新異象

　　要將事工的異象一直擺在人面前，傳講他們事工的重要性。當你徵召人事奉，要強調奉耶穌的名的事工的永恆價值。絕不要以壓力或罪惡感來鼓動人服事。鼓動人的乃是異象，壓力與罪惡感只會使人灰心。幫助人看到再也沒有比神的國更有意義的事了。

　　記得我在第六章提到的尼希米原理嗎？那裏說到異象必須每二十六天更新一次，也就是大約一個月一次。那也就是為甚麼我們每月的SALT聚會對於我們的核心如此重要的原因。平信徒牧者需要從當中聽到異象與價值觀的傳遞。如果我生病，我會毫不猶豫

> 尼希米原理：異象必須每二十六天更新一次。

的放棄向一萬人的主日講道，但我會很懊悔錯過SALT的聚會。這是我重申服事基督的特權的機會。

　　我常常向我們的會友說：「想像你死了，五十年以後在天上，有一個人來對你說：『我要謝謝你。』你回答說：『對不起，我想我並不認識你。』然後那人解釋說：『你曾經是馬鞍峰教會的平信徒牧者。因為你的服事與犧牲，建立了馬鞍峰教會，你死了以後，教會帶領我認識基督。我今天能夠在天堂是因為你的緣故。』你難道不覺得你的努力值得嗎？」

　　如果我知道有比服事耶穌基督更好的方法可以投資我的人生，我一定去做。但是實在沒有甚麼比這更重要的了。所以我毫不猶豫地告訴人們，他們的人生最重要的事是，加入馬鞍峰教會，參與事工，藉著服事人來服事基督。他們為基督所做的

事工的果效會存留到永遠，遠比他們的職業、興趣、或任何他們所做的事情都長久。

　　教會隱藏的最大秘密就是，人們極想要他們的人生有所貢獻。我們被造是為服事！能夠瞭解這一點，並且盡可能使每位會友在事工中表達他們特色的教會，將會經歷令人驚異的活力、健康和增長。熟睡的巨人將要醒來，一醒過來，將沒有人能夠阻擋。

20

神對你教會的心意

但願祂在教會中，並在基督裏，得著榮耀，直到世世代代，
永永遠遠。阿們。

以弗所書三：21

大衛在世的時候，遵行了神的旨意，就睡了。

使徒行傳十三：36

我的興趣之一是種花草，我想是因爲這符合神創造我的個性。我喜愛看東西生長，總是對於不同植物的生長方式充滿驚歎。沒有兩種植物的生長模式是同樣快慢，同樣大小的，每一株植物都是獨特的。教會也是一樣，沒有兩個教會的成長是相同的。神要你的教會成爲獨特的。

當我以園丁的眼光來觀察所有植物的生長模式時，中國竹子的成長最叫我驚異。將一株竹子的苗種在土裏四、五年（有時更久），甚麼也沒有發生！你澆水施肥，澆水又施肥，再澆水施肥——但它依然故我，甚麼也沒有！但是到大約第五年，情況忽然有戲劇性的轉變。六個禮拜之內，竹子竟然一下子竄高到十九呎！世界紀錄百科全書說竹子可以在二十四小時以內長高三呎。一株植物埋藏在土裏好幾年，一夕之間忽然迅速生

長，似乎令人難以置信。但是竹子千真萬確，就是如此。

在我結束這本書時，我要提供你最後的建議：不要掛心你的教會增長與否，只要專注於完成教會的目標。繼續澆灌施肥，栽培除草修剪。神會讓祂的教會以祂認為最適合你的情況的速度，增長到祂所要的大小。

神可能容許你辛勞經年，卻只看到一點點成果。不要灰心！在看得見的表層之下，有些你看不見的事情正在發生，根正在往下往外長。即使在你無法看出神智慧的作為時，你仍然要信靠祂。學會活在祂的應許之中。

記得箴言十九章21節說：「人心多有計謀，惟有耶和華的

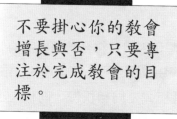

不要掛心你的教會增長與否，只要專注於完成教會的目標。

籌算，才能立定。」如果你的事工是建立在神永恆的目標上，就不會失敗，最終必能成功。繼續做你確知是正確的事情，儘管有時灰心喪志，仍然堅持到底。「我們

行善，不可喪志，若不灰心；到了時候，就要收成」（加六：9）。正如竹子，時候到了，神能在一夜之間將事情改變。最重要的是繼續忠心於祂的目標。

成為一個目標導向的人

目標導向的教會是由目標導向的領袖所帶動的。使徒行傳十三章36節，是我的人生金句之一，告訴我們大衛正是一個由目標帶動的人：「大衛在世的時候，遵行了神的旨意（目

標），就睡了。」我想不起來還有甚麼比這更偉大的墓誌銘。
想像這樣的話刻在你的墓碑上：「他在世時，遵行了神的目
標。」我的禱告是，當我死的時候，神會這樣對我說。而激勵
我寫這本書的是，希望有一天，當你死的時候，神會這樣對你
說。事工有效果的秘訣，在於滿足這節經文的兩個部分。

他遵行了神的目標

這本書的主要用意是要確認神對教會的目標，並且釐清這
些目標的實際內容與意義。神對教會的目標同時也是祂對每一
個基督徒的目標。作為基督跟隨者的每一個人，是要使用我們
的生命來敬拜、事奉、傳福音、門徒訓練、以及團契相交。教
會使我們能並肩從事這些目標，因而不至於孤獨。

我盼望你讀這本書時，能感受到我對教會的熱望。我全心
愛教會。教會真是有史以來最聰明、最燦爛奪目的發明。如果
我們真想要像耶穌，就必須如同祂一般地愛教會，也必須教導
人們如同耶穌一般地愛教會。「基督愛教會，為教會捨己……
從來沒有人恨惡自己的身體，總是保養顧惜，正像基督待教會
一樣，因我們是祂身上的肢
體」(弗五：25，29-30)。太
多基督徒利用教會，但是卻
不愛教會。

> 太多基督徒利用教
> 會，但是卻不愛教
> 會。

從我所明白的神對我的
旨意，我對我的事奉只有兩個願望：一生作為一個社區教會的
牧師，以及勉勵其他的牧師。牧養基督的跟隨者是最大的責

任，是最榮幸的事，是我所能想到的最高榮譽。我說過，如果我知道有更好的策略來投資我的人生，我一定會去做，因為我不想浪費我的人生。把人帶到耶穌跟前，幫助他們成為祂的家庭成員，建立他們成為成熟的門徒，裝備他們親自參與事奉，差他們出去宣教，這些任務是世界上最偉大的目標。無疑地，我認為這個任務值得我為之生、為之死。

他在世時（在他的世代，直譯）

大衛墓誌銘的另一部分跟前一部分一樣重要。他遵行了神的目標，「在他的世代」。事實上，除了我們自己的時代，我們無法在其他的時代服事神。事工必須做在目前的這個時代與文化。我們必須服事目前這個文化形式中的人——而非我們心裏理想化了的形式。我們能夠從前代那些偉大的基督徒領袖支取智慧與經驗，但是我們不能以他們的方式來傳道、從事事工，因為我們的文化與他們的已經不同了。

大衛的服事合適又合時。他在他的世代，遵行神的目標（這目標是永恆不變的）。他以有限的時間，服事永恆的神。他既正統又符合時代，符合聖經又不與當代脫節。

既符合時代又不違背真道，一直是馬鞍峰教會成立以來的目標。每一個新世代，規則都會稍微改變。如果我們一直做我們已經做過的，我們將一直停留在原地。過去的已經在我們的背後，我們只能活在當下，預備明天。我們必須活出兩百年前由查理・衛斯理譜曲，梅森（Lowell Mason）作詞的詩歌所說的：

我有本分當盡，我有上主當尊；

我有寶貴靈魂當救，引導他進天堂。

我要當代服事主，履行我的呼召：

噢！願主賜我能力，去執行我主的旨意。

衡量成功

你如何衡量事工是否成功？一個廣為人知的成功宣教定義是：「靠著聖靈的大能分享福音，將結果交託給神。」我把它改寫並作為成功事工的定義：「靠著聖靈的大能，建立教會在神的目標上，並期待從神而來的結果。」

我不知道馬鞍峰教會最後的一章會是怎樣，但我有信心：「我深信那在你們心裏動了善工的，必成全這工，直到耶穌基督的日子」（腓一：6）。祂必會完成祂所開始的工作。祂是阿拉法，祂是俄梅戛，祂是始，祂是終。祂會繼續完成祂在馬鞍峰教會的目標，以及每一個以祂的目標帶動的教會。

耶穌說：「照著你們的信給你們成全」（太九：29）。我把它稱作「信心要素」。有許多你無法控制的因素影響你的事工：你的背景、國籍、年齡、恩賜。這些都是由全能的神所決定。

> 成功的事工是靠著聖靈的大能，建立教會在神的目標上，並期待從神而來的結果。

但是有一個重要的因素是你能夠控制的，就是：你選擇要相信神多少！

在我研究教會增長的這些年來,我發現,無論屬甚麼教派,在甚麼地方,所有增長的教會都有一個共同的因素:**他們都擁有不怕信靠神的領導者**。增長的教會都是由那些期待會眾會增長的領袖們所領導的。他們是有信心的人,即使在令人灰心喪志時,仍然相信神的應許。這就是馬鞍峰教會所發生的每一件事情背後的秘密。我們相信神要行大神蹟,我們也期待祂使用我們——透過信心、靠著恩典。那是我們的選擇,也是你的選擇。

有時候,從人的觀點來看,一個教會的情況似乎無望。但是我堅決地相信,如同以西結的經驗(結卅七章)所證明的,不管骨頭有多枯乾,神能夠將新生命吹進它們裏面。如果我們容許聖靈將祂目標的新意義灌注到我們裏面,任何教會都能回復生命。這就是目標導向教會的安身立命之道。

我的希望是,這本書能堅固你的信心,擴展你的異象,加深你對基督以及祂教會的愛。我希望你能將這本書與那些關心你們會眾的人分享。請接受這個挑戰,成為目標導向的教會!歷史上最偉大的教會還待建立,你能接受這個任務嗎?我祈求神使用你,在你的世代,完成祂的目標。人生在世,所能有的貢獻,莫大於此!

五個委身圈的中英名詞對照

未加入教會者　　　　　　　　　unchurched
　指所有未參加教會的人，除了
　非信徒，也包括一些自稱為信
　徒卻沒有去教會的人。

固定參加者　　　　　　　　　　regular attenders

會友、會員、成員　　　　　　　members
　按文中意思分別譯為會友與
　會員，會員是為強調會籍。

成熟會員　　　　　　　　　　　maturing members

平信徒牧者　　　　　　　　　　lay ministers，
　　　　　　　　　　　　　　　lay pastors

社區　　　　　　　　　　　　　community
　指社會大衆

群衆　　　　　　　　　　　　　crowd
　指在聚會中信與不信，加入教
　會與未加入教會者之通稱。

會衆　　　　　　　　　　　　　congregation
　已經接受主、受洗、加入教會
　者的總稱。

委身者　　　　　　　　　　　　committed

核心　　　　　　　　　　　　　core

直奔標竿—成為目標導向的教會

作　　者：華理克

譯　　者：楊高俐理

企劃主編：蘇文安

出 版 者：基督使者協會

地　　址：21A Leaman Road
　　　　　Paradise, PA 17562

電　　話：(717)687-0537

傳　　真：(717)687-8891

亞洲總經銷：道聲出版社

地　　址：台北市杭州南路二段十五號

電　　話：(02)2321-0720‧2393-8583

傳　　真：(02)2321-6538

E—mail：tpublish@ms12.hinet.net

劃撥帳號：○○○三○八五—○

1997 年 9 月初版，1998 年 6 月二版七刷　　　©1997 有版權

THE PURPOSE DRIVEN CHURCH

Author	Rick Warren
Translator	Lily Yang
Chief Editor	Andrew Su
Publisher	Ambassadors For Christ, Inc.
	21A Leaman Road
	Paradise, PA 17562
	Tel: (717)687-0537　　Fax: (717)687-8891
	U.S. Order line: (800)624-3504

1st Edition: September, 1997 ; 2nd Edition 7th printing: June, 1998

This book was first published by
Zondervan Publishing House,
Grand Rapids, MI, U.S.A
Translated by permission.
Printed in Taiwan, R.O.C　　©1997
ISBN 1-882324-16-1